"十四五"普通高等教育本科部委级规划教材

DAXUESHENG
ZHIYE SHENGYA GUIHUA

大学生
职业生涯规划

安锋　柳光露　刘丽◎主编

中国纺织出版社有限公司

图书在版编目（CIP）数据

大学生职业生涯规划/安锋，柳光露，刘丽主编
. --北京：中国纺织出版社有限公司，2023.8（2025.8重印）
"十四五"普通高等教育本科部委级规划教材
ISBN 978-7-5229-0762-8

Ⅰ.①大… Ⅱ.①安… ②柳… ③刘… Ⅲ.①大学生
—职业选择—高等学校—教材 Ⅳ.①G647.38

中国国家版本馆 CIP 数据核字（2023）第 129758 号

责任编辑：毕仕林 国 帅 责任校对：高 涵
责任印制：王艳丽

中国纺织出版社有限公司出版发行
地址：北京市朝阳区百子湾东里 A407 号楼 邮政编码：100124
销售电话：010—67004422 传真：010—87155801
http://www.c-textilep.com
中国纺织出版社天猫旗舰店
官方微博 http://weibo.com/2119887771
三河市宏盛印务有限公司印刷 各地新华书店经销
2023 年 8 月第 1 版 2025 年 8 月第 3 次印刷
开本：787×1092 1/16 印张：16.25
字数：398 千字 定价：39.80 元

本书编委会

主　　编　安　锋　柳光露　刘　丽
副 主 编　姜玉新　刘　丹　王亚芝
参编人员（按姓氏笔画排序）
　　　　　王　微　王亚芝　刘　丹
　　　　　刘　丽　安　锋　李学佳
　　　　　金启中　柳光露　姜玉新

前　言

　　青春践行党的二十大，踔厉奋发向未来，2023 年是全面贯彻党的二十大精神的开局之年，习近平总书记在党的二十大报告中指出："当代中国青年生逢其时，施展才干的舞台无比广阔，实现梦想的前景无比光明。"同时，党的二十大报告中对当代青年提出了谆谆教诲并寄予厚望，"广大青年要坚定不移听党话、跟党走，怀抱梦想又脚踏实地，敢想敢为又善作善成，立志做有理想、敢担当、能吃苦、肯奋斗的新时代好青年，让青春在全面建设社会主义现代化国家的火热实践中绽放绚丽之花。"

　　大学生是当代青年的中坚力量，是我国社会主义现代化建设的后备军，他们所掌握的知识本领、思想状况和职业成长关系到党和国家的未来发展。所以，高等院校及相关从业者肩负着引导广大青年学生厚植家国情怀、勇担时代使命，汲取知识本领，做好职业规划的重要使命，我们要做青年朋友的知心人、青年工作的热心人、青年群众的引路人，从而把广大青年实现成才成长、获得幸福生活与党和国家事业紧紧连在一起。

　　笔者曾经对 3 000 多名大一新生进行了问卷调查，结果显示：85% 以上的同学处于迷茫状态，在对未来的学业和职业规划上，多数学生选择随大流，如选择考研的同学占比达到了70% 以上。究其原因，主要可以归结为以下三个方面：学习目标不明确、道路选择多元化、缺乏规划引导。

　　如何帮助大学生正确认识自己，树立正确的职业规划理念，明确职业目标，制订合理计划，并落实实际行动，已经成为高校职业生涯规划课程最重要的任务和使命。

　　大学生职业生涯规划课程是一门普及职业生涯发展理论和增强大学生就业竞争力、引导大学生成长成才的重要课程，更是高校人才培养工作的重要组成部分。本课程旨在通过教学与引导，激发大学生职业生涯规划的自主意识，教会学生使用职业生涯规划的理论与工具进行自我探索，科学思考并设计自己的成长之路，让大学生活的青春之美为未来的奋斗人生打下坚实的基础。

　　为了进一步完善职业生涯规划的课程体系，实现教学内容与时代变革与时俱进的效果，在学校相关领导和部门的支持鼓励下，课程组成立了教材编写团队，编写团队成员既包括优秀的一线教师，也包括企业资深人力资源管理专家，经过精心构思，几易其稿，终于完成了职业生涯规划教材编写任务。教材内容共分为十章，具体包括大学生职业生涯规划概述、职业生涯规划理论基础、自我认知与探索、职业的社会探索、大学生学业生涯认知、大学生职业生涯目标的设立、大学生职业生涯规划决策与制订、大学生职业素养的培养与提升、大学生职业生涯心理调适以及学有样板,每一章均包括内容框架、学习目标、本章导读以及拓展学习、实训项目等栏目。

本教材中所选取的拓展阅读资料均选自大学生的学习、活动实例。其中第十章内容更是来自编者所在学校的优秀学生事迹,案例内容更真实,更有说服力,使学生有了看得见、摸得着的可学习榜样,具有很强的引领性。此外,教材中加入了大量拓展学习资料,内容丰富全面,呈现形式多样,可读性较强。同时,编写内容中针对大学生关心的问题,给予了较为切合实际的指导,如大学生考证问题、大学生考研问题等。

本教材由专任教师安锋、柳光露和刘丽担任主编,由姜玉新、刘丹、王亚芝担任副主编,全书由刘丽博士、王微和企业人力资源资深专家李学佳、金启中负责设计书稿的整体框架和审阅。本教材在编写过程中,借鉴和参考了国内外与职业生涯规划相关的大量著作、教材、网站资讯以及公众号微文等,在此谨向这些文献资料的作者和同行们表示衷心的感谢。另外,由于编者水平有限,书中不可避免会存在一些疏漏和不足,恳请广大读者多提宝贵意见,以便今后我们更好地进行修订和完善。

编　者

2023 年 2 月

目　录

第一章　大学生职业生涯规划概述

【内容框架】

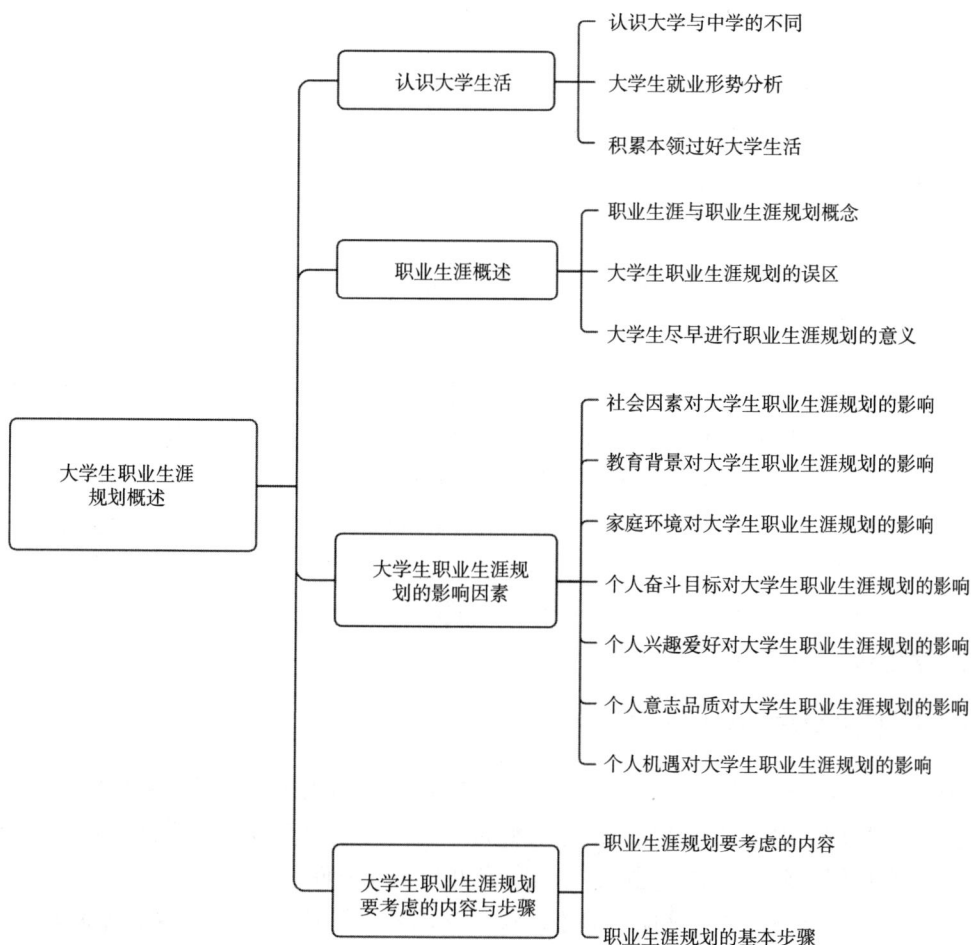

【学习目标】

（1）了解大学与中学的不同。

（2）了解大学生就业形势。

（3）了解大学阶段主要任务。

（4）理解职业生涯及职业生涯规划的概念。

（5）理解职业生涯规划在大学生成长阶段的重要意义。

【本章导读】

早在 1936 年 9 月 18 日，浙江大学校长竺可桢先生在与新生的谈话会上，向学生问了两个非常经典的问题："诸位在校学生，有两个问题应该问问自己，第一，到浙大来做什么？第二，将来毕业后要做什么样的人？"这两个发人深省的问题，其影响超出了浙江大学的范围，激励着一代又一代学子成就学业、追求幸福人生。至今，它依然值得刚刚步入大学之门的新同学深入而持久地思考，并用自己的行动给出回答。当然，不同时代、不同学校的学生，给出的答案可能是有差异的，但是，它永远表达了对莘莘学子的殷切期待：每一个大学生从步入校门那一刻起，就应该珍惜大学生活的每一天，胸怀理想，志存高远，把握当下，成就未来。

这也是竺可桢老先生的观点：第一，诸位求学，应不仅在科目本身，还要训练如何能正确地训练自己的思想；第二，我们人生的目的是在能服务，而不在享受。

资料来源：竺可桢. 竺可桢全集：第 2 卷 [M]. 上海：上海科技教育出版社，2004.

第一节　认识大学生活

熬过了炎热的 6 月，经过高考帷幕落下后的等待与焦虑，金秋 9 月，莘莘学子怀揣着梦想进入了大学校园，接下来的大学生活将是全新的旅程。刚上大学，许多同学对学校里的一切东西都感到好奇，感到新鲜，对于未来也充满了憧憬和向往。

大学四年是人生中非常重要的一个阶段，四年的时间，并没有我们想象的那么长，更有人用"转瞬即逝"来形容大学四年的时光。那么，如何充实地度过大学四年的学习生活，在毕业季为自己交上一份满意的答卷，值得每一名同学尽早思考。刚踏入大学校园的你，首先需要对大学生活有清晰的认识。

一、认识大学与中学的不同

当前，考上理想的大学仍旧是大多数中学生的梦想。而当进入大学，梦想成为现实，中学生成为大学生后，由于大学新生一般不了解高等教育与基础教育的学习方式有着本质的区别，入校后有可能出现诸多的不适应，主要体现在以下几方面。

第一，对大学学习方式不适应。形象地说，基础教育阶段学生是"被老师抱着走"，学习过程基本由老师一步步引领，学生学习方式更多的是记、背、考，学生大多处于被动学习状态；而大学教育阶段更为强调自主性、自律性和自主学习。相比于基础教育，大学教育更强调学生的主动作用。在大学阶段，学生需要进行自我规划，并且需要在课堂学习之外深入思考和独立探索，不断将知识转化为实践能力，以便更好地适应未来职业发展的要求。老师做得更多的是对难点、重点、国际前沿理论和实践应用等进行引导。

第二，对缺乏明确目标的不适应。在小学、中学阶段，许多学生将考上大学作为努力的目标，目标单一且非常明确。进入大学后，由于对大学生活、自己所学专业和就业缺乏了解，因而出现目标模糊的现象，并因此感到焦虑、迷茫。大学教育更注重鼓励自我探索，老师不再是直接提供答案，大学教育更多的是对学生思维能力的培养，包括带着批判性的眼光、创新的思维去汲取知识，去发现尚需求解的未知。因而需要同学们尽早通过自我探索，对专业学习、就业前景等诸多方面的了解，进行自主思考，从而确定大学阶段努力的目标。

第三，对失去学习优势的不适应。大学，尤其是知名的重点大学，学习尖子云集，能够保持学习成绩优势的同学当然是凤毛麟角。这使一些中学时深受"唯成绩论"影响的同学在进入大学、失去学习成绩的绝对优势后感到惊慌，甚至失去自信。尤其是一些中小学阶段没有机会发展文体等方面特长、一心读书的同学，进入大学后更会感到失落。

进入大学，变化的是周围环境，不变的是学生身份，大学生的主要任务还是学习，但与中学相比，大学首先在学习方面，包括学习任务、学习内容、学习方式、学习方法等方面有很大不同，其次在努力的目标、自由度、人际交往方面也发生了很大变化。

（一）学习方面的不同

1. 学习任务不同

中小学注重掌握知识的基础性、规范性和多样性等方面的培养，为进一步地升学或就业做准备。大学学习要求学生具备更高级别的思维与创新能力，并深入到专业领域进行细化学习，使其对某一领域有所精通。除科学文化知识的学习外，还包括思想、政治、道德、组织管理能力、科研及创新能力等综合素质的培养与提升。

2. 学习内容不同

中小学主要学习各种科学文化的基础知识，而大学是专业性很强的学习过程，所学课程都紧紧围绕着一个中心，就是为培养专门人才服务。大学四年需要学习的课程有数十门，每一个学期学习的课程都不相同，内容丰富，学习任务远比中学重得多。大学还根据培养专门人才的需求，开设大量的选修课、专题讲座、实验、实习及社会调查等许多反映现代科学技术发展的新知识和新内容的课程。此外，大学生要积极参加学校里的文化活动，在活动中锻炼、提高自己。还要多与学长学姐交流，多与同学交流，在交流中学习，学他人之所长。

3. 学习方式不同

中学时期，学生只需要跟上老师的教学节奏，一切听从老师指挥，老师是"手拉手"领着学生学习。而大学是"老师在前，学生在后"引着走，老师在课堂上大都只讲重点，需要学生养成良好的自主学习习惯，做到提前预习，通过预习，发现课程重点和难点，了解课程的内在联系，做到心中有数，掌握听课的主动权。课下要自主复习，学不会、听不懂的内容更多需要自主学习消化，老师不会再反复讲述、练习或复习知识点。大学的学习方式对学生的自主学习意识要求很强。因此，大学生要不断探索和总结适合自己的有效的学习方法。此外，大学阶段的学习与就业挂钩，主要实行学分制，该学什么，如何安排学习时间，可根据个人特点有所侧重。大学生需要了解所学专业的行业动态和就业前景，积极规划学业与职业目标，并努力去实现。

4. 学习方法不同

进入大学，同学们将接受新的教学理念与教学方法。首先，大学的课程表比高中阶段有更大的灵活性，不会从早到晚将时间都填满，还有一定比例的选修课供同学们根据兴趣及需求选择。其次，教师不像中学老师那样事无巨细地管理，大家有选择适合自己的学习方式的自由，大学的学习更多靠的是自觉。大学阶梯教室可容纳上百人，老师可能不会关注到坐在后排走神的学生。课堂测验减少了，课后作业也少了，有的课也没有期中考试。大学教师会自由地发挥自己的专业所长，为同学们打开更广阔的视野，提供更广泛的知识。同时，互联网技术的普及使翻转课堂等新的教学形式成为可能，教师会减少在课堂上讲授课程内容的时间，以便有更多时间与学生交流，学生需要在课前完成自主学习，比如观看课程视频、阅读电子教材、在网络上与其他同学讨论、查阅相关资料等。老师还可能推荐不同版本的教材及补充阅读材料，要求同学们完成更多高质量的作业。同学们可以享有更多的教学资源，不再像中小学时期那样局限于自己所在的学校。进入名校的同学还可以享有优质的师资、先进的教学设施和实验设备，以及丰富的校友资源。由于大学的开放性，其他学校的同学在很大程度上可以分享这些资源，从聆听名校名师的课程及讲座，到在这些学校举办的名企招聘宣讲会上投递简历；各大学也以开设校际选修课、图书资料跨校共享等方式为同一城市的大学生提供学习便利。随着互联网的普及与发展，即使考入了普通大学，通过慕课等网络教学课堂也能够获得丰富的信息资源。然而，如果缺乏自觉性和主动性，这些资源的作用将大打折扣。除了课程学习之外，大学时代同学们要经常接触新想法，要学会批判性地看待这些想法。大学的课程设置要求同学们更多地投入社会实践、学生会工作、志愿者工作及与专业相关的实践活动。大学学习更需要同学们自我激励，靠自我约束力保持对学习、实践的投入。

（二）努力的目标不同

高中时同学们努力的目标比较单一，大部分中学生的目标是考上大学，考上大学后他们将保持全日制学生身份，不必为生计发愁；而大部分大学生的终点是社会，即便是继续深造，最终还是要走向社会。由于社会对人才的需求是多元化的，同学们在大学阶段的目标也应该是多元的。大学对学生的评价体系是很多元化的，学习成绩优异者、科研能力出色者、社会活动能力突出者、实际操作能力特强者、文体特长者都会成为被关注的对象。即使是没有特长、经过努力也未能取得优异成绩的同学，做事认真踏实，也是被认可的，而且这往往是用人单位非常看重的员工素质，若能保持这些品质，将来可能会成为职场中受欢迎的员工。进入大学后，同学们要尽快明确自己的目标。

（三）学生"自由度"不同

高中阶段，不少住校同学的作息时间是从早晨6：00到晚上10：50，被学校安排得满满的，周末仅休息一天甚至半天，自己时刻处于班主任及其他任教老师的监督之下；不住校的同学也会因为学业繁重经常要"刷题"到夜里12点才能休息。相比中学生，大学生更"自由了"。大学阶段，无论是学习还是生活，同学们得到老师的反馈比高中时少很多，而且老师对学生鲜有硬性的严格要求。进入大学后，每周30多个课时已属少见，周末基本上不会排课，同学们拥有了更多的自由和独立时间。远离了父母及家人的呵护与管束，任课教师和辅导员也不会像高中老师那样严格要求，同学们有了"继续努力学习"与"混学分"的选择。同时，由于大学评价体系的多元化，考试成绩不再是唯一的标准，大家可以凭借在科研活动、文体活动、社会活动及人际交往中的出色表现，获得老师和同学的肯定。通过参与这些丰富多彩的活动，同学们可以全面展示和提升个人的素质与能力，为顺利进入社会与职场打下良好的基础。大学生可自由安排的时间多了，所以需要同学们自己做出规划与选择。

（四）人际交往不同

中学的同学基本来自同一地区，来自同样的社会文化环境，而大学班级和宿舍的同学来自天南地北、城镇或乡村，社会文化方面会存在很大差异。同时，作为自由独立的个体，同学们处理问题的思路、想法，包括对未来的规划等都会存在很大差异，同学间也不会像高中时目标那样统一，将"考上理想大学"作为第一要务。每个人要与这些兴趣、生活习惯、文化背景、价值观等与自己有所不同的新同学共同学习、生活四年，因此更要学会尊重差异、学会包容。

大学为同学们全面提升自我、培养能力提供了足够大的平台，是"丑小鸭变天鹅"的最佳天地，是个人生涯发展的关键时期。正如一位上完职业生涯规划课的大二同学总结的：考上大学后，同学们瞬间摆脱了事先被社会、父母和老师规划好的生活，开始自己独立的生活。大多数人在纷繁复杂的大学生活中迷失了自己，缺乏目标，对未来充满了迷茫，不知道该做什么，浑浑噩噩地虚度时光。殊不知规划好自己的生活，绘出一张美好的蓝图，盯紧一个坚定而又远大的目标，恰恰是成功的关键。如果你连要去哪里都不知道，又怎么能到那里呢?

二、大学生就业形势分析

随着高校招生规模的不断扩大，我国高等教育逐步从"精英教育"向"大众教育"过渡，高校毕业生人数急剧增加，待就业学生群体不断膨胀。我国人力资源和社会保障部数据显示：2000 年我国高校毕业生人数为 95 万人，2010 年达到了 631 万人，2020 年更是高达 874 万人。截至 2022 年，近五年我国大学毕业生人数变化情况如图 1.1 所示。2019 年大学毕业生增幅为 1.7%，到 2022 年增幅已达到 18%，这个发展速度是惊人的，就业大军中大学生的比例越来越大，"最难就业季""更难就业季"等说法一直不断。几乎每一个毕业生都会切身感受到就业的恐慌。大学生的就业矛盾日益突出，大学生就业市场出现新的形势，越来越多的大学生面临着毕业即失业的危险。

除了就业人数的增加，目前我国还存在职业岗位的结构性矛盾问题，大量人才如技能型人才、普通工人等紧缺，但是这些人才却与高校毕业生不匹配。

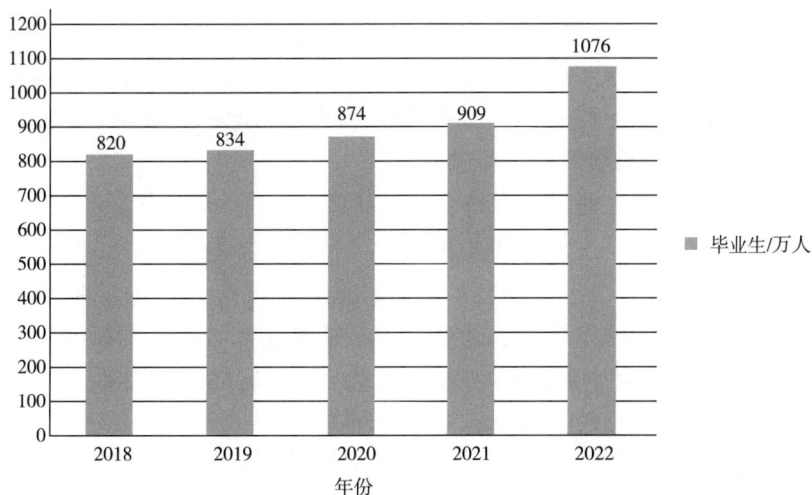

图 1.1　2018—2022 年我国高校毕业生人数统计

大学毕业生就业的结构性矛盾也十分突出。大学生的就业难并非指大学生找不到工作，而是体现在学生找不到理想的工作上。具体而言，目前社会所呈现的是大城市就业难、编制内就业难、高薪就业难等问题。从地区上看，北京、上海等发达地区人才需求较旺，且人才济济；而中西部地区由于工作和生活条件相对艰苦，虽然也有较大的用人需求，却往往招不到合适的人才。从学历及专业看，用人单位对学历高的毕业生需求高于学历低的毕业生需求，紧缺专业如计算机、通信、电子、土建、医药等学科类的毕业生需求比长线专业如哲学、社会学、法学、经济学等学科类的毕业生需求高。大学生就业的这种结构性矛盾最终往往导致大学毕业生"就业难"与用人单位"招人难"并存的尴尬局面。

大学生的就业问题不仅是高校面临的问题，也是整个社会经济发展需要解决的问题之一。

由于没有及早规划，一些同学大三才意识到问题的严重性，而此时大学生活已然过半，错过了不少培养能力、提升素质的机会。于是，考研成了不少大三同学补救前两年努力不足的救命稻草，殊不知这是对就业难问题的一种逃避。一些并不适合考研的同学因此错失了大三暑期的实习，加大了自己毕业前找工作的难度。

三、积累本领过好大学生活

大学阶段处于基础教育到社会生活的过渡阶段。与初高中的基础教育相比，大学不仅要掌握更加深厚的学科理论、专业知识与职业技能；更要提升综合素养，为顺利找到自己心仪的工作做准备。在这个过渡阶段，对每一位将要从校园人转变为职业人的大学生而言，除了去尽情游览书海，体会完全自主的学习生活，还需要结合未来可能要进入的职场领域，做好本领的积累。这些综合素养的提升将为大学生适应社会工作奠定良好的基础。具体来说，大学生要关注以下几点。

（一）养成良好的学习习惯，锻炼独立思辨能力

在大学学习中，课时少，学习知识的深度和广度却不断加强，老师在课堂上的讲解大多是提纲挈领式的，因此大学生应该按照自己的计划和目标，选择性吸收对自己有用的内容，积极融入善于思考、大胆提问、小心求证的研究型学习中，培养和提高学习能力。

一般来说，大学生有四种主要的学习方法：一是学校教学规定的课堂学习；二是对于课堂学习内容巩固和扩展的自我学习；三是善于思考、钻研的创造性学习；四是与同学组成学习小组，互相讨论与启发的学习。大学生要根据自身实际情况，发挥主观能动性，自主选择适合自己的学习方法，以获得较好的学习效果。

大学生需要加强对逻辑思维能力的学习，在部分研究生入学资格考试、公务员考试、外企的笔试与面试中，都有与逻辑学相关的测试。大学生要积极思考，正所谓"学而不思则罔，思而不学则殆"。在平时遇到问题的时候，大学生要先自己动脑思考，思考他人的思路和解题过程，吸收他人的思维分析过程，在思考过程中，多运用纵向思维，增加自己的思维深度；多练习批判性思维，基于客观理性的立场，独立思考、敢于质疑、挑战权威。

（二）培养良好的心态

大学生的年龄正处于个体逐步走向成熟的阶段。这一时期大学生的某些心理发展落后于生理机能的成长，加上各种因素的影响，难免会产生困惑、烦恼、苦闷的不稳定情绪；自我

心理矛盾不时发生，如理想与现实的矛盾、理性与感性的矛盾、竞争和安逸的矛盾等。若这些不稳定情绪和心理矛盾不能得到有效疏通，日积月累，就会形成心理障碍，从而影响日常的学习与生活。因此，大学生要及时疏导自己的心理困扰，养成良好的心态。有矛盾的时候，可以静下心来，多和朋友、亲属、专业老师、咨询师共同探讨，勇于思考和成长。

（三）提升人际交往能力

当代大学生大多是独生子女，习惯以自我为中心，不知道如何恰当地表达自己。很多大学生习惯于在网络中发泄情绪、寻找精神寄托，忽视了或者不熟悉现实生活中人与人之间真实的互动，导致自身性格的封闭和人际交往能力的下降。

人际交往能力是一项很重要的能力，它在一定程度上能影响个人情绪的稳定、心理的变化，甚至是个人未来的发展走向。大学期间格外需要认识自我，锻炼与他人的交往能力。可以通过参与校园活动来培养自己的交往能力，结交有共同志向和爱好的朋友，也可以多多学习社会交往知识，必要时寻求专业的辅导和专题的练习。

总之，提升综合素养有助于大学生更好地适应大学和未来的职场生活。健康的心理状态、良好的学习和生活习惯、有意识地提升工作和人际交往能力，都有助于大学生高效、高质量地完成学习与工作，这是每位大学生都要坚持做的事情。

拓展阅读：

送给大学生的十句话

（1）结交"两个朋友"：一个是运动场，另一个是图书馆。不断地"充电""蓄电""放电"。

（2）培养"两种功夫"：一个是本分，另一个是本事。做人靠本分，做事靠本事，靠"两本"起家靠得住。

（3）乐于"吃两样东西"：一个是吃亏，另一个是吃苦。做人不怕吃亏，做事不怕吃苦。吃亏是福，吃苦是福。

（4）具备"两种力量"：一种是思想的力量，另一种是利剑的力量。思想的力量往往战胜利剑的力量，这是拿破仑的名言。一个人思想有多远，他就有可能走多远。

（5）追求"两个一致"：一个是兴趣与事业一致，另一个是爱情与婚姻一致。兴趣与事业一致，就能使你的潜力最大限度地得以发挥。恩格斯说："婚姻要以爱情为基础。"

（6）插上"两个翅膀"：一个叫理想，另一个叫毅力。一个人如果有了这两个翅膀，就能飞得高、飞得远。

（7）构建"两个支柱"：一个是科学，另一个是人文。

（8）配备两个"保健医生"：一个叫运动，另一个叫乐观。运动使你生理健康，乐观使你心理健康。日行万步路，夜读十页书。

（9）记住"两个秘诀"：一个是健康的秘诀在早上，另一个是成功的秘诀在晚上。爱因斯坦说过：人的差异产生于业余时间。业余时间能成就一个人，也能毁灭一个人。

（10）追求"两个极致"：一个是把自身的潜力发挥到极致，另一个是把自己的寿命健康延长到极致。

第二节　职业生涯概述

一、职业生涯与职业生涯规划概念

（一）生涯与职业生涯

1. 生涯

关于生涯的概念，世界职业规划与生涯教育领域最具权威性的人物、全球最有影响力的生涯发展研究者——美国学者舒伯（D. E. Super）认为，生涯指生活中各种事件的演进方向和历程，它统合了人一生中的各种职业和生活角色，由此表现出个人独特的自我发展形态。美国国家生涯发展协会认为生涯是个人通过从事工作所创造出的一个有目的的、延续一定时间的生活模式。台湾学者金树人总结了"生涯"的三个重点：生涯的发展是一生当中连续不断的过程；生涯包括个人在家庭、学校和社会中与工作有关活动的经验；这种经验塑造了独特的生活方式。

由此，生涯可以说具有以下三个方面的特征：

（1）"终身发展的历程"。强调生涯的持续性、长期性，伴随着生命周期而不断演进变化。

（2）"多角色交互的综合体"。生涯包括个人在家庭、学校和社会中与工作有关的活动经验，个人在不同时期或在同一时期可能担任父母、伴侣、职场人、子女、学生等多种角色。

（3）"个人发展形态的独特性"。生涯是个人依据其人生目标、动机、兴趣、价值观、信念等特征，并受其所处的外部社会环境条件影响，个人为实现自我目标而开展的独特的生命演进历程。因此，不同的人具有不同的生涯历程。

2. 职业

职业是参与社会分工，利用专门的知识与技能，为社会创造物质财富和精神财富，获取稳定的、合理的报酬，作为个人物质生活来源，并满足精神需求的工作。

3. 职业生涯

对于职业生涯的定义，不同国家、不同学者从不同的角度对职业生涯给出了不同的界定，简单来说，职业生涯是指人的一生的职业历程，是指一个人依据心中的长期目标所形成的一系列工作选择，包括与其相关的教育或培训活动，是一段有计划的职业发展历程。国内学者普遍认同的职业生涯概念分为广义和狭义两类。广义的职业生涯，是指从职业能力的获得、职业兴趣的培养，到选择职业、就职，直至最后完全退出职业劳动这样一个完整的职业发展过程。职业能力的获得、职业兴趣的培养应该是从孩提时期开始，而不是进入大学后才开始。狭义上的职业生涯，是指从踏入社会、从事职业训练或职业学习开始，直至职业劳动最终结束、离开职业岗位为止。

不难看出，职业生涯具有终身发展的历程、多角色交互的综合体、个人发展形态的独特性。职业生涯是以职业为核心的，个体在人生中的工作经历和与之相关的内心体验的经历。职业生涯是以人的潜能开发（如心理、生理、智力、技能等）为基础，以工作内容的确定和变化、工作业绩的评价、工资待遇、职称、职务的变动为标准，以满足需求为目标的变化发展过程。

4. 生涯发展

生涯发展理论以舒伯的五阶段生涯发展理论最为著名，受到广泛关注。该理论从广义的职业生涯定义出发，将个体的职业生涯发展划分为五个阶段，如表1.1所示。

表 1.1　职业生涯发展的五个阶段

阶段	年龄段	阐述内容
成长阶段	0~14 岁	这一阶段个体开始建立自我概念，对自己的兴趣、能力有所认知，对职业有了初步认识。该阶段又包含三个子阶段：幻想期（10 岁之前），幻想自己从事某类职业；兴趣期（11~12 岁），对某些职业产生兴趣而愿意在将来从事该职业；能力期（13~14 岁），开始意识到自己的能力，根据能力思考能够从事的职业
探索阶段	15~24 岁	这一阶段个体通过学校活动或社会实践进一步认识自我与职业，开始形成职业偏好，完成初步的择业与就业。该阶段也分成三个子阶段：试验期（15~17 岁），对自己进行综合评估后，尝试进行职业选择；转变期（18~21 岁），形成职业偏好；初步尝试期（22~24 岁），选定某职业，完成初步就业
建立阶段	25~44 岁	这一阶段个体开始找到合适的工作领域并不断努力，以求在职业上有所发展。该阶段包含两个子阶段：一个是尝试期（25~30 岁），在不断的尝试中确定更为满意的职业；另一个是稳定发展期（31~44 岁），职业状态逐渐稳定，但也有个体因目标偏离或新目标的出现而调整职业方向，因此对某些个体来说这一时期可能是转折期
维持阶段	45~64 岁	这一阶段个体将主要精力放在维持现有成就和社会地位上，并努力保持工作与家庭的平衡
衰退阶段	65 岁及以上	由于个体生理和心理机能随年龄的增长而不断衰退，个体逐渐从劳动力市场退出，开始寻找新的生活方式以适应退休生活

（二）职业生涯规划

职业生涯规划是指个人与组织相结合，在对一个人职业生涯的主客观条件进行测定、分析、总结的基础上，对自己的兴趣、爱好、能力、特点进行综合分析与权衡，结合时代特点，根据自己的职业倾向，为自己确立职业方向、职业目标，选择职业道路，确定教育计划、发展计划，为实现职业生涯目标而确定行动时间和行动方案。职业生涯规划有三个核心要素，分别是职业定位、目标设定和通道设计。职业生涯规划的目的不仅是帮助个人按照自身条件找到一份适合的工作，实现个人目标，更重要的是可以帮助个人充分了解自己，为自己定下长期规划，筹划未来发展，并确定一生的发展方向。

（三）职业生涯规划与大学生涯规划

对每个人来说，职业生涯规划都是至关重要的。大学生涯或大学生活是年轻人价值观形成和知识储备的重要时期，是为未来从事工作过渡的一段时光，也是做好未来要从事的职业生涯规划的最好时机。如果能够在大学里就规划好自己的职业生涯，就会比别人早走一步，距离成功也就近了一步。大学生应该从一踏入大学校门起就对自己的大学生活有一个总体设计，为自己的发展设定长远目标，在充分做好大学生涯规划的同时，根据自身特点做好职业生涯规划。

从职业生涯规划周期和大学生所处的年龄阶段来看，大学生正处在职业探索期，这个时期主要是通过学校生活、娱乐活动、自己的生活经历和他人的经验介绍等，经过自我认识、反省，形成对职业的初步认识和职业价值观。一般来说，这个时期大学生对职业的认识以及职业价值观往往是比较模糊和易变的，甚至是不客观的，容易受到一些临时因素的影响。有很多问题值得去思考，比如是否清楚地了解自己的兴趣和爱好，自己的缺点和优点是什么，是否仔细地思考过自己未来要从事的职业，是否能给自己一个恰当的定位，是否能合理地安排自己的大学生活。找出症结所在，对我们的生活有个详尽而又合理的规划，就会发现大学生活中原来有这么多的事情值得我们去做，我们的大学生活原来是如此的丰富多彩。我们也会更加了解自己的兴趣和爱好所在，就能合理地安排时间和生活，对未来所从事的职业也有清楚的了解，从而更好地发展自己。

二、大学生职业生涯规划的误区

大学生经历了高考和填报志愿，在填报志愿的时候，其实就已经做出了职业生涯中一个重要的决策，因为所填报的志愿在很大程度上将决定大学四年的专业学习。但是如果问一些同学是如何做出这个决策的，结果往往让人大吃一惊。很多学生是依据和同学一番简单的交流，或者老师一句不经心的话，又或者家中亲友给予的建议，甚至某个道听途说的消息就决定了自己的四年、1 460 天、35 040 小时乃至更长时间的生活。面对如此重大的决定，很多同学所花费的时间也并不比选购一件衣服花费的时间多多少。由此可见，大学生职业生涯规划中存在许多的误区，主要体现在以下几方面。

（一）职业生涯规划可有可无

职业生涯规划观念淡薄是当代大学生的普遍特点。从多年的大一新生职业生涯规划教学工作中，编者也感受到了这一点。在召开的高年级大学生座谈会上，80%的大学生表示自己从来没有对自己的职业生涯做过正规的规划，只知道大学生就业形势特别严峻，从进校开始就十分紧张，在感到紧张的同时，并没有认真规划自己的职业前景。对于为什么进行职业生涯规划，在什么时候进行职业生涯规划，有很多同学想不明白，搞不清楚。不少大学生认为职业生涯规划可有可无，反正能否就业不由自己说了算，听天由命。尤其是大一新生，觉得自己刚上大学，未来有太多的不确定因素，所以现在规划自己的职业生涯为时过早，等到大三、大四再考虑也不迟。这些想法造成的严重后果是学习无目的性，荒废了宝贵的学习时光，错过了职业规划下有目的、有针对性、有计划的人生素养和能力提升的大好时机。

（二）职业生涯规划是毕业生的主要任务

不少大学生在谈及职业生涯规划时，都毫不怀疑地认为，这是毕业生的主要任务，而处于其他年级的学生不必为职业规划而"浪费"时间，认为计划不如变化快，职业规划等到即将毕业时再做也不迟，其实这是一种误区。如果不从走进大学的第一天开始，就接受有关职业规划的理念，并在老师的指导下，逐渐形成自己的职业发展规划，到毕业真正面对就业问题时，就会陷入盲目状态。当意识到自己在专业水平和个人能力方面存在不足时，就会感到无能为力，出现不知所措的尴尬，追悔莫及。事实上，不容乐观的就业形势已经让一些大学生意识到，职业规划从大一起就应该作为重点工作来做。一方面，通过职业规划，可选择适合自己发展的职业，确定符合自己兴趣与特长的生涯路线；另一方面，还可拓展到职业修养、价值观等内在的素质培养。但由于缺乏专门的指导和督促，不少学生并没有在进校时就开始进行科学的职业生涯规划。

（三）职业生涯规划中的自我定位不准

许多大学生没有做好自己的职业规划，首要原因是对自己认识不清，不知道自己想干什么、适合干什么。在制订自己的职业规划时，需要面向现实，做全面的自我分析，并做好"四定"：定向，确定自己的职业方向；定点，确定自己职业发展的地点；定位，确定自己在社会上的位置；定心，做到心平气和。这实际上就是解决职业生涯设计中"干什么""何处干""怎么干""以什么样的心态去干"这四个最基本的问题。这样，既可以防止"低价出售自己"，也可以防止期望值过高而一无所获。但许多同学对这四个方面缺乏清晰的认识，因而出现无法自我定位或定位不准的问题。

（四）职业生涯规划急功近利，把就业、职业与事业混为一谈

不少大学生忽视职业生涯规划过程的动态性和阶段性，不考虑自己的实际情况，过分强调职业的功利价值，盲目从众，急于求成，企图走"捷径"实现目标，甚至将职业分为不同等级，分出贵贱高低，而不考虑国家和社会的需要，不愿意到条件艰苦的地区和行业工作。曾有一份在数百名大学生中所做的调查显示：95%的学生表示自己两年之内要做主管，5年后成为部门总监；77%的学生说，35岁之前要成为年薪50万~100万的职业经理人；还有20%的同学表示毕业后10年之内上《福布斯》等知名杂志的富豪榜，成为一名"金领"。这样的职业规划对于绝大多数大学生而言显然是不现实的，最终只能产生失望与挫败感。有些大学生把就业、职业和事业混为一谈，认为就业就等于职业，把就业当成一生中带有定格性的事情来对待，甚至把就业与一生的事业发展画上等号。要知道，现代社会和经济在飞速发展，职业与行业也在不断变化和转型，每个人的兴趣、技能、经验以及市场需求也在不断发生变化，因此对待就业应该采取灵活的态度。否则，由于错误的认知，在就业问题上优柔寡断，既不利于毕业时就业问题的解决，也不利于长远职业生涯的规划，更谈不上事业发展。

职业生涯设计师徐小平告诉我们，人生职业分为三个层次：第一层次是就业，维持生存；第二层次是职业，从事比较稳定的工作，满足基本的物质需求；第三层次是事业，这个层次不仅有丰富的物质生活，更有精神上的满足感。这三个层次是逐步推进、逐步实现的，并不能一步到位。

（五）职业生涯规划不够理性

部分大学生只顾眼前利益，忽视职业发展。一些大学生的择业标准中只有工作条件、福利待遇等眼前的实利，而对自我的职业兴趣、能力和职业的发展前景等因素不予考虑，因而极易选择不适合自己的工作。此外，受工作求安稳、求职一次到位等根深蒂固的传统观念影响，一些大学生，包括一些学生家长，仍然喜欢稳定、清闲、有福利、有保障的工作，希望一次就能选定理想的职业，而不愿意选择有风险、有挑战性的职业。再者，过分强调专业对口、学以致用。一些大学生在求职时只要是与自己专业关系不密切的职业就不予考虑，这样也会人为地增加自己的就业难度。

由于存在以上误区，许多大学生不能很好地规划自己的职业生涯。其主要原因有三点：第一个原因是大学生对自己缺乏客观的认识，不知道自己想干什么、能干什么，想进行职业生涯规划，但又不知从何下手；第二个原因是对就业形势认识不够，不清楚社会到底需要什么样的人才，在职业取向上缺乏自己的判断，具有很大的盲目性；第三个原因也是最重要的原因，很多大学生根本没有意识到要为自己做职业生涯规划，随意找工作，任意跳槽。大学生的职业生涯规划不可能一次完成，需要在实践中随着自身素质和社会发展的变化做出相应的调整。

三、大学生尽早进行职业生涯规划的意义

正是由于很多同学对职业生涯规划缺乏认知，因此"空虚、寂寞、无聊"伴随着对大学生活的无知而到来，进入大学后，男生选择玩游戏、女生选择看电视剧等方式打发时间的情况不在少数，甚至不少人自诩过着"猪一般的生活"。究其原因，主要是这些同学失去了目标，他们相信那个善意的谎言，认为考上了大学就可以肆意放松，就不用再努力奋斗了，把进入大学看成人生的终点，从而阻止了自己前进的脚步。虽然有些人并不想混日子虚度光阴，但是不知道该如何努力，以致产生迷茫、彷徨的心理。说到底，就是这些同学丧失了生活的目标，不知该何去何从。所以，对大学生来说，重新思考自己的前进方向，尽早规划自己的大学生活非常重要。

从国外开展职业规划的研究可以了解到，国外学生职业生涯规划起步较早，有的甚至从小学就开始职业兴趣的探索。而我国大部分学生直到进入大学才接触到职业规划问题，以至于大学生涯的短短四年成了漫长职业生涯的重要准备阶段，也是进入社会前的最后缓冲阶段。编者教过的几名优秀的学生，他们在大学期间参加了很多的实践活动，能力十分突出，学习成绩也十分优秀，获得了很多方面的奖励。但是，由于忽视了一些专业知识、学术上的深入学习和实践，发展不全面，到了大四想申请推免研究生，却由于某些方面准备不足而错失良机，留下了许多遗憾。

古训告诉我们："凡事预则立，不预则废。"大学学业生涯的终点是社会，是职场，完成学业后，同学们要通过从事某种职业在社会上立足，所以要尽早进行职业生涯规划，那么大学期间尽早规划对开启自己的职场生涯有着何种意义呢？

（一）职业生涯规划有利于大学生学会知己

在进行职业规划之前，大学生要有自我认知。学生首先要对自己职业生涯的主客观条件进行测定，并综合分析个人的兴趣爱好和能力特点，之后才能确定一个最佳的职业奋斗目标。通过职业生涯规划理论的学习，可以教会大学生运用科学的理论与方法对自己的职业兴趣、个人的性格特征、自身的能力素质、核心价值观念等方面进行全面的了解、审视与评价。

（二）职业生涯规划有利于大学生学会知彼

在进行规划之前，大学生要学会正确认识工作世界。工作世界是一个人实现其生涯理想的外部平台，通过了解职业，了解职业环境，学生对未来的工作有所认识，有所了解，可以帮助学生预测未来可能发生的情况，并做好进入职场的心理准备。

（三）职业规划有利于大学生树立正确的生涯目标

对自我的探索和工作世界的探索，有利于学生综合两个方面的信息，进行初步的职业抉择，为自己的生涯设立目标，确定大体的发展方向。职业规划也能帮助学生反思自己在重大问题上常用的决策风格，从而能够做出自主决策，为自己的生涯发展设立近期目标和长远目标，并制订切实可行的行动计划。

（四）职业生涯规划有助于大学生明确学习目的、端正学习态度

职业生涯规划有助于让大学生知道为什么而学，要学什么，从而明确学习目的、端正学习态度，避免学习的被动性和盲目性。职业生涯规划能使大学生不断探索并明确职业目标，调整努力方向及实施策略，帮助大学生在职业发展中少走弯路，节省时间和精力；职业生涯规划也是一种内在激励，能激发大学生自我约束、自我管理的积极性与主动性，成为学生学习、实践、不断提升综合素质的动力。

拓展阅读：

小活动——有多少时间可以重来

大家每人拿一张 A4 纸裁成的纸条，它代表我们生命中的一百岁。可以把纸条划分成十等份，每一份代表 10 年，然后在上面标上刻度。你觉得自己这辈子能活多少岁？找到那个位置，把不属于自己生命的部分撕掉。从出生到现在，这部分时间已经过去，请把这部分时间也撕掉。我们要看的是退休前职业生涯规划的时间，把退休之后到生命结束部分的时间也撕掉。从今天开始，到正式开始工作的时间为学业生涯时间，也不属于我们的职业生涯，请把学业生涯时间也撕掉，但不要扔掉，保存好。在进入职业发展期后，周末加上五一劳动节、中秋节、十一国庆节、春节等假期，一共休息 115 天，将近三分之一时间也撕掉，我们每天还有将近三分之一的时间在睡觉，请把刚才撕完的剩余时间再撕去三分之一。每天用来吃饭、聊天、闲玩、逛街等的时间有多少，请根据自己的情况撕掉。余下的是我们的工作时间，按每天 8 小时，这个时间是用于每天工作，也不属于个人支配，请撕掉。现在把大家的学业生涯拿出来，对比一下今后进入职场属于自己的时间，比较起来，我们的学业生涯可以达到一半以上。大学生涯是我们一生中自由支配、自由安排时间最多的时候，在每个人的一生中占如此大的比例，你有想到吗？再把学业生涯中，个人用于吃喝玩乐、打游戏、追剧、赖床、宿舍闲聊的时间去掉，把做背景板听讲座的时间刨去，剩下的属于你的大学自由支配时间真的没有那么多。

（五）职业生涯规划有利于帮助大学生理性选择职业发展道路

很多大学生在面临职业选择时，往往存在两种倾向：一是升学惯性，选择继续深造的目的并不明确；二是在找工作时，盲目攀比，受他人价值观影响严重。对自己的职业生涯进行规划，将使自己的职业选择更加理性。进行职业生涯规划，可以引导一个人正确认识自身的个性特质、现有与潜在的资源优势，懂得和掌握职业生涯开发和管理的知识与技能，帮助大学生重新对自己的价值进行定位，引导大学生评估个人目标与现实之间的差距，从而选择一条真正适合自身发展的职业道路。我们只有选择了适合自己的职业发展路径，才有可能将个

人的能力与优势充分发挥出来，才能为社会做出更大的贡献。

第三节　大学生职业生涯规划的影响因素

由于每个人的主、客观条件不同，因此个体的职业生涯规划也存在着差异。在现实生活中，有许多因素影响着大学生的职业生涯规划，归纳起来，影响大学生职业生涯规划的因素主要有以下 7 个方面。

一、社会因素对大学生职业生涯规划的影响

社会是大学生发挥才干的舞台，也是影响大学生成长与成功的重要条件和因素。管理体制、社会文化与习俗、职业的社会体系等因素，决定着职业岗位的数量与结构以及职业岗位出现的随机性与波动性，从而影响大学生对不同职业的认识和步入职业生涯、调整职业生涯的决策。用人单位对员工的培养、自身的亲戚朋友交际网、在职业发展过程中所能获得的帮助、提高素质所需的学习机会以及与职业生涯发展方面有关的制度与政策等也会对社会职业结构的变迁、大学生职业生涯变动的规律性产生影响。

二、教育背景对大学生职业生涯规划的影响

教育是赋予个人才能、塑造个人品格以及促进个人发展的社会活动，奠定了一个人的基本素质，对个人的人生有着重要的影响。例如，有时候一个企业会拒绝聘用未达到某一教育水准的应聘者；当然，某些人所拥有的技术已过时，又或者市场对他们才能的需求日减，使他们在职场上的处境显得较为被动。由此可见，只有不断学习新的知识与技术，才能在职场上保持自己的竞争力。教育上的成功与成功的职业生涯有着明显的关联，教育不仅为职业发展提供了基础，同时也为个人职业规划提供了支持。在教育过程中，大学生可以比较自己的兴趣、优势和劣势，并通过各种实践机会来寻找适合自己的职业方向，这有助于大学生在职场中更好地发挥自己的特长和潜力，从而成功地迈出职业生涯的第一步。

三、家庭环境对大学生职业生涯规划的影响

家庭是人们生活的重要场所，大学生的家庭环境也是造就其素质以及影响其职业生涯的主要因素之一。一般来说，父母对自己的子女会有一种期望，这种期望会在人的幼年时期留下印象，并随着时间的推移而强化，较高的期望往往会产生一定的激励作用。父母所从事的工作或职业是子女观察社会工作或职业的开始，父母对自己的职业的认同与否，对子女将来是否愿意从事这个职业有着很大的影响。父母的日常行为，是子女易于接受并熟悉的，并会影响子女职业理想的确立和职业方向、种类的选择。同时，如果一个家庭的经济条件好，那么其子女在将来所接受的教育程度可能较高，职业方面的选择空间较大；如果一个家庭的经济条件差，那么其子女所接受的教育培训机会相对可能较少，而且会使子女感到肩上的家庭责任更为沉重，在教育方面与职业选择方面会产生更多顾虑。

四、个人奋斗目标对大学生职业生涯规划的影响

个人奋斗目标，是一个人终生追求的较为固定的目标，工作、生活中的一切事情都围绕着这个目标而存在。奋斗目标能激发人们的热情和活力，会促使人们为了实现它而不断努力。职业是帮助人们实现奋斗目标的工具，人们通常会选择与自己奋斗目标相一致的职业。若当前的职业与奋斗目标并不一致，则许多人会重新选择职业。倘若更换职业是不现实的，那么可以寻求一种合理有效的途径让现有的职业与自己的奋斗目标相一致。奋斗目标越高，人们的动力就越大，眼界越高，考虑问题越全面；奋斗目标越低，人们越易于安于现状，产生惰性。大学生对于职业选择也是如此。

五、个人兴趣爱好对大学生职业生涯规划的影响

兴趣爱好是职业生涯选择的重要依据，正所谓"兴趣是最好的老师"。当对某种职业产生兴趣时，就能提高积极性，促使自己主动地感知和关注该职业的知识动态。华罗庚上初中时，对数学产生了特殊的兴趣，但因为生病，他的数学知识几乎都是通过自学获得的。正是由于对数学的浓厚兴趣，在走过坎坷的自学之路后，他成了世界著名的数学大师。在学校里被人骂为"傻瓜""低能儿"，而且被勒令退学的爱迪生，在发明的王国里却显示了杰出的才华。是什么让他们取得如此成就呢？是兴趣。可以说谁找到了自己最感兴趣的职业，谁就等于踏上了通向成功的道路。获得诺贝尔物理学奖的华人丁肇中说过："兴趣比天才重要。"兴趣可以调动大学生的全部精力，让他们以敏锐的观察力、高度的注意力、深刻的思维和丰富的想象力投入工作中，进而大大提高工作效率。在其他条件相似的情况下，从事自己感兴趣的职业不但能让自己感到满意，而且能够让工作单位感到满意，从而确保工作的长期性和稳定性。此外，多方面的兴趣可以使大学生善于应对多变的环境。如果变换工作，只要感兴趣，就能够很快学会这门工作的技能，并熟悉和适应新的工作。大学生不仅需要知道自己有能力从事什么样的工作，更重要的是需要知道自己对哪类工作感兴趣。只有将能力和兴趣结合起来，才能规划好职业生涯，并提高职业生涯取得成功的概率。

六、个人意志品质对大学生职业生涯规划的影响

意志是一个人自觉地确定目标，支配与调节自己的行动，克服各种困难，从而达到预期目标的心理状态。意志强弱对于一个人的职业生涯规划有着重大的影响。

一个人对自己行动的目的有着正确、充分的认识，善于明辨是非，能当机立断地做出决定并予以执行，有坚韧的毅力、百折不挠的精神，在行动中善于控制自己的情绪、约束自己的言行，做事情有刻苦、执着的精神等，这些都有助于大学生的职业生涯获得成功。职业生涯规划的自觉性、进行职业抉择的果敢性、为实现长期职业目标而努力的坚韧性、职业生涯规划和决策中的自制性、职业生涯规划实施阶段的勤奋性等方面都是大学生意志的体现。没有坚强的意志，许多人就会在顺境中得意忘形，在逆境中消沉颓废，最终难以实现自己的职业生涯规划。

七、个人机遇对大学生职业生涯规划的影响

机会，是一种随机出现的、具有偶然性的事物。在大学生的一生当中会遇到许多偶然的

机会，其中有利的偶然机会就是机遇。如果社会上出现了给大学生提供个人发展、向上流动的职业环境，对于职业发展而言，那就是出现了机遇，这对大学生的职业生涯规划有积极的推动作用。把握机遇的前提是完善自我、提高素质和具备职业发展的潜质。不具备这种前提，就很难得到机遇的青睐，容易和机遇擦肩而过；具备了这种前提，还要善于发现机遇，如果无视机遇，结果只能是"英雄无用武之地"，找不到职业发展的方向。抓住机遇是关键，只有抓住了机遇，才能有一个施展才华、快速成长的机会。机遇对于任何人来说都是平等的，但只有素质高、有准备的人才能抓住机遇，获得机会。

第四节　大学生职业生涯规划要考虑的内容与步骤

一、职业生涯规划要考虑的内容

一般而言，在进行职业生涯规划时应考虑以下四个方面的内容。

（1）关于自我认识。

①个人的兴趣、爱好与特长。

②个人的性格与价值观。

③个人所选定的目标与需求。

④个人的情商。

⑤个人的优缺点。

⑥个人的学历与能力。

⑦个人的工作经验。

⑧个人的职业生涯情况。

（2）关于职业环境。

①组织的需求。

②家庭的期望。

③社会的需求。

④科技的发展。

⑤经济的兴衰。

⑥政策、法律的影响。

（3）关于个人目标。

①设定该目标的原因。

②达到该目标的途径。

③达到该目标所需的能力、训练及教育。

④达到该目标可能得到的助力。

⑤达到该目标可能遇到的阻力。

（4）关于落实生涯目标的措施。

①教育、训练的安排。

②获得职业发展的安排。

③排除各种阻力的计划与措施。

④争取各种助力的计划与措施。

二、职业生涯规划的基本步骤

对大学生而言，职业生涯规划是为自己定下事业大计，筹划未来，拟定一生工作的努力方向。如果在新生阶段不能合理地规划自己的职业生涯，打好思想、心理、专业知识与技能等方面的基础，就会白白浪费大学生涯的大好光阴，影响大学生的职业目标的实现和未来职业发展。

对大学生来说，系统的职业规划主要包括以下几个基本步骤。

（一）*知己：充分了解自我*

在职业生涯规划中，了解自我主要从兴趣、性格、能力和价值观四个维度展开。即要了解做什么能给你带来快乐，你更愿意并喜欢做什么样的工作；自己的性格适合做什么工作；目前具备的及未来可能掌握的知识、技术、能力决定自己能做什么工作；所寻找的一份职业让你觉得最重要的因素是什么。充分了解自我对大学生职业规划有着十分重要的意义。大学生尤其是低年级大学生，常常还未形成稳定的自我认识，对于自己的兴趣、性格、能力和价值观还不能做出清晰明确的判断，自己的专业和职业偏好也可能时常发生变化。因此，大学生应该有意识地通过各种途径积极探索自我。例如，积极参加各种活动来探索自己的性格特点，认真学习各类课程以发现自己的兴趣偏好，征询亲朋好友的意见以验证对自己的认识，完成恰当的心理测验来了解自己的内在特征。此外，大学生还需要探索自己喜欢怎样的人和环境，擅长什么样的活动，了解自己在从事什么工作时能体会到快乐和满足，还要了解自己认为什么样的工作最有价值，什么样的工作没有意义等。通过对个人职业兴趣、个性特点、职业价值观、职业能力等多维度的自我探索，得到适合自己的职业群，从而形成与自己比较匹配的职业库，以便对自己的职业生涯目标做出最佳判断，为选定适合自己发展的职业生涯路线奠定基础。

（二）*知彼：探索职业世界*

在自我探索的基础上形成的职业库，还不能直接作为职业目标方向。因为在现实生活中，我们能否从事某种职业，还要受到外部客观环境的制约。因此，我们需要对职业环境进行探索，包括对职业宏观发展趋势的把握、了解职业的分类和工作内容、准入门槛、能力要求、教育培训等。此外，还应该结合自己的专业，对未来职业发展方向进行探索。对于绝大多数大学生来说，专业方向与未来的职业发展方向关系非常密切。但由于早期教育的职业规划推广不够，很多大学生在填报志愿时准备不够，对专业的填报相对盲目，有时选择的专业自己都不熟悉。在进校学习之后，由于对专业不熟悉，加上有些专业课自己并不感兴趣，容易轻易得出"我不喜欢这个专业""这个专业和我的个人理想毫无关系"的结论。然而事实上，专业与职业的关系并不是一对一那么简单，同一个专业可能对应着很多种职业，每个人都有较大的选择空间。以"数学与应用数学"专业的毕业生为例，毕业后可以做程序员，可以去知名外企做管理培训生，可以做统计人员、数学老师，也可以做会计、公务员等。所有专业都是如此，都有可能找到广阔的空间和出路。所以大学生应当充分了解不同的职业及其发展前景，而不是想当然地认为只有某种职业适合自己，这也是大学生探索职业世界的重要任务之一。大学生可以通过网络搜索职业分类、收集招聘信息和就业政策导向，也可以通过与学长和老师面对面交流、实习实训、社会实践等直接或间接的方式完成职业世界探索，以便确定适合自己的职业目标。

（三）决策：确立目标

经过自我了解及对职业世界的探知，应当以自己的最佳才能、最优性格、最大兴趣、最有利的环境等信息为依据，确定职业目标。确定职业目标时需要注意的是：目标要具体明确、高低适度、兼顾平衡、个人目标与企业目标要一致。对目标职业的探索是贯穿大学生涯的重要任务。对目标职业的了解途径包括一手资料和二手资料。大学生可以通过实习，切身体验世界、目标职位情况，掌握相关的一手资料；大学生可以通过相关书籍、行业杂志、互联网、中华人民共和国职业分类大典等查阅目标职位的状况，也可以通过与相关领域的个人进行交流，进行"生涯人物访谈"来获得二手资料。职业目标确定后，此时就需要了解目标职业对于大学生能力和素质的要求，为实现目标做好准备。个人的基本素质是用人单位招聘大学生的重要考量，也是大学生职业生涯成败的重要影响因素。素质是一个综合的概念，一个人的专业知识素养、身体的健康程度、思维、组织管理等能力以及智商、情商等都包含在内。大学生要拓展哪些能力，提升哪些素质，取决于社会和用人单位对个体的要求。因此，一方面大学生需要关注一些普适的通用能力；另一方面，对所了解到的目标职业对大学生的具体能力要求，大学生也应该有针对性地进行拓展。一般来说，大学生需要培养的能力范围很广，包括自学能力、操作能力、研究能力、表达能力、组织能力、社交能力、创造能力等。职业目标及目标规划确定之后，最重要的是采取行动、付诸实践，去提升自己的素质。对大一新生而言，就是首先要明确大学期间应该努力的方向，包括如何安排学习和生活，如何提升专业技能，如何锻炼、提升分析问题的能力、组织管理能力、人际交往能力等。对大学高年级学生而言，主要解决"我怎么做才能成功就业"的问题，从而根据制订的规划，在掌握知识技能、提升就业能力、训练求职技巧、参加专业实践活动方面采取切实行动。各平台上的招聘广告是了解目标职业对大学生能力和素质要求的重要渠道，通过该渠道制订实现职业目标的规划，对职业生涯规划的路线做出抉择，以促使自己的学习、工作及各种行动措施沿着职业生涯路线或预定的方向前进。

（四）行动：采取行动、付诸实践

一方面，要学会掌握知识体系建构的方法和技巧。职业生涯规划的过程，无论是确立人生的目标和方向、准确评价个人特点、评估目标和现状间的差异，还是做出职业决策并付诸行动，每一步都是在学习新知识并予以内化，不断吐故纳新，用新的自我来替代旧的自我的过程。这个过程就是知识体系建构的过程。掌握和运用好知识体系建构的方法是做好职业生涯规划的基础。

另一方面，要积极参与校园活动，在实践中成长成熟。实践是大学生增长知识、开阔视野的有效手段。不仅如此，实践还有助于大学生不断修正自我定位，设定比较科学的职业目标，锻炼各项能力，提升个人素质，促进个人的成长成熟。这些对于大学生的职业生涯规划都有着积极的影响。在所有的实践活动中，校园内的各种实践活动是学生最有机会参与的，也是最基本的实践活动。高校学生管理部门通常会致力于创新育人载体，精心组织活动，尽力为大学生搭建素质拓展平台。积极参与到这些经过精心设计的活动中，对大学生的成长有着积极的促进作用。

此外，要注重对健康人格的培养，努力成为一个人格完善、有责任心、树立坚定的理想信念、具备良好的行为规范和社会所需要的有用之人。

（五）评估反馈与调整

影响职业生涯规划实现的因素很多，有些因素变化是可以预测或感知的，比如自我因素，有些因素变化却难以预测，比如职业环境。当行动过程中碰到瓶颈，发现实际情况与规划偏离时，就需要对原有的规划进行检验，包括对人职匹配的准确度、能力条件、社会支持条件、工作满意度、职业成就感、岗位要求、职位晋升可能等进行再评估。结果可能会继续按原有的规划落实，也可能会发现原有规划存在不合理或不适合自己的情况。这就需要对当前的自己和职业世界进行再探索，在原有规划基础上适时进行再调整。因此，系统的职业生涯规划是一个不断循环的过程，要使职业生涯规划行之有效，就必须不断地对职业生涯规划进行评估与修订。

【本章思考题】

（1）大学阶段的主要任务有哪些？

（2）大学生进行职业生涯规划有什么意义？

（3）职业生涯规划要考虑哪些内容？

（4）如何进行职业生涯规划？

【实训项目】

（1）结合自己的实际情况，参考表 1.2 制订一份本学期成长计划。

表 1.2　本学期成长计划

计划项目	成长方向					
	专业技术	专业理论	社会活动	外语水平	计算机水平	竞赛
总目标						
子目标						
时间						
途径						
困难及解决方案						
备注						

（2）描述《我这××年的经历》。当回顾你的经历时，请集中考虑那些对你目前的生活/生涯目标有影响的方面。包括以下四个部分。

①家庭经历。

②教育经历。

③工作经历（社会实践、学生工作经历等）。

④目前的生活/生涯目标。

每个部分应该包括250~300个字，不要仅是流水账，而要分析或者回顾你的经历，以发掘其对你的生活/生涯目标的深层影响。若能在每个部分中说明特殊任务或者事件对你生活的影响，则更有帮助。

第二章　职业生涯规划理论基础

【内容框架】

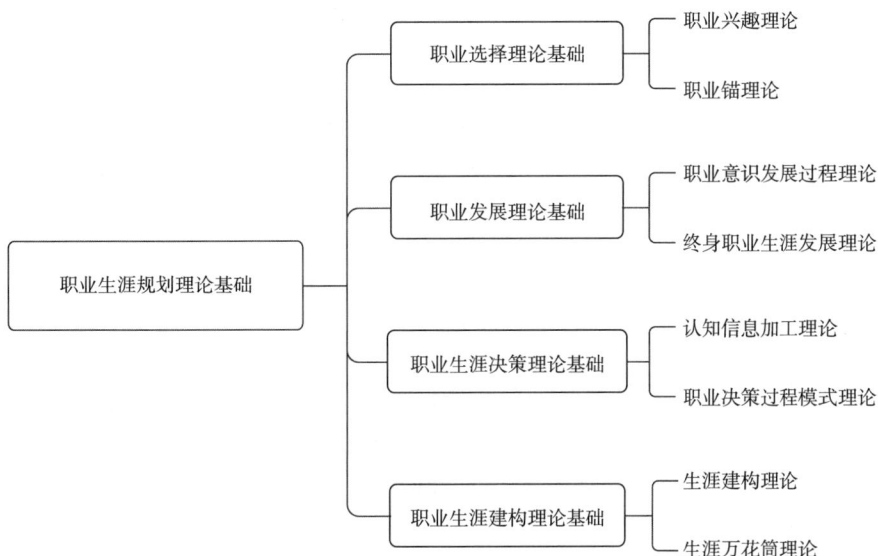

【学习目标】

（1）掌握职业选择理论，重点理解职业兴趣理论。

（2）掌握职业发展理论，重点理解生涯彩虹图。

（3）了解职业生涯决策理论。

（4）了解职业生涯建构理论。

【本章导读】

　　进入大学的第一个年头，山东女孩杨艳深深地记住了这样一幕：同宿舍楼一位大四的学姐在楼道里整整哭了一夜，听说是因为临近毕业时压力巨大、不知所措导致。见到此景，杨艳暗下决心，决不能重蹈覆辙。于是，在入学后的第二年，在学习了职业发展理论的基础上，她开始尝试进行自我职业规划。为了更清楚、更全面地认识自己，她积极与自己的辅导员老师、大学学长进行交流，认清自己的优缺点，并请他们从不同的角度帮助自己分析适合从事的工作类型。为了更全面地了解自己、完善自己，她还积极递交入党申请书，在党组织帮助下，查找不足，提升自己。进入大学的第三年，杨艳充分重视社会实践活动，先后进入政府机关和企业实习。在人事局实习了三个月之后，她感到自己并不适合政府部门的工作。于是，她结合自己的实际想法主动到就业指导中心寻求专业的职业指导。在这里，她第一次接触到了系统的职业规划理论和理念。通过咨询大企业的人力资源，以及对企业的架构、各种岗位的职能进行深入了解，她开始明确了适合自己的领域。

临近毕业的时候，恰逢杨艳现在就职的公司推出实习生计划，她把简历发了过去，很快就收到了录取通知。由于她在实习期间的出色表现，三个月实习期满后，公司将她留下来了。至今，她在公司工作得很顺利。

资料来源：李金亮，杨芸，周欣. 大学生职业生涯规划［M］. 长沙：湖南教育出版社，2019.

第一节　职业选择理论基础

职业选择是人们依照自己的价值观、职业期望、兴趣能力等，从社会现有的职业中进行挑选的过程。选择一种职业，就选择了一种生活方式，人们在挑选职业的时候都会慎重考虑。职业选择理论告诉我们应该如何选择职业，比较具有代表性的职业选择理论有职业兴趣理论、职业锚理论等。

一、职业兴趣理论

职业兴趣理论认为人的人格类型、兴趣与职业密切相关，兴趣是人们活动的巨大动力，凡是从事具有职业兴趣的职业，都可以提高人们的积极性，使人们积极愉快地从事该职业，且职业兴趣与人格之间存在很高的相关性。该理论的提出对社会产生了广泛的影响。

（一）核心假设

（1）在我们的文化中，大多数人的人格可以大致分为六种类型：现实型（R）、研究型（I）、常规型（C）、艺术型（A）、企业型（E）、社会型（S）。这六种类型具有各自的特点，同时也存在一定的关系，它们可以按照一个固定的顺序排列成一个六边形，如图 2.1 所示。人们的兴趣特征常常是两至三种类型按照不同比例组合而成。

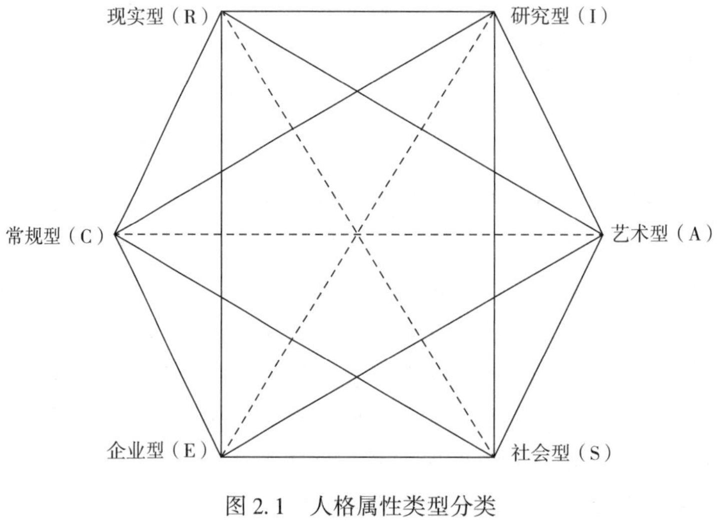

图 2.1　人格属性类型分类

（2）与人格属性的分类相同，在社会环境中有六类职业，即现实型、研究型、艺术型、社会型、企业型和常规型，并且按照一定顺序也可排列成一个六边形。同时，大部分工作情境也综合了多种形态。

（3）人们总是在寻找适合自己人格类型的环境，锻炼相应的技巧和能力。

（4）一个人的行为表现，是由他的人格与所处的环境交互作用决定的。

六边形的六个角分别代表职业兴趣理论所提出的六种人格类型和相对应的六种职业类型；每种人格类型与职业类型的相关性大小，可以通过图形边长和对角线的长短表示。连线越短，表示该人格类型与该职业类型相关性越大，则适应性越高；连线长度为 0，即人格类型与职业类型完全适配，如 RR 型、CC 型、AA 型等，此时人职配置最适宜，职业选择最理想，这称为人职协调。如果个体选择与其人格类型相近的职业环境，如现实型的人在研究型或常规型环境中工作，由于两种类型之间有较高的关联性，则个人经过努力和调整也能适应职业环境，这属于人职次协调。最坏的职业选择是个人在与其人格类型相斥的职业环境里工作，在此种情况下个人很难适应职业，也不太可能从工作中得到乐趣，这称为人职不协调，如研究型的人在企业型环境中工作等。总之，人格类型与职业类型的相关程度越高，个体的职业适应性越好；相关程度越低，个体的职业适应性就越差。因此，六边形模型的提出有助于人们更好地理解和进行职业选择。

（二）辅助假设

核心假设中指出了人格和职业有六种类型，人总是在寻找适合自己人格类型的相关工作。辅助假设将进一步对人格类型之间的相关性以及人格与职业的匹配程度进行解释。辅助假设不仅可用来解释人的人格分类，也可用于解释职场的形态分类。

1. 一致性

一致性主要指人格类型或职业环境六种模块之间的相似程度。例如，具有现实型（R）和研究型（I）特征的人在性格、行为上会有某些共通的地方，他们不太善于交际，热衷于做事而非与人打交道，我们称这两种类型的一致性较高。反之，常规型（C）和艺术型（A）的一致性则偏低，他们的特点是截然不同的，具有常规型特征的人顺从性较高，而具有艺术型特征的人独创性更强。六种类型占据了六边形的六个角，它们的一致性程度可以用在六边形上的距离程度予以表示。

2. 区分性

区分性主要指个人人格特质或者个人所偏好的职业形态的清晰程度。例如，某些人或是某些职业环境的界定较为清晰，比较接近其中的某一种类型，而与其他类型相似的比较少，这样的情况表示区分性良好。反之，如果个人的人格特征与多种类型相近，则表示区分性较低。一般而言，个人特性多趋向于非纯粹的综合性特点，但个体身上常会自然地突出某些代表个体个性的明显特征，通过分析这些特征来确定个体的人格类型特点以及其偏好的职业类型。

3. 适配性

适配性是指人格类型与职业环境类型的匹配度。不同的人希望在不同的职业环境中工作、生活，人职适配得当就可以更好地发挥自身所长。同时，适配性的高低可用于预测个人对职业的满意度、职业的稳定程度以及个人的职业成就。因此，适配性是人格类型理论规律性假设中最为重要的一个假设。

职业兴趣理论提供了"职业偏好量表"及"职业自我探索量表"，可用来评定个人所属人格类型，分析其一致性、区分性以及适配性。该理论将众多的职业只划分为六种类型，最终确定的是与一个人的人格一致的职业类型或职业群，而每种职业类型和职业群又包括一系列具体职业。同时，根据六边形模型，一个人不仅可以选择与其人格类型相协调的职业环境类型，而且能适应与其人格类型次协调的两种职业环境类型，这就进一步扩大了个体的职业选择范围。职业选择的范围太广，就可能会模糊其选择职业的方向。因此，从这一角度来看，这一理论提供的类型分类及测定工具只能作为职业生涯规划和人才挑选的初步依据。

二、职业锚理论

职业锚实际就是人们选择和发展自己的职业时所围绕的中心。职业锚强调个人能力、动机和价值观三方面的相互作用与整合。职业锚是个人同工作环境相互作用的产物，在实际工作中会不断调整。

职业锚理论认为职业生涯发展实际上是一个持续的探索过程。职业锚使个体的职业经验逐步稳定、内化下来，当再次面临职业选择时，就成为个体最不能放弃的职业定位。在众多的职业生涯发展理论中，职业锚理论是一种指导、制约、稳定和整合个人职业决策的职业自我定位理论。出于该理论的实用性、操作性和综合性特点，它已成为众多职业生涯发展理论中格外重要和引人注目的理论。

（一）核心内容

个体的职业锚有三个组成部分：自省的才华和能力，以各种工作任务中的实际成功为基础；自我动机和需要，以实际情境中的自我测试和自我诊断的机会以及他人反馈为基础；态度和价值观，以自我与雇佣组织、职业环境的准则、价值观之间的实际碰撞为基础。

（二）职业锚的类型

职业锚分为八种，即技术/职能型职业锚、管理型职业锚、自主/独立型职业锚、安全/稳定型职业锚、创造/创业型职业锚、服务型职业锚、挑战型职业锚、生活型职业锚。

1. 技术/职能型职业锚

拥有技术/职能型职业锚的人希望过"专家式"的生活。他们操作的动机来自有机会充分发挥自己的技术才能，并乐于享受作为某方面专家带来的满足感。他们忠于组织，愿意参与组织目标的制订过程，确定目标之后，他们会抱着最大的热忱独立去实现目标。他们不喜欢管理工作，不愿意离开自己认可的专业领域，也不希望被提拔到管理岗位。在薪酬补贴方面，他们更看重外在平等，并且需要从横向比较中获得心理平衡。对他们的激励应该考虑通过扩大工作范围，给予更多的资源、更大的责任、更多的经费、技术、下属等支持，或通过委员会和专家组等方式参与高层决策。

2. 管理型职业锚

拥有管理型职业锚的人有非常强烈的愿望成为管理人员，并将此看成职业进步的标准。相对专业知识，他们更认可领导与管理的重要性，他们认为掌握专业技术不过是通向管理岗位的阶梯。与技术/职能型职业锚相比，管理型职业锚的人更喜欢接受不确定性的挑战，认为达到目标的能力才是关键的晋升标准。对薪酬的态度，他们倾向于纵向比较，热衷于组织中的股票期权等代表所有者和股东权益的奖励方式。对他们来说，最好的认可方式是提升到具有更大管理责任的职位上。

3. 自主/独立型职业锚

自主/独立型职业锚的人追求自主和独立，不愿意受程序、工作时间、着装方式以及在任何组织中都不可避免的标准规范的制约。即使面临职业选择，他们也会为了保住自主权而权衡工作的利弊。他们倾向于专业领域内职责描述清晰、时间明确的工作。薪酬方式倾向于接受基于工作绩效并能及时付清的工资和资金。他们惧怕中长期激励的约束，宁可放弃高薪的工作和晋升的机会，也不愿意被人约束和指使。他们期望的工作晋升是那种能够获得更多自主的方式。对他们的认可方式是直接的表扬、证书、推荐信、奖品等奖励方式。

4. 安全/稳定型职业锚

拥有安全/稳定型职业锚的人选择职业最基本、最重要的需求是安全与稳定。他们最不希望工作中出现太多不确定的因素，只要有条件，他们就会选择提供终身雇佣、从不辞退员工、有良好退休金计划和福利体系、看上去强大可靠的公司，所以，政府机关、能够提供终身职务的大学和其他事业单位，是其择业首选。他们喜欢组织的中长期激励，希望自己的职业跟随组织的发展而发展，适合直接加薪、改善收益状况的激励方式。对于薪酬补贴，只要按部就班、基于工作年限、可预见的稳定增长就可以。他们喜欢基于过去资历，有明确晋升周期的公开等级晋升系统。

5. 创造/创业型职业锚

对于创造/创业型职业锚的人来说，最重要的是建立或设计某种完全属于自己的东西。当在经济上获得成功后，赚钱便成为他们衡量成功的标准。自主型职业锚的人创业的动力是源于表现和扩大自主性的需要，而创造型职业锚的人在创业初期，会毫不犹豫地牺牲自己的自由和稳定以求得事业的成功。在薪酬方面，他们看中的是所有权。对于工作晋升，他们希望职业能够允许他们去做自己想做的事，有一定的权力和自由去扮演自己不断进行创新的角色。创造财富、创建企业、拓展事业，就是对他们的认可方式。创造/创业型职业锚与别的职业锚具有较多的重叠。

6. 服务型职业锚

服务型职业锚的人希望能够体现个人的价值观，他们关注工作带来的价值，而不在意是否能发挥自己的能力。他们希望能够以自己的价值观影响雇佣他们的组织或社会，只要全世界因为他们的努力而更美好，就实现了他们的价值。至于薪酬补贴，他们希望得到基于贡献的、公平的、方式简单的薪酬。对于他们，晋升和激励不在于钱，而在于认可他们的贡献，他们需要得到来自同事以及上级的认可和支持，并与他们共享自己的价值观。

7. 挑战型职业锚

这类人认为他们可以征服任何事情或任何人，在他们眼里，成功就是"克服不可能超载的障碍，解决不可能解决的问题，战胜更为强劲的对手"。所谓"更高、更快、更强"，最对这种人的胃口。他们的挑战领域不局限于某一方面，而是所有可以挑战的领域。如果他们缺乏挑战机会，就失去了工作的动力。这种人会看不起与其价值观不同的人，并不断给阻碍他挑战的人制造麻烦。

8. 生活型职业锚

这类人似乎没有职业锚，他们不追求事业的成功，而是需要寻求合适的方式整合职业的需要、家庭的需要和个人的需要。所以，他们会为了工作的弹性和灵活性选择职业。他们认为生活的成功并不完全取决于职业和工作上的成功，相对于具体的工作环境和工作内容，他们更关注自己如何生活、如何与家人交往以及怎样在生活中获得乐趣。"老婆孩子热炕头"在一定程度上反映了这种职业锚。

职业锚（职业定位）已经成为职业发展、职业生涯规划的必选工具，我国于 2003 年引入麻省理工学院斯隆管理学院编制的《职业锚测评系统》，北京师范大学和北京大学的一批心理学家对该系统进行了本土化工作，并与清华大学就业指导中心合作进行了国内常规模式的工作选取。

在现代社会，个人与组织的发展并不矛盾，作为个人，需要不断地进行自我探索，确认自己的职业锚，并将自己的认识与组织进行沟通。作为组织，需要建立起灵活的职业发展路径，多样化的激励体系和薪酬体系，以满足同一工作领域中拥有不同职业锚员工的需求。

第二节　职业发展理论基础

随着研究的进一步深入，职业发展理论也开始更为倾向于从动态、发展的角度来研究人的职业行为以及各个发展阶段，原来较为稳定的静态"职业"概念慢慢被动态的"生涯"概念所取代。职业生涯发展阶段的划分成为职业生涯规划研究的重要内容。

一、职业意识发展过程理论

金斯伯格是职业生涯发展理论的先驱，他通过对人从童年到青少年阶段的职业心理发展过程的研究，将个体职业心理的发展划分为幻想期、尝试期和现实期三个阶段，揭示了个体早期职业心理或职业心理意识及其对人的职业选择行为的作用。

（一）基本观点

（1）职业选择是一个发展过程。它不是一个单一的决定，而是在一段时间里做出的一系列决定。在这个过程中，每一个步骤与前后的步骤之间都有着某种有意义的联系。

（2）职业选择过程大部分是不可逆转的，因为在这个过程中做出的每一个决定都依赖于个人的年龄和发展。

（3）过程以一种折中的方式结束。一系列内、外部因素影响个人的决定，个人必须在影响择业的主要因素（兴趣能力和现实机会）之间取得平衡。

（二）发展阶段

理论意识发展过程理论把人的职业选择心理的发展分为三个主要时期，即幻想期（fantasy period）、尝试期（tentative period）、现实期（realistic period）。在尝试期和现实期中，又做了进一步划分。

1. 幻想期（11 岁以前）

11 岁之前的儿童时期为空想阶段，这个阶段的个体往往希望自己能快点长大，怀着理想化职业的憧憬。在这个阶段，个体多带有强烈的感情色彩，思想较为盲目，并带有冲动性，对职业需求的内涵思想尚未形成，完全处于幻想之中。因此，个体在这个时期表现得较为不稳定。

2. 尝试期（11～18 岁）

这个阶段与青春期有一定的重叠，个体生理和心理迅速发育和变化，有自己独立的意识，价值观念开始形成，知识和能力显著增长和增强，初步懂得社会和生活经验，开始形成自己的职业兴趣，并开始思考今后的职业道路及自己所面临的任务。但是，由于长期处于学校学习的状态，个体对职业选择考虑更多的还是自己的兴趣，难免具有一些理想主义的色彩。

该理论按照年轻人考虑择业因素的顺序，把尝试期又分如下四个阶段：兴趣阶段（11～12 岁）、能力阶段（13～14 岁）、价值阶段（15～16 岁）和过渡阶段（17～18 岁），其中价值阶段是职业形成最重要的时期。而尝试期的最后一个阶段过渡阶段和现实期的第一阶段探索阶段，给年轻人提供了一次重新开始职业选择过程的机会。随着阶段发展，个体开始从非常主观地考虑个人兴趣、能力和价值观转向不断关心现实所提供的机会和限制。

3. 现实期（18 岁以后）

在现实期，个体开始由中学进入大学，或直接步入社会从事职业活动。在这个时期，他们已经开始把自己的主观愿望、主观条件与客观社会环境协调起来，兴趣、能力、价值观等个体化因素不再是择业的唯一决定因素，人们必须面对现实做出抉择。这个时期最大的特点是客观性、现实性。

个体在这个阶段的成熟与进步是循序渐进的，根据整个阶段的发展历程，该阶段也可细分为三个各有侧重的发展时期：

（1）探索期。个体试图把自己的选择和社会的需要相联系，进行各种试探性的活动，探索各种职业机会的内涵架构，为自己下一步的职业选择做好准备。

（2）具体化时期。个体的职业化目标基本确定后，会进一步将该目标分解、细化，为实现这个目标而努力。

（3）特定化时期。为了实现特定的职业目标，个体将开始更为专业、全面的努力，如准备升入更高一级的学府深造，打算接受专项训练，做好具体就业入职的准备等。

虽然该理论着重研究的是一个人的早期职业发展，但并没有因而否认职业选择的长期性。1983 年，该理论在重新阐述的内容中着重强调：对于那些寻求从工作中主要满足感的人来说，职业选择是一个终生的决策过程，他们会不断地重新评价如何能够增进自己正在变化的职业目标和工作现实之间的配合程度。同时，提出了终生选择过程中的三个因素，即最初的职业选择、最初选择与后来工作经验之间的反馈以及经济和家庭情况。该理论对人的早期职业生涯的发展做了精心的研究和独到、具体的分析，但对于进入职业角色后如何进一步调整和发展职业生涯，则需要其他的理论体系来完善。

二、终身职业生涯发展理论

在生涯发展流派中，造诣最深的是舒伯，他被公认为生涯发展大师。在前人研究的基础上，舒伯建立了一个宏大的理论体系，研究并划分了个人一生的职业生涯。这一理论得到大多数职业生涯研究学者的认可，成为职业生涯研究领域的重要理论。

（一）核心内容

1953 年舒伯提出了其职业发展理论的十条基本假设，1957 年又扩展到十二条，这十二条基本假设代表了舒伯理论的核心：

（1）职业是一种连续不断、循序渐进又不可逆转的过程。

（2）职业发展是一种有秩序且有固定形态、可以预测的过程。

（3）职业发展是一种动态的过程。

（4）自我概念在青春期就开始产生和发展，并于成年期转化为职业概念。

（5）青少年期至成人期，随着时间的推移以及年龄的增长，现实因素（如人格特质及社会因素）对个人职业的选择更加重要。

（6）父母的认同会影响个人正确角色的发展和各个角色间的一致及协调，以及对职业生涯规划及结果的解释。

（7）职业升迁的方向及速度与个人的聪明才智、父母的社会地位、本人的地位需求、价值观、兴趣、人际技巧以及供需情况有关。

（8）个人的兴趣、价值观、需求、父母的认同、社会资源的利用、个人的学历以及所处社会的职业结构、趋势、态度等均会影响个人职业的选择。

（9）虽然每种职业对能力、兴趣、个人特质有特定要求，但颇具弹性，所以允许不同类型的人从事相同的职业，或一个人从事多种不同类型的工作。

（10）工作满意度取决于个人能力、兴趣、价值观与人格是否能在工作中得到适当发挥。

（11）工作满意度的程度与个人在工作中自我实现的程度相关。

（12）对大部分人而言，工作及职业是人生的重心，虽然对少数人而言，这种机会是不重要的。

（二）职业生涯阶段划分

舒伯根据其研究对象的成长和心理发展过程，把人的职业生涯划分为五个主要阶段。

1. 成长阶段（0~14岁）

成长阶段属于认知阶段。在这一阶段，个人通过对家庭成员、老师、朋友的认同及相互作用，逐步建立起自我概念，并经历从职业好奇、幻想到感兴趣，再到有意识培养职业能力的逐步成长过程。这个阶段又可以分为三个时期：

（1）幻想期（0~10岁）。儿童从外界感知到许多职业，对于自己觉得好玩和喜爱的职业充满幻想并进行模仿。

（2）兴趣期（11~12岁）。以兴趣为中心，理解、评价职业，开始做职业选择。

（3）能力期（13~14岁）。开始考虑自身条件与喜爱的职业是否相符，有意识地进行能力培养。

2. 探索阶段（15~24岁）

探索阶段属于学习打基础阶段。在这一阶段，个体将认真地探索各种可能的职业选择，对自己的能力和天资进行现实性评价，并根据未来的职业选择做出相应的教育决策，完成择业及最初就业。

（1）试验期（15~17岁）。综合认识和考虑自己的兴趣、能力与职业社会价值、就业机会，开始进行择业尝试。

（2）过渡期（18~21岁）。正式进入劳动力市场，或者进行专门的职业培训，明确某种职业倾向。

（3）实验期（22~24 岁）。选定工作领域，开始从事某种职业，对职业发展目标的可行性进行实验。

3. 确立阶段（25~44 岁）

确立阶段属于选择、安置阶段。经过早期的试探与尝试后，最终确立稳定的职业，并谋求发展，这一阶段是大多数人职业生涯周期中的核心部分。

（1）尝试期（25~30 岁）。个人在所选的职业中安顿下来。重点是寻求职业及生活上的稳定。同时，对最初就业选定的职业和目标进行检讨，如有问题则需要重新选择、变换职业工作。

（2）稳定期（31~44 岁）。致力于实现职业目标，是富有创造性的时期。

（3）职业中期危机阶段。在 30~40 岁中的某一时期，可能会发现自己并没有朝着自己的职业目标靠近或发现了新的目标，因而需要重新评价自己的需求和目标，这时就处于一个转折期。

4. 维持阶段（45~64 岁）

维持阶段属于升迁和专精阶段。由于个体长时间在某一职业工作，在该领域已有一席之地，已不再考虑变换职业，只是维持已有的成就和社会地位；重点是维持家庭和工作的和谐关系，传承工作经验，寻求接替人选。

5. 衰退阶段（65 岁以上）

衰退阶段属于退休阶段，由于健康状况和工作能力逐步衰退，即将退出工作，结束职业生涯。因此，这一阶段要学会接受权力和责任的减少，学习接受一种新的角色，适应退休后的生活，以减缓身心的衰退，维持生命力。

舒伯以年龄为依据，对职业生涯阶段进行了划分，但现实中职业生涯是一个持续的过程，各阶段的时间并没有明确的界限，其历时长短也常因人而异，有时还可能出现阶段性反复。所以舒伯后期对理论进行了深化，他把每个阶段都划分了成长、探索、建立、维持、衰退等步骤的层次（表 2.1），这种大阶段套小阶段的发展成螺旋循环发展的模式，使各阶段的发展任务更紧密相连。

表 2.1　生涯各阶段循环式发展模式

生涯阶段	青年（15~24 岁）	成年（25~44 岁）	中年（45~64 岁）	老年（65 岁及以上）
成长阶段	树立自我概念	学习建立人际关系	接受个人条件制约	发展非职业性的其他角色
探索阶段	寻找学习机会	寻找心仪的工作机会	迎接新挑战并努力解决	寻找退休离职后的休憩地
建立阶段	在初定职业中起步	积极投入工作，力求上进	发展新的应变技能	完成未完成的梦想
维持阶段	验证当前的职业选择	稳固职位，维持安定	加强自我，笑迎竞争	继续有兴趣的工作与生活
衰退阶段	减少休闲活动时间	减少运动的时间	集中精力于感兴趣的主要活动	减少工作时间

由于人的职业发展贯穿人的一生，职业生涯规划也是一个系统而长期的过程。舒伯最杰出的贡献是提出了人一生职业发展阶段的完整模式，该模式具有重要的实践意义。舒伯的职业发展理论系统性极强，具有相当大的合理性，其理论是职业生涯规划理论发展史中的里程碑，同时又吸收了已有理论的合理之处，因而涵盖面较宽。

当然，舒伯是以美国中产阶级白人作为研究对象的，因而其职业发展阶段的年龄划分及具体特征和发展内容的表述不一定完全适合其他国家、其他阶层的人们，但对进一步研究仍不失启发作用。

（三）生涯彩虹图

20 世纪 80 年代初，为了综合阐述生涯发展阶段与角色彼此间的相互影响，舒伯创造性地描绘出一个多重角色生涯发展的综合图形——"生涯彩虹图"（见图 2.2），形象地展现了生涯发展的时空关系，更好地诠释了生涯的定义。

在生涯彩虹图中，纵向层面代表的是纵观上下的生活空间，表明了在职业生涯发展历程的各个阶段中，个人所要扮演的各种角色，包括子女、学生、休闲者、公民、工作者、持家者六个不同的角色，他们交互影响交织出个人独特的生涯类型。其中，个人对各个角色投入的时间和精力各不相同，在某一阶段投入的时间和精力较多的即为显著角色，又称生涯凸显。

在生涯彩虹图中，六个角色由内至外分别用赤、橙、黄、绿、青、蓝色代表。最外的层面代表横跨一生的"生活广度"，又称为"大周期"，包括成长阶段、探索阶段、建立阶段、维持阶段和衰退阶段。纵向层面由 6 个代表不同角色的颜色组成，各种角色之间是相互作用的，一个角色的成功，特别是早期角色的成功，将会为其他角色提供良好的基础；反之，某一个角色的失败，也可能导致另一个角色的失败。舒伯进一步指出，为了某一角色的成功付出太大的代价，也有可能导致其他角色的失败。每个人的生涯彩虹图还受个人心理、生理和外部历史、社会经济因素的影响而存在差异。

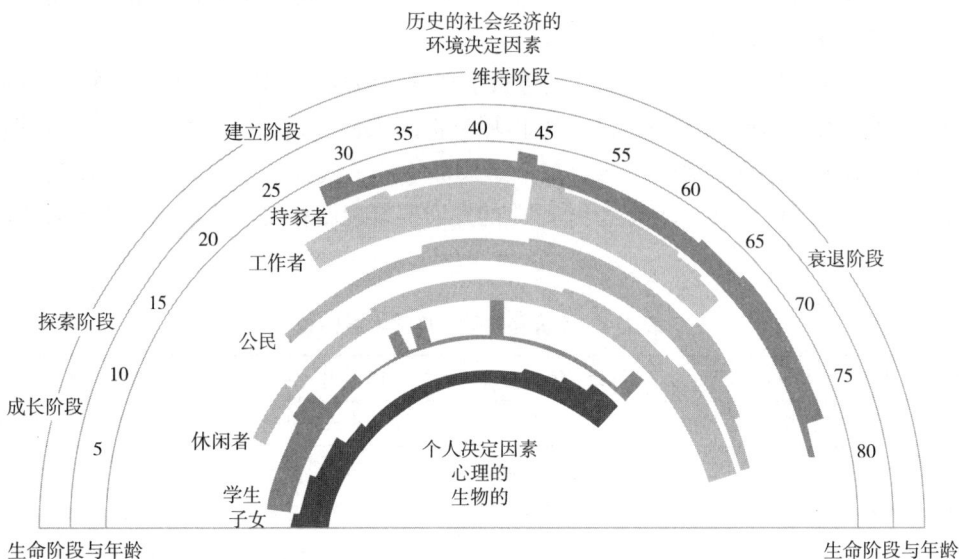

图 2.2　生涯彩虹图

生涯彩虹图

彩虹图中的阴影部分表示角色的相互替换、盛衰消长。它除了受到年龄增长和环境决定因素的影响外，往往跟个人在各个角色上所花的时间和感情投入的程度有关。从这个彩虹图的阴影比例中可以看出，成长阶段（0~14岁）最显著的角色是子女；探索阶段（15~20岁）是学生；建立阶段（30岁左右）是持家者和工作者；维持阶段（45岁左右）工作者的角色突然中断，又恢复了学生角色，同时公民与休闲者的角色逐渐增加，这个时期常说的"中年危机"出现，同时暗示这时必须再学习、再调适才有可能处理好职业与家庭生活中所面临的问题。

舒伯的职业生涯发展阶段理论较为全面完整，阐释了将个人特征与职业匹配的动态过程，并将制约个人职业选择和发展的心理因素、社会因素有机地结合在一起，对职业生涯发展的研究具有较高的理论价值和实践价值。

第三节 职业生涯决策理论基础

职业生涯决策理论是从职业生涯决策的组成要素、步骤、程序、阶段以及相关问题的角度，对个体职业选择、进行职业决策时存在的一些规律进行的探讨和总结。早期的生涯理论中，人们虽然认识到决策过程的重要，但却将此过程视为自然发生的。以帕森斯为代表的职业选择派学者认为，个人只要掌握了充分且正确的数据资料，就能在选择职业时做出正确的决定。他们较为强调资料的重要性，决策成为次要的必然结果。

随着生涯发展理论的不断发展，许多学者开始注意到，并不是只提供详尽的资料就能帮助个人做好职业选择，他们开始关注决策过程在生涯发展中的重要性，特别是决策过程中个人的行动，而不只是强调做决定前的资料搜集与整理分析。

生涯发展学家们不断肯定着决策过程的重要性，并将它视为求学深造或进入职场所必备的有效认知技能。于是，决策过程也由刚开始的配角上升为万众瞩目的主角，在生涯发展中占据了重要的位置，直至形成了生涯理论中的一个重要派别。

一、认知信息加工理论

认知信息加工理论作为职业生涯决策理论的重要代表，由盖瑞·彼得森（Gary Peterson）提出，该理论吸收了决策制订策略中各项理论基础并加以发展。理论阐述了认知信息加工方法，其前提是"职业咨询应更多地专注于帮助个人发展做出明智职业决策的能力，而不是决策本身是否恰当"。因此，认知信息加工方法关注的是如何做出职业决策，而不强调决策的结果。随后，认知信息加工理论将基础职业发展理论扩展到包括解决问题、信息加工的维度。

认知信息加工理论从认知行为干预、决策策略和其他来源中汲取观点，作用于职业生涯问题解决和决策。因此我们有必要明确以下三个关键词："问题""问题解决""决策"。

问题指的是现实状态与理想状态之间的差距。这种差距可以是某人当下需要做出的选择和某人已经做出一个好的选择之间的差距。职业生涯问题解决中的差距指的是职业选择、培训选择和工作选择。

问题解决指的是针对问题采取一系列行动来缩小差距的过程，包括意识到差距、找到差距产生的原因、阐明可供选择的方案和最终选择某种方案。

决策指的是对问题解决过程以及认知、情感和其他导致做出决策的过程的拓展。这些过程包括为了完成某一行动而制订一个计划或策略、承担风险、为完成计划而做出承诺和投入。

认知信息加工理论包括职业行为理论和职业干预理论。职业行为理论包括信息加工金字塔和 CASVE 循环；职业干预理论包括职业决策准备、职业干预准备、差异化服务提供、消极职业思想评估以及职业决策空间评估。这里主要介绍职业行为理论的主要内容。

（一）信息加工金字塔

信息加工金字塔在职业生涯问题解决和决策方面效用明显，其包含三个信息领域，在三个水平上分为四个部分，如图 2.3 所示。

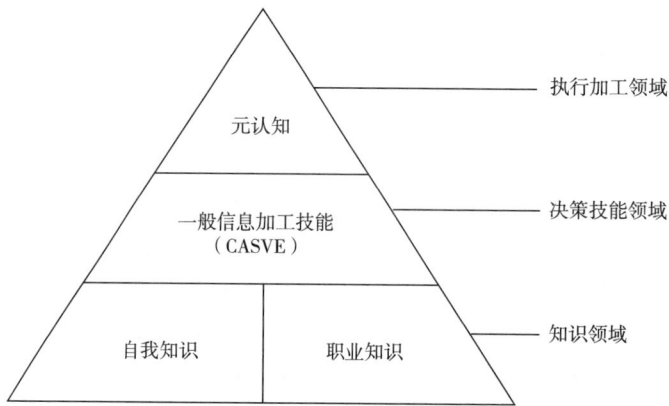

图 2.3　职业决策中的信息加工金字塔模型

金字塔的基底是知识领域，该领域类似计算机中的数据文件搜集和整理的过程。知识领域分为两部分：自我知识和职业知识。个体通过对性格、价值观、素质能力等的自我认知，以及对特定的职业、职场环境、职业教育等的职业认知这两个环节，来处理和加工解决职业生涯问题和制订决策所需的相关信息，以帮助生涯问题解决和决策的制订。

金字塔的第二层是决策技能领域，可以比作计算机程序，把信息和数据存储在计算机文件和内存中。决策技能领域涉及理解和掌握决策的过程，包括沟通、分析、综合、评估和执行五个阶段（缩写为 CASVE）。

金字塔的顶端是执行加工领域，该领域类似计算机的工作控制功能，它规定了在金字塔中心上的程序将按照何种顺序运作。这一领域包括自我对话、自我意识和控制与监督。在该领域中，个体将思考决策制订的整个过程，决定为实现目标而工作的时间、方式，解决生涯问题所采取的途径、方法等。在该领域中还涉及了元认知的概念，认知是指人们的思维方式，人们对信息加工的过程，元认知则是认知的认知，是对认知过程的认知，也被称为反省认知。

（二）CASVE 循环

在认知信息加工理论中，做出决定被认为是生涯发展的关键环节，该理论中的 CASVE 循环将逐一分析个体做出决策的具体过程。如图 2.4 所示，CASVE 循环主要是沟通、分析、综合、评估、执行这五个步骤的往返循环过程，以保证个体决策的顺利进行。

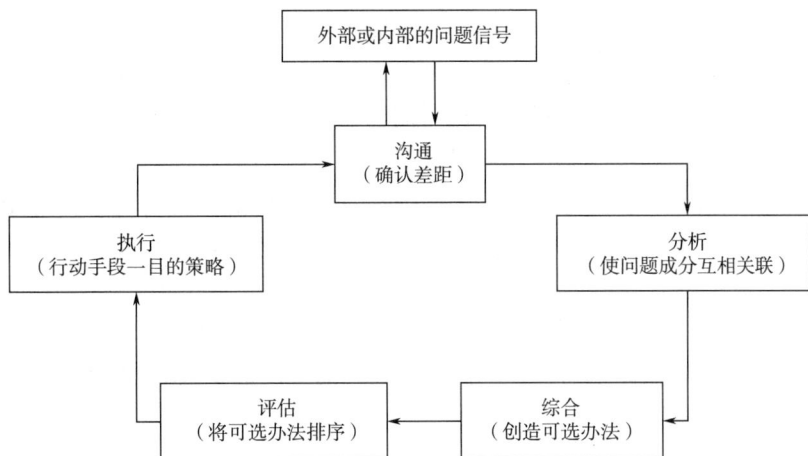

图2.4　信息加工 CASVE 循环

（1）沟通（communication）。沟通阶段能识别出现实状态与理想情境之间的差距，让我们产生解决问题的需求，了解做出选择的必要性。具体是指个体"接收"有关问题的信息，经过"编码"，传输出"这个落差是必须解决的问题"这一信息。这些信息通过内、外部信息交流途径传递，内部途径包括消极情绪（如焦虑、抑郁或其他暗含的不适情绪）、规避行为和生理提示等，外部途径包括积极或消极的事件和重要他人的提示，如不良的工作行为、自我破坏的行为、身体障碍或者抱怨等。沟通阶段的主要任务是对两个基本问题做出回答：目前我对自己职业选择的想法和感受如何？我期望通过职业咨询获得什么？

（2）分析（analysis）。分析阶段确定职业生涯问题产生的原因和职业生涯各个阶段之间的关系，是对问题的所有方面进行更充分的理解的阶段。在发现问题后，我们需要思考、观察、研究，以便更加具体地提出问题，考虑各种可能性的结果。要了解自己以及自己的各种选择，了解自己获得信息的步骤，以及平时做出重要决策的方式，建立起自我知识、职业知识这两个领域之间的联系，找出自身择业观和社会需求之间的契合程度，对不同的选择进行评价和分析。

（3）综合（synthesis）。综合阶段以详细综合阐述各种可选的问题解决办法为特征，是扩大并缩减我们的选择清单的过程。我们要尽可能地扩展问题解决的选择清单，通过头脑风暴、全面撒网的方式精心搜索各种选项，然后要把这些选项予以综合，缩减到三至五项，主要保留与自己知识结构相一致的解决方法，使精简后的各选项都有助于问题的解决。

（4）评估（valuing）。评估阶段对综合阶段列出的所有可能的问题解决方案进行排序，并做出尝试性选择。这一阶段包括两个步骤：第一步是评估各个方案的利弊，包括这个方案是否适合自己、环境及与自己生活关联最大的人，以及这个方案能在多大程度上解决问题；第二步是对各种选择进行排序，尝试性地做出最优选择。以求职为例，我们将详细列出不同选择的目标、工作地区、待遇、发展空间、工作环境、行业文化等具有一定影响力的项目要素，逐项分析，综合评估。我们可以根据自己的道德观念对每种选择进行判断，可以问问自己，对我个人而言什么是最好的？对重要的他人而言什么是最好的？对我所处的团体而言什么是最好的？在此基础上，对综合阶段得出的各种选择进行排序，以此做出自己的最佳选择。

（5）执行（execution）。执行阶段是将之前选择的方案转化为有计划、有策略的行动，做出解决职业生涯问题的规划并执行。通过时间表、里程碑式阶段性目标、预算、流程等的建构，对此前的第一选择进行实际操作。以求职为例，我们需要进行前期的培训准备、中期的实习、兼职等实践检验，直至最后面试入职。在这个过程中，随之而来的可能还有压力和风险挑战，我们需要锲而不舍地用这些逻辑步骤来完成自己的目标，使个体的决策过程更趋合理与完善。

通过沟通、分析、综合、评估、执行这一系列的循环过程后，我们需要审视、检验问题信号是否已经消失，问题的解决过程是否成功，是否需要启动新的 CASVE 循环，如果未能如愿，则将进入新一轮的循环。

（三）改善元认知的技能

我们在执行加工领域已经初步了解了元认知的概念，在这个决策制订的关键步骤中，提高对元认知的掌控技能是实现目标的重要途径。通常，元认知包含了以下三个方面的过程。

（1）自我对话。自我对话即自己跟自己说话，这在很大程度上是一种重要的心理暗示，这些暗示也有正负消长作用之分，认为自己能胜任某领域的工作、有能力实现目标，有意识地进行自我对话是有必要的。积极的自我对话对决策的制订将产生一种积极的期待，它能强化个体积极的行动。反之，消极的自我对话对生涯决策有负面作用，严重打击个体的自信心，导致在决策制订上犹豫不决，阻碍正确决策的顺利做出。

（2）自我觉察。自我觉察是对行为和情绪的觉察。个人认识到自己是任务的执行者，在从事信息加工任务的时候不仅要照顾到自己的感受，更要关注身边他人、团队的需要，适时微调，平衡自身、他人及社会的各方利益，做出于己于人都利大于弊的选择。

（3）控制监督。控制监督认知的过程，将左右着我们行为和情绪的步调。例如，停下来搜集更多的相关信息；对决策过程中可能出现的冲动性反应做出及时的权衡；意识到自己存在的差距并关注各项准备工作，提醒自己承诺的期限等。这些都是受自我对认知的控制监督的影响。要使计划中的目标实现过程和实际行为步调相一致，需要把握好对认知的控制监督方式。

二、职业决策过程模式理论

奇兰特（Gelatt）于 1962 年提出职业决策过程模式，认为决策是一连串的决定，任何一个决定将会影响其后来的决定，因此决策是一个发展的历程而非单一的事件。这也说明生涯决策不是一次选择或一个结果，而是持续不断地做决定、修正的终生历程。决策的基准在于选择有利因素最多，不利因素最少的方案。这个模式特别强调资料的重要性，为了使决策过程理性化、系统化，奇兰特提出了资料处理的三个策略系统和决策过程的七个步骤。

（一）关于个人处理资料的三个策略系统

（1）预测系统。预测不同的选择可能会造成的结果，估算出每个行动可能造成该结果的概率，以此作为采取哪种行动方案的参考。

（2）价值系统。个人对于各种可能的行动方案的喜好程度。

（3）决策系统。评判各种行动方案的标准，其选择取向分为以下几种：

①期望取向，就是选择可能达成个体最想要的结果的行动方案。该方案与个体的职业观相一致，与个体的兴趣、特长最相符，但成功概率小，所以存在着较大的风险。

②安全取向，选择最安全、最保险的行动方案。该方案适合追求稳定的人，但该方案可能与个体的职业兴趣是不一致的。

③逃避取向，避免选择是可能造成最不好结果的行动方案。这也适合追求稳妥、不爱挑战的人，选择的结果可能与个体的期望有一定差距。

④综合取向，综合考虑个体对于行动结果的需求程度、成功概率及避免最不好的结果，权衡这三个方面而选择的行动方案。该方案成功概率较高。

（二）关于职业生涯决策的七个步骤

（1）个体意识到做决策的需要，根据自己的需求制订决策目的或目标。

（2）搜集与决策目的或目标有关的信息资料，以了解可能的行动方向。

（3）根据所得的资料，预测各个可能的行动方案的成功概率及其结果。

（4）根据价值系统，估算个人对于每个行动方案的喜好程度。

（5）评估各种可能的方案，选择其中的一个方案执行。

（6）若达成目标，则终止决定，然后等待下一个决定的出现。

（7）若没有成功，则继续调查其他可行的办法。

第四节 职业生涯建构理论基础

一、生涯建构理论

（一）理论内容

生涯建构理论由萨维卡斯提出，该理论将个体的职业生涯定义为"个体职业行为的反应或反思，而非职业行为本身，而且这一反思聚焦于实际发生的职业生涯事件，比如个体的职业或者这些职业的意义"。

萨维卡斯曾针对生涯建构理论提出过十六个探索性命题，后来受一般人格结构论启发，他融合并发展了个体/环境匹配理论和职业人生主题理论，把那些命题进一步提炼成为生涯建构理论的三个方面内容：不同个体间的特质存在差异；个体在不同生涯阶段所面临的任务和应对的策略具有承前启后的发展性；生涯发展是一个充满内动力的变化过程。

由此，生涯建构理论分别用职业人格类型、生涯适应力和人生主题解释了个体职业行为中"是什么（what）""怎么样（how）"以及"为什么（why）"的问题。

萨维卡斯在继承和发展舒伯等人的生涯发展理论的同时，把它提升到了一个更高、更新的境界，叫作主观生涯。它是一种主观性的看法，把个体生涯的各个阶段编织成一个描述人生主题的模式，不仅把生涯适应力作为生涯发展的核心能力，还指出个体职业发展的实质是一个追求主观自我与外部环境相互适应的动态过程，个体占有完全的、主观的、主导的地位，不同的人有着不同的建构内容和建构结果。

（二）理论核心

生涯建构理论的核心是生涯适应力，它是指个体应对可预测的工作任务和角色以及由工作变化带来的不可预测的自我调整的准备程度。生涯适应力代表了一种社会心理资源，是在面对外部挑战和困境时应具备的核心能力。

2005 年萨维卡斯进一步完善了生涯适应力的理论建构，重新提出的生涯适应力模型包括：生涯关注、生涯控制、生涯好奇、生涯自信，这四个方面分别代表了个体对职业生涯发展的四个角度的思考，即"我关注自己的未来吗""我拥有什么样的职业生涯""我能掌控自己未来的生涯发展吗""我对自己的生涯发展有足够的信心吗"。

个体生涯适应力的发展贯穿于这四个维度。生涯建构理论强调个体独特的态度、信念和能力，被称为生涯建构的 ABC，A 代表态度（attitude），B 代表信念（belief），C 代表能力（competency）。此三要素对四维度起到调节作用，会影响个体在职业生涯发展中的行为，从而做出更具体有效的职业应对策略。

萨维卡斯还认为，适应聚焦是个体生涯发展中的应变过程，即个体与环境之间如何在各种转换中实现顺利过渡和互相匹配。由此不难发现，生涯适应力高的个体具备以下特点：

（1）关注未来职业前景。

（2）对自身职业生涯具有较强的掌控力。

（3）对自身职业生涯发展充满了探索欲和好奇心。

（4）对自身职业生涯发展的实现充满信心。

提高个体的生涯适应力是职业生涯发展中解决一系列困境的重要目标。

二、生涯万花筒理论

对于女性的职业生涯是如何展开的？"事业"是什么意思？在女性的职业生涯中，哪些因素是最重要的？据此，梅尼埃洛和沙利文进行了一系列研究。在整个研究过程中，梅尼埃洛和沙利文发现，男性和女性的职业生涯之间存在着巨大的差异。

万花筒模型展示了女性如何改变生活的方方面面，以找到最适合自己生活环境和自身需求的拼图，即使这些选择与职业成功的典型定义相悖。

万花筒职业生涯模型的理论，也被称为 ABC 模型理论。万花筒职业生涯模型审视了女性必须面对的三个关键职业问题的重要性：真实性（authenticity）、平衡（balance）和挑战（challenge）。研究显示，女性不仅考虑了她们的决定对其他人的影响，还考虑了她们的选择是否真实，她们对工作与非工作平衡的看法，以及她们对具有挑战性工作的需要。

（1）真实性。我能在这一切中保持真实的自我吗？

（2）平衡。如果我做了这个职业决策，我能很好地平衡我生活的各个部分，从而形成一个连贯的整体吗？

（3）挑战。如果我接受这个职业选择，挑战是否足够大？

真实性、平衡和挑战中的每一个参数在女性的整个职业生涯中都发挥着路标作用。但是，在人生的不同阶段，不同的参数占据主导地位，成为影响女性职业决策的关键因素。

在职业生涯早期，女性的主要生活/职业模式是关心她们在职业生涯中的目标成就和挑战。平衡和真实性的问题仍然很活跃，但在女性追求自己的职业兴趣时，就退居幕后了。

在职业生涯中期，女性必须处理平衡和家庭关系需求的问题。女性也希望有挑战和真实性，但面对平衡问题时，这些问题起次要作用。在职业生涯后期，女性已经从平衡问题中解放出来，所以真实性问题变得突出，女性也希望有挑战，并仍然关心平衡。

【本章思考题】

(1) 人职匹配的核心理念是什么？

(2) 什么是职业锚？职业锚理论对职业生涯理论与实践的贡献各有哪些？

(3) 霍兰德职业兴趣理论的具体内容是什么？

(4) 职业生涯发展理论对你的启示是什么？

(5) 职业生涯决策理论对你的职业选择会产生哪些方面的影响？

(6) 认知信息加工理论如何指导个体职业生涯管理实践？

(7) 生涯万花筒理论中的 ABC 模型的具体内容是什么？

【实训项目】

根据舒伯的彩虹图模型，结合以下几点，请完成一幅属于自己的生涯彩虹图。

(1) 准备一张白纸，画一个如图 2.5 所示的空白职业生涯彩虹图，并思考，目前或未来你在生活中将扮演哪些角色？

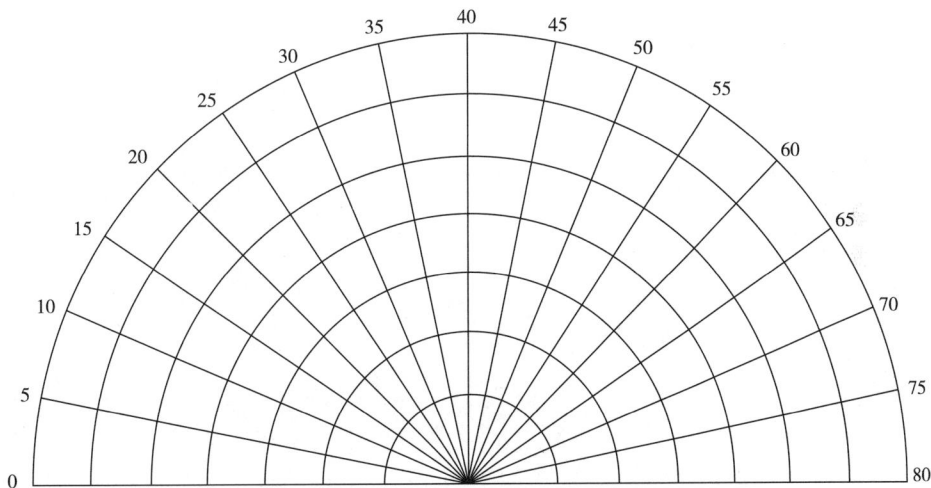

图 2.5　空白职业生涯彩虹图

(2) 从出生到死亡（可以自己确定，也可以取 80 岁）按 5 年一段对圆周进行划分，每个划分区间代表人生的某个时间段，而扇面上被同心圆的弧形分割的部分代表不同的角色。角色可以按自己的情况选定，通常有孩子、学生/学习者、工作者、父母、丈夫/妻子、持家者、休闲者、公民等。

(3) 用彩笔在图中画出自己所扮演的角色，一种颜色代表一种角色。你可以为每个角色（舒伯的划分为六种，可根据个人情况调整）选一个喜欢的颜色，如蓝色代表工作者。

（4）根据外圈的年龄提示画出每个角色的起止时间。用涂色深浅来表示你对这种角色投入时间、精力的大小。

（5）生涯彩虹图的目的是引起学生对"角色"及人生安排的思索，因此在完成彩虹图后，需要回答以下几个问题。

①在你的彩虹图中，哪个年龄段看上去内容最多？哪部分的空白比较多？这意味着什么？需要调整吗？

②现阶段的角色分配是你理想的状态吗？为什么？

③未来 5 年会发生什么变化？面临哪些问题？你做好准备了吗？

第三章　自我认知与探索

【内容框架】

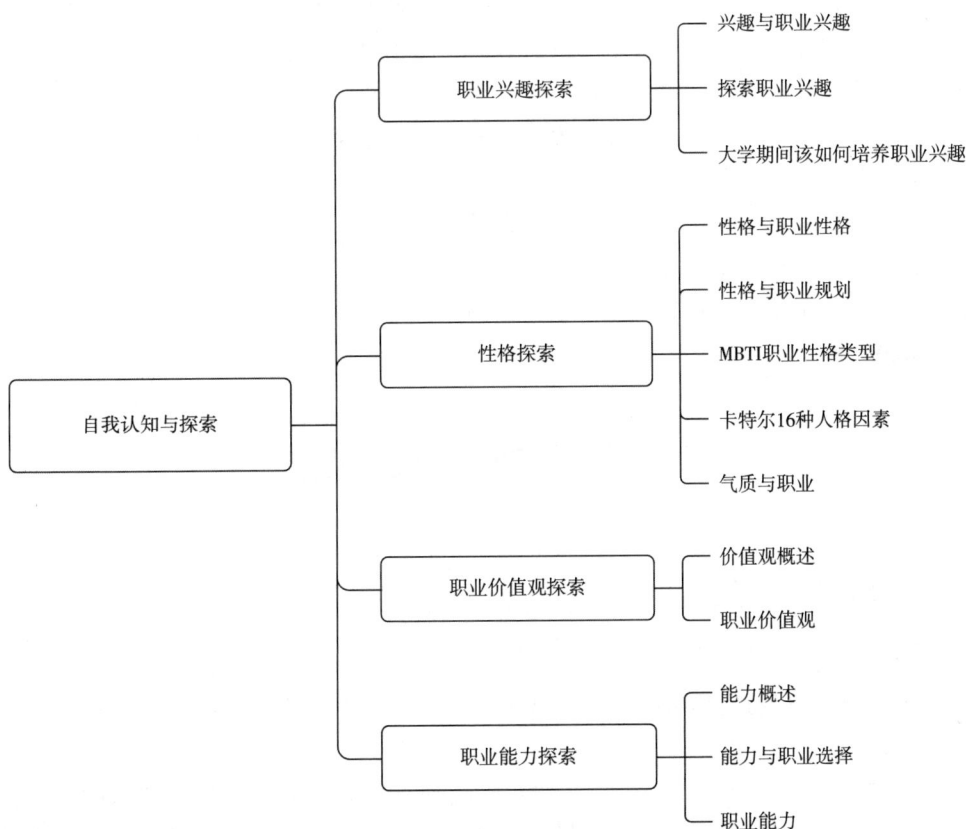

【学习目标】

（1）了解霍兰德职业兴趣分类，了解兴趣对职业活动的影响，并能运用职业兴趣测评理论进行职业兴趣探索。

（2）了解性格与职业性格的概念，了解性格与职业规划的关系，尤其是性格对职业生涯发展的影响，学会用性格测试方法进行职业性格探索。

（3）了解价值观、职业价值观的概念，了解职业价值观与职业生涯规划的关系，学会分析并明确自己的职业价值观。

（4）了解能力的概念，理解一般能力、特殊能力、能力倾向和技能的界定。了解职业能力的概念及测评的方法，并对自身能力进行探索。

【本章导读】

　　小王是某重点大学 2015 级计算机科学与工程学院的本科生，报这个专业是因为高考填报志愿时他父母了解到互联网行业不愁找工作，而且收入高、待遇好，年薪可以轻松达到数十万元。小王家庭状况一般，经济压力比较大，家里还有一个读高中的妹妹，所以他一入学就申请了助学贷款。经济上的压力并未使他因此感到自卑，相反他性格一直很外向、活泼开朗。大学四年下来，他一直努力学习，成绩也始终位列专业前三，多次拿到过奖学金。同时，他还非常注重在各方面锻炼自己，提升综合素质，大一就当选了班长，大二时还当上了学院学生会的副主席，并积极组织或参加学院活动、班级活动及学校的社团活动。为了缓解家庭经济压力，他还在学校宣传部勤工俭学，做新媒体推送、拍照、撰写活动新闻稿等工作。随着对宣传工作的熟悉，他喜欢上这份工作，加上提出的一些想法经常得到老师肯定，也觉得非常有成就感。一次在做学校大型活动方案时，他提出用学生喜欢的短视频方式制作活动花絮来提升宣传效果，得到了意想不到的成效，在学生中反响很好。在招聘季，凭借扎实的专业知识与计算机编程技能，他顺利拿到了腾讯公司的录取通知书，但同时，学校宣传部的老师也建议他留在学校任职。面对两种选择，小王陷入纠结之中……

　　资料来源：雷育胜，张振刚. 大学生学习与职业生涯规划［M］. 2 版. 北京：清华大学出版社，2020.

第一节　职业兴趣探索

一、兴趣与职业兴趣

（一）兴趣

　　兴趣是一个个体以特定的事物、活动或人作为对象，所产生的积极的和带有倾向性、选择性的态度和情绪。

　　通常所说的"喜欢做某事"，实际上就是兴趣的外在表现形式。你所感兴趣的事，通俗地说，也就是你喜欢做的事情，你愿意做的事情，你心甘情愿去做的事情，不由自主地就会去想、去做、做起来不容易累的事情。

　　有研究者发现，当人们专心致志地从事某种活动，甚至忘我地完全沉浸在这种活动之中的时候，他们感到最为愉快和满足。一个人在从事自己感兴趣的活动时，注意力会更加集中，思维会更加活跃，行为会更为稳定。凡是有趣的事情，就不会让人感到枯燥乏味，而是使人废寝忘食、锲而不舍，直到走向成功。可以说，兴趣是职业成功的起点，一个人开始自己最感兴趣的工作，就等于踏上了通向成功的道路。我国古代教育家孔子曾说过："知之者不如好之者，好之者不如乐之者"，著名的科学家、物理学家爱因斯坦也说"兴趣是最好的老师"，诺贝尔物理学奖获得者丁肇中也曾说"兴趣比天才更重要"，说的都是这个道理。

　　兴趣具有广阔性、中心性、稳定性、效能性的特点。其中，兴趣的广阔性是指兴趣的范围大小，兴趣的中心性是指兴趣的深度，而兴趣的稳定性是指兴趣的持久稳固程度。人与人之间的差异很大，有的人能长期地对他们从事的工作或研究的问题保持浓厚的兴趣，无论在工作中遇到什么困难都能加以克服，因此能在事业上取得成功。兴趣的效能性是指兴趣对活动的效果的影响程度。凡是能促使人积极主动地学习和工作，并产生明显效果的，都是积极的有效能的兴趣。

拓展阅读：

兴趣和爱好的区别

兴趣是指对某种事物或领域的关注、关心和向往。它通常涉及个人的情感需求、精神追求和自我实现，是个人主观判断和自由选择的结果。

爱好是指个人本身喜欢并长期从事的某项活动或运动，比如音乐、美术、体育、手工艺等。爱好与兴趣相似，但它更偏向于行为层面，有明确的对象和操作方法。

爱好是兴趣的发展和行动。兴趣是内在的原动力，爱好是兴趣的外在表现。

（二）职业兴趣

当人们的兴趣对象指向职业活动时，就形成了人的职业兴趣。职业兴趣主要是回答"我喜欢做什么"的问题，也就是回答人们对希望从事的职业或工作的愿望或偏好。

职业兴趣是一个人积极探究某种职业或者从事某种职业活动时，所表现出来的特殊个性倾向，它使人对某种职业给予优先的注意，并具有向往的情感，即对某类职业或工作的积极态度。职业兴趣直接影响个体今后对待自己所从事职业的态度和成就的大小。

不同的人有不同的职业兴趣，如果能从事与自己的职业兴趣相符的职业，个体在工作中就能更加积极热情、全神贯注并富有创造力。职业兴趣是个人成功的推动力。古今中外，凡在事业上有成就者无不对自己的职业充满浓厚的兴趣。职业兴趣不是天生的，它的形成与人们所处的历史条件、实践活动和对自身能力的认识有着密切的关系。例如，当计算机技术得到较大发展时，对这个职业有兴趣的人也增加得很快，这是由现实需求和历史发展阶段决定的。又如，某人从事某种特定职业，在长期实践过程中通过对职业活动的认识，了解和培养了自己的能力和特长，也可引起对该职业的浓厚兴趣。

兴趣向职业兴趣的转换，需要具备诸多因素，其中最关键的因素就是能力。如果仅仅有兴趣，而缺乏从事这项职业的能力，是无法胜任这项工作的。与兴趣不同，职业兴趣还强调责任意识，包括承担工作结果的责任、对家庭的责任以及社会责任感。所以，职业兴趣是个人兴趣、能力和责任的综合体。

（三）兴趣对职业活动的影响

兴趣对人的职业活动有着重要的影响。一份符合自己兴趣的工作常常能够给自己带来愉悦感、满足感。在选择职业时，人们总会将自己是否对此有兴趣作为考虑因素之一。曾担任微软亚洲研究院院长的李开复对于兴趣也提过五点建议：选你所爱；爱你所选；把握每一个选择兴趣的机会；忠于自己的兴趣；找到最佳结合点。总之，对个人来说，如果从事有兴趣的工作，就会更加努力，而有努力就会出成就。从某种意义上甚至可以说，兴趣比能力更加重要。具体来说，兴趣对人们的职业活动的影响主要表现在以下几个方面：

1. 兴趣是职业生涯选择的重要依据

兴趣是人的动机产生的重要主观原因，是一种强大的精神力量，是人对所从事的职业活动，具有创造性态度和产生创造性行为的重要条件。兴趣可以使人集中精力去获得自己所喜欢的职业知识，启迪智慧并创造性地开展工作。

良好的职业兴趣，可以在长期的职业生涯中，充分调动和发挥个人的职业潜能，促使个人通过创造性的劳动与不懈的努力取得职业生涯的成功。

2. 兴趣可以提升职业力

兴趣是一种强大的精神力量，可以使人集中精力去获得知识，并创造性地开展工作。凡古今中外著名的科学家、艺术家，他们之所以能对人类做出贡献，都是由于他们的创造兴趣和对事业的责任感相结合，而凝成的一股强大力量，推动他们不懈地努力而取得职业生涯的成功。当一个人对某种事物发生兴趣时，他就能调动整个身心的积极性；就能积极地感知、观察事物，积极思考，大胆探索；就能情绪高涨，想象丰富；就能增强记忆效果，增强克服困难的意志。

3. 兴趣是保证职业稳定、成功的重要因素

对某一职业有浓厚的兴趣，是智力开发的"孵化器"。如果一个人对某个领域充满激情，就有可能在该领域中发挥自己所有的潜力，学习就成为一种享受。兴趣是工作动力的主要源泉之一。在其他条件相似的情况下，从事感兴趣的职业不但让自己感到满意，而且能够让所在的工作单位感到满意，从而使工作具有长期性和稳定性。

4. 兴趣可提高人的工作效率

职业兴趣是引起和维持注意力的内在因素。一个人对某一方面的工作有兴趣，原本枯燥的工作也会变得丰富多彩，趣味无穷。兴趣使工作不再是一种负担，而是一种享受。因为兴趣能够促进智力的开发和潜能的挖掘，可以调动人的全部精力，以敏锐的观察力、高度的注意力、深刻的思维和丰富的想象力投入工作，从而大大提高工作效率。研究表明，兴趣可以激发潜能：如果一个人对某项工作感兴趣，往往能发挥他全部工作才能的 80%~90%，且能够长时间保持高效率而不感到疲劳；而对工作没兴趣的人，只能发挥全部工作才能的 20%~30%，并且容易感到精疲力竭。

5. 兴趣是职业生涯成功的重要因素

兴趣影响一个人的工作满意度和稳定性。一般来说，从事自己不感兴趣的职业很难让人感到满意，导致工作不稳定。古今中外许多著名的科学家、文学家、数学家、艺术家及发明家，几乎都是从小就产生了对自然、社会中某种事物强烈而浓厚的兴趣，从而取得巨大的成就。可以说，兴趣是人们成才的内在动力和成功的起点。比如我国著名的戏剧家曹禺在中学前就热衷于看"文明戏"和京剧；我国众多世界冠军也是从小就爱上了所从事的运动。这样的事例很多，也说明了兴趣足以引导人们从崎岖的小路攀登到事业的顶峰。

二、探索职业兴趣

人与人之间个性差异远远多于共性，在职业兴趣方面，人与人之间也存在较大的个体差异。有的人喜欢治学，有的人喜欢经商；有的人喜欢管理他人，有的人喜欢接受他人管理；

有的人愿意从事与人打交道的工作，有的人愿意从事技术工作等。同时，人的职业兴趣也会随着自身的发展和环境的影响而发生变化，具有相对不稳定性。

第二章学习的职业生涯选择理论中，霍兰德的职业兴趣理论可以说是职业生涯规划领域应用最为广泛，也是最实用的职业理论之一。根据霍兰德职业兴趣理论，大多数人的职业兴趣可以归纳为六种类型：现实型（realistic）、研究型（investigative）、艺术型（artistic）、社会型（social）、企业型（enterprising）和常规型（conventional），简称 RIASEC。当人们所选择的职业类型与个人的兴趣类型相匹配时，人们更能运用自己的特长，体现自己的价值，并能在其中扮演令自己感觉愉快的角色。

（一）霍兰德的六种职业兴趣类型

1. 现实型（R）

共同特点：具有此类倾向的人稳健、务实，喜欢从事规则明确的活动及技术性工作，热衷于亲自动手操作，具有比较强的实践能力，动手能力强，做事手脚灵活，动作协调，擅长机械和体力劳动。他们不善言谈，对人际交往及人员管理、监督等活动不太感兴趣，缺乏社交能力，通常喜欢独立做事。他们喜欢从事户外工作或操作机器，而不喜欢在办公室工作。

职业兴趣倾向：喜欢使用工具、机器，需要基本操作技能的工作，对要求具备机械方面才能、体力或从事与物件、机器、工具、运动器材、植物、动物相关的职业有兴趣，并具备相应能力。倾向于选择的职业有需要熟练技能的职业、动植物管理方面的职业、机械管理方面的职业、生产技术方面的职业、需要手工艺技能的职业、机械装置与运转方面的职业等。

典型职业：技术性职业，如计算机硬件人员、工程师、技术员、飞机机械师、机械制图员、自动化技师、测绘员、鱼类和野生动物专家等；技能性职业，如木匠、司机、厨师、机械操作工、维修工、安装工、电工、鞋匠、农民、牧民、渔民等。

2. 研究型（I）

共同特点：具有此类倾向的人偏理论思维或偏爱数理统计工作，能对解决抽象问题投入极大热情。这一类型的人知识渊博，有学识、有才能，考虑问题理性，做事喜欢精确，喜欢逻辑分析和推理，不断探讨未知的领域。他们喜欢研究那些需要分析、思考的抽象问题，如数学、物理、生物等，是思想家而非实干家，抽象思维能力强，求知欲强，肯动脑，善思考，不愿动手。他们喜欢独立的和富有创造性的工作，不太喜欢固定程式的任务，独立倾向明显，对于人员管理及人际交往也不太感兴趣，不善于领导他人。

职业兴趣倾向：喜欢智力的、抽象的、分析的、独立的定向任务，要求具备智力或分析才能，并将其用于观察、估测、衡量、形成理论、最终解决问题的工作，并具备相应的能力。

典型职业：自然科学和社会科学方面的研究人员、专家，如气象学家、生物学家、天文学家、动物学家、化学家、植物学家、地质学家、数学家、设计师、科技作者、程序设计员、系统分析员、医生、教师等。

3. 艺术型（A）

共同特点：具有此类倾向的人对具有创造、想象及自我表现空间的工作表现出明显偏好。这一类型的人有一定的创造力，乐于创造新颖、与众不同的成果，渴望表现自己的个性，实现自身的价值。他们做事理想化，追求完美，不重实际，具有一定的艺术才能和个性，喜欢特立独行，乐群性较低。艺术倾向明显的人喜欢自我表现，通常善于表达，具有想象力和创造力，具备表演、写作、音乐创造和讲演等天赋与天生的审美能力，喜欢在写作、音乐、艺术和戏剧等方面进行艺术创造。他们对结构化程度较高的任务及环境都不太喜欢，通常会尽力避免那些过度模式化的环境，喜欢将自己完全投注在自己所制订的项目中。

职业兴趣倾向：喜欢的工作要求具备艺术修养、创造力、表达能力和直觉，并将其用于语言、行为、声音、颜色和形式的审美、思索和感受，具备相应的能力，不善于事务性工作。

典型职业：艺术方面，如演员、导演、艺术设计师、雕刻家、漫画家、建筑师、摄影师、广告制作人、室内装饰专家等；音乐方面，如歌唱家、作曲家、乐队指挥、音乐教师等；文学方面，如作家、小说家、诗人、剧作家、记者、编剧；此外如节目主持人、文学、艺术等方面评论员等。

4. 社会型（S）

共同特点：具有此类倾向的人通常言语能力优于数理能力，善于表达，随和、善解人意。他们乐于与人相处，喜欢与人交往，不断结交新的朋友，喜欢与人合作，积极关心他人幸福，愿意教导和帮助他人，喜欢为他人提供服务，具有人道主义倾向，关心社会问题，渴望发挥自己的社会作用。他们寻求广泛的人际关系，比较看重社会义务和社会道德。

职业兴趣倾向：喜欢要求与人打交道的工作，不太喜欢以机械和物品为对象的工作，适合从事咨询、启迪、帮助、培训、辅导、说劝类工作，并具备相应能力。倾向于选择的职业有：学校教育以及社会教育方面、社会福利事业、医疗与保健方面、商品营销方面和各种直接为人服务的职业。

典型职业：教师、教育行政人员、咨询人员、公关人员、福利机构工作者、公共保健人员、医护人员、保育员、导游、服务行业的管理人员等。

5. 企业型（E）

共同特点：具有此类倾向的人喜欢管理、领导和控制他人，或为了达到个人或组织的目的而去说服他人。企业型的人通常精力充沛，自负、热情、自信，支配欲和冒险性强，喜欢竞争、能控制形势，擅长表达和领导，有野心、有抱负，具有较高的成就需求。他们乐于追求权力、权威和物质财富，具有领导才能，喜欢利用权力、关系、地位，希望成就一番事业，习惯以利益得失、权利、地位、金钱等来衡量做事的价值，做事有较强的目的性。

职业兴趣倾向：喜欢要求具备经营、管理、劝服、监督和领导才能，以实现机构、政治、社会及经济目标的工作，不喜欢具体、精细或需要长时间集中心智的工作，并具备相应的能力。

典型职业：如政治家、企业领导、工商与行政管理人员、项目经理、市场或销售经理、政府官员、法官、律师、投资商、电视制片人等。

6. 常规型（C）

共同特点：具有此类倾向的人尊重权威和规章制度，喜欢按计划办事，细心、有条理，习惯接受他人的指挥和领导，自己不谋求领导职务，不喜欢承担领导者的责任，习惯于服从。他们喜欢关注实际和细节情况，通常较为谨慎和保守，缺乏创造性，不喜欢冒险和竞争，富有自我牺牲精神。常规型的人大多具细心、顺从、依赖、有毅力、效率高等特征，做事有条理，责任心强，对社会地位、社会评价比较在意，通常愿意在一个大的机构当中做一般性工作，多擅长文书或数据类工作，通常会在商业事务类工作中取得成就。

职业兴趣倾向：喜欢要求注意细节、精确度，有系统、有条理，具有记录、归档、根据特定要求或程序组织数据和文字信息的职业，并具备相应能力。喜欢高度有序、要求明晰的规范化工作或活动，对于规则模糊、自由度大的工作不太适应。

典型职业：会计、银行出纳员、成本估算员、核算员、法庭速记员、打字员、办公室职员、统计员、计算机操作员、行政助理、图书馆管理员、保管员、邮递人员、人事职员、秘书等。

（二）霍兰德的六种职业兴趣类型之间的关系

如图 3.1 所示，六种兴趣类型的人群中，R 型、I 型的人对事物较为关注，E 型、S 型的人对人群较为关注，C 型的人对数据资料较为关注，A 型的人对概念/观念较为关注。

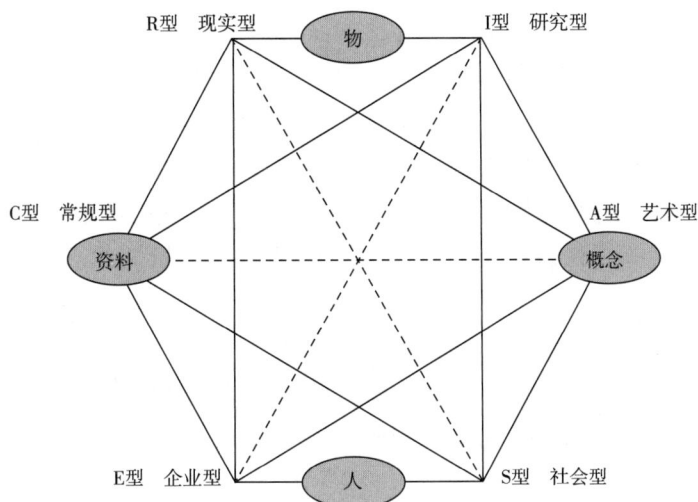

图 3.1　霍兰德职业兴趣六边形模型

显然，霍兰德所划分的六大职业兴趣类型并非是并列的，而是有着明晰的边界，每种类型与其他类型之间存在不同程度的关系，大体可以分为三类：

（1）相邻关系，如 RI、IR、IA、AI、AS、SA、SE、ES、EC、CE、RC 及 CR，属于这种关系的两种类型的个体之间共同点较多。例如，现实型 R、研究型 I 的人就都不太偏好人际交往，这两种职业环境中也都较少机会与人接触。

（2）相隔关系，如 RA、RE、IC、IS、AR、AE、SI、SC、EA、ER、CI 及 CS，属于这种关系的两种类型个体之间共同点较相邻关系少。

（3）相对关系，如 RS、IE、AC、SR、EI 及 CA，属于相对关系的人格类型共同点少。因此，一个人同时对处于相对关系的两种职业环境都兴趣浓厚的情况较为少见。

如果个人兴趣与职业一致性高，就可以达到人职协调；一致性中等，则达到人职协调；一致性低，则会出现人职不协调。

根据霍兰德职业兴趣理论，可以得出职业兴趣与职业选择的六边形原则：

第一，适宜原则，即每种职业人格类型的人，适宜从事同种类型的职业。

第二，相适原则，即每种职业人格类型的人，选择从事与人格类型相近类型的职业，比较容易适应。

第三，中性原则，即人们选择从事与人格类型呈中性关系类型的职业，经过艰苦努力，也较容易适应，介于相近和相斥之间。

第四，相斥原则，即人们如果选择与人格类型相斥关系类型的职业，则很难适应。

所以，人们通常倾向选择与自我兴趣类型匹配的职业环境，可以最好地发挥个人的潜能。但职业选择中，个体并非一定要选择与自己兴趣完全对应的职业环境。

一则因为个体本身常是多种兴趣类型的综合体，单一类型显著突出的情况不多。因此，评价个体的兴趣类型时，也时常以其在六大类型中得分居前三位的类型组合而成，组合时根据分数的高低依次排列字母，构成其兴趣组型，比如 RCA、AIS 等。

二则因为影响职业选择的因素是多方面的，不完全依据兴趣类型，还要参照社会的职业需求及获得职业的现实可能性。因此，职业选择时会不断妥协，寻求相邻职业环境甚至相隔职业环境，甚至个体寻找到的是相对的职业环境，与自我兴趣完全不同，那么他们工作起来可能难以适应，或者难以感觉快乐，可能会每天工作得很痛苦。

（三）职业兴趣类型与职业代码

职业兴趣倾向可以通过根据霍兰德的理论编制的兴趣量表进行测量，从而帮助大学生对自己的兴趣类型有比较准确的认识。通过该量表进行测量，可以得到每个人在各个类型上的得分。

1. 确定职业兴趣类型

通过职业兴趣量表测量，每个人可以根据各个类型的得分情况，发现自己的职业兴趣类型。如图 3.2 所示，其中得分最高的 S（9.32）型即为自己的职业类型。对照前述 S 型的特点及典型职业，即可初步确定自己适合的职业。

2. 确定职业兴趣代码

将得分按从高到低的顺序排列，可以得到分数排在前三位的字母组合，即为霍兰德职业兴趣代码。如图 3.2 所示，分数排在前三位的为 S（9.32）、E（7.95）、C（7.27），则职业代码为 SEC，表示社会型、企业型与常规型这三种兴趣类型在该人身上占主导地位。根据职业兴趣代号，对照《职业索引》表，可以找出职业代码所对应的适合自己的职业。对照《职业索引》表，SEC 这个职业代码适合的职业包括社会活动家、退伍军人服务官员、工商会事务代表、教育咨询者、宿舍管理员、旅馆经理、饮食服务管理员。

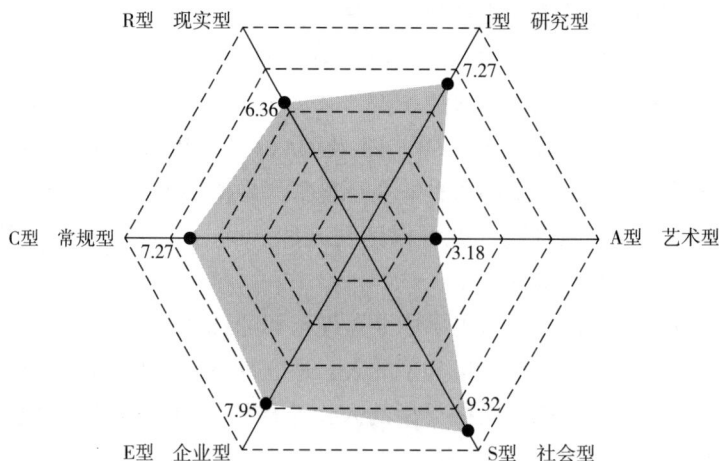

图 3.2　霍兰德职业测评结果

再通过寻找与职业兴趣代码相近的职业，可以得到其他也比较适合自己的职业。如职业兴趣代号是 SEC，那么，其他由这三个字母组合成的其他代码（如 ESC、ECS、CSE 等）对应的职业，也比较适合你的兴趣。

职业兴趣量表是了解个人兴趣类型的一种简单快捷的方式，但是通过这种方式得到的结果并不一定是对自己情况最恰当的描述。因为量表通过六种兴趣类型以及占主导地位的三种兴趣来描述个体，所描述的六种兴趣类型的特征是每一种类型的理想的、典型的形式，而人是非常复杂的个体，通常会同时具有几个兴趣类型的特征，对于这些特征的描述与表达，不同的人会有不同程度的理解，因此会造成测量分数组合间的微小差异。有时会出现某些人觉得测量结果"不准"，甚至与自己大相径庭的情况。另外，这类量表都是采用自评的测量方式，在回答问题的过程中，主观及客观因素会对问题的回答产生一定的影响，从而导致对同一问题呈现不同答案，由此带来一定的局限性。因此我们不能对测量结果生搬硬套，教条死板地看待，而是应该将测验结果作为一种了解自我的特殊视角和定量手段。除了测验，我们还可以寻求其他非正式的方式和活动，帮助自己了解职业兴趣。

三、大学期间该如何培养职业兴趣

如果你测评得出的职业兴趣倾向对应的职业与你意向从事的职业不匹配时，请不要灰心丧气。众所周知，一个人的兴趣和爱好是可以逐步培养的。很多人的兴趣来源，往往是由于早期接触了相关的知识领域，得到了更多相关的教育而已。还有很多人的兴趣点是先来自外界的认可，于是自己长期坚持，努力发展而来。

有一位职场人士在回顾自己一生的事业成就时，曾经这样总结道："一开始我对自己从事的专业既不熟悉也不热爱，正是因为在这个专业上付出了太多的时间和精力，由于坚持所以擅长，由于坚持所以热爱。"可见，在某种程度上，职业兴趣也是可以逐渐发展和培养的。那么，大学期间，我们该如何发展和培养自己的职业兴趣呢？

对于如何培养职业兴趣，李开复给出了这样的建议，他认为，大学生应尽可能开阔自己的视野，接触众多的领域。唯有接触你才能尝试，唯有尝试你才能找到自己的最爱。具体说来，职业兴趣可以从以下几个方面进行培养。

1. 从注重间接兴趣培养开始

人在最初接触某种职业时，往往对职业本身缺乏强烈兴趣，必须要从间接兴趣着手培养职业兴趣。可以通过了解职业在社会活动中的意义，对人类活动的贡献等以引起兴趣，也可以通过了解某项职业的发展机会引起兴趣，还可以通过实践逐步提高间接兴趣。

2. 从社会实践活动中培养

人只有通过实践活动才能认识社会，了解社会职业。实践不能仅限于参观访问等"走马观花"的形式，要注重参与职业活动的全过程，了解该职业活动中人际之间的关系、人与物之间的关系以及职业对社会产生的影响等。

3. 从提升从业者的能力角度来培养

对某项职业有浓厚的兴趣是成功的前提，但事业要取得成功也必须具备该职业所要求的能力。因此在培养职业兴趣的同时也要客观评价从业者的能力，看其是否适合某种职业，在此基础上形成的职业兴趣才是长久的。

4. 从自己广泛的兴趣中找寻职业兴趣

具有广泛职业兴趣的人，不仅对自己的职业领域的东西有浓厚的兴趣，而且对其他方面也有一定的兴趣。这种人眼界比较开阔，解决问题时也可以从多方面得到启发，在职业选择、变动上有较大的余地。兴趣范围狭窄、涉足面小的人，对新事物的适应性就要差些，在职业选择上所受的限制也多些。

通过开阔视野和接触尝试，如果你发现了自己真正的兴趣爱好，确认目前所学的专业与自己兴趣相悖，可以尝试调换专业，但需要慎重考虑。因为目前我国大部分高校对学生调换专业有较为严格的规定，比如规定大学一年级成绩排在本专业前三名或各科成绩达到一定分数才可以申请调换专业等，因此大部分因为对所学专业不感兴趣而申请调换专业的同学不能如愿。那么，可以在学习本专业的基础上，尝试通过读第二学位、课外学习、选修或旁听相关课程的方式去学习自己感兴趣的专业领域知识；你也可以通过一些实习的机会，进一步理解相关行业的工作性质；或者努力去考自己感兴趣专业的研究生，重新进行一次专业选择，而不要冲动地选择退学再次参加高考。因为高考存在很多不确定的风险，如果再次高考失利，则会给自己和家人带来无法估量的影响，同时也会失去至少一年的宝贵时光。

如果目前做的事情并非自己所感兴趣的，我们也可以尝试"爱你所选"。与其一开始抱怨自己选错了专业，丧失学习动力，为了追求兴趣而走火入魔，还不如先静下心来尽力试着把本专业学好，并在学习过程中逐渐培养自己对本专业的兴趣。此外，一个专业里可能有很多不同的领域，也许你对专业里的某一个领域会有兴趣。现在有很多专业都发展了交叉学科，两个专业的结合往往是新的增长点。因此，只要多接触、多尝试，你也许就会碰到自己真正感兴趣的方向。另外，就算你毕业后要从事其他的行业，你依然可以把自己的专业学好，这同样能成为你在新行业中的优势。比如，有一位同学不喜欢读工科，想毕业后进入服务业发展，他依然可以先把工科学好，以便将来可以在服务业中把精通技术作为自己的特长。

拓展阅读：

兴趣是可以培养的

小刘从小就喜欢设计，高考的时候想选择设计专业。可爸爸却让她选择商务英语专业，说读这个专业将来能有一份好的工作。小刘对商务英语一点兴趣都没有，可是又不得不听从爸爸的建议，于是成为一名就读于商务英语专业的一年级学生。后来，她向学校老师求助，老师帮她进行了细致全面的分析。由于已经进入商务英语专业学习，无法改变这个结果，那么就需要接受这个专业，如果因为商务英语专业与自己的兴趣不符而不去努力学习，最终只会让大学时光白白流逝；如果试着了解这个专业，在学好商务英语专业的同时，利用业余时间学习自己喜欢的设计，那么结果可能是既学好了现在的专业，又能自学好设计。通过与老师交流，小刘认识到不能学习自己感兴趣的专业并不一定会导致自己的理想破灭，商务英语本身与自己的兴趣和理想并没有冲突。在没有认真学习商务英语时，并不能简单认为自己就没有商务英语方面的兴趣和才能。老师同时给她看了一些专业方面的就业前景，去年的毕业生在当地的会展中心工作，那儿需要的恰好是那种既懂商务英语，又有一些美术才能的人才。观念转变后，小刘渐渐地喜欢上了现在的专业，发现自己现在对这个专业也挺感兴趣。

第二节 性格探索

在与职业有关的个人因素中，有一类因素稳定而持久地影响着人们的职业倾向，并关系到我们能否快乐地工作以及是否感觉舒适，即人格。"人格"一词源自拉丁文 persona，即"面具"，暗示了"人格"的社会功能。不同的角色戴着不同的面具，后引申为个体的个性心理倾向和个性心理特征。虽然人格是一个比较复杂的概念，但国内外专家经过努力，目前已经提出比较被认可的、便于我们理解的解释。简而言之，人格是个体的思想、情感及行为的特有整合，其中包括区别于他人的稳定而统一的心理品质，即性格与气质。

一、性格与职业性格

（一）性格

性格是人对现实的态度和行为方式中较稳定的个性心理特征，是个性的核心部分，最能表现个体差异。一个人性格的形成受到遗传、生理、父母教育方式、生长环境的文化习俗、后天学习等多方面因素的影响，性格是在社会生活实践中逐渐形成的，一旦形成便比较稳定，会在不同的时间和情况下表现出来。俗话说"江山易改，禀性难移"，说的就是这个道理。人的一生受某种性格类型支配，从而形成相对稳定的不同于他人的独特行为方式，两个不同性格的人即使从事同一工作，其处事方式及心理感受也是不同的。但性格的稳定也并不是绝对的、一成不变的，而是具有一定的可塑性。

人的性格是千差万别的。有的人诚实、正直、谦逊；有的人活泼、好动、善交际；有的人深沉、内向、多思；有的人悲观、厌世、孤僻等。性格和工作的关系是一种彼此制约又互相促进的关系。选择工作要尽量选择适合自己性格特点的工作。因为每一种工作都对从业者的性格品质有特定的要求，要适应某一职业就必须具备这一职业要求的性格特征。性格和职业的最佳匹配使我们能够成为更有焦点、更有效的工作者。在我们的周围也可以发现，同一职业类型或团体中往往聚集着性格相似的工作者，如销售行业的人多数性格外向，会计行业的人比较细心，教师善于关心爱护他人，从政的人手腕比较强硬、执行力强。如果一个人所从事的职业与其性格类型是匹配的，则他工作起来就轻松愉快、得心应手、富有成就，反之则会不适应、困难重重，给个人的发展和组织造成影响。因此，了解自己的性格特点，在对应的职业环境中寻找合适的职业，这样不仅缩小了人们职业选择的搜索范围，使职业选择的方向性更强，而且选中的职业与自己个性最为匹配，有利于个人才能发挥和价值的实现。

拓展阅读：

性格影响职业选择

小李是北方某城市一所大学营销专业的学生，大学期间，她学习十分努力，对自己的专业也很感兴趣，成绩一直位于专业前几名。但面对即将到来的毕业季，小李陷入了纠结。她的大部分同学选择的都是销售类工作，虽然专业对口，可以很好地运用本专业学习的知识与技能，但对于工作压力和随时可能出现的计划外情况，她担心自己难以适应。她觉得自己是一个性格相对内向的人，即使自己人际交往能力还不错，同学之间相处也很愉快，但自己更倾向于今后在相对单纯的人际环境中做一些计划性强的工作。

通过与学长及老师的交流，她了解到考研也是不错的选择，不仅可以进一步提升专业能力，还可以多一些时间了解社会和企业。最终到底是该选择考研还是直接就业？自己的性格更适合什么样的职业？小李有些困惑。

一个人的个性形成后，随着社会环境的变化、个人的发展以及人与人之间关系的改变，也会有所改变。特别是年轻人的个性，具有很大的可塑性。

一个人个性的形成有许多影响因素，主要包括遗传、环境和情景。遗传为个性的形成和发展提供了前提，提供了一个发展的可能性，基因学家在实验中取得的大量的数据证明：人类有特定的基因控制着焦虑和抑郁这些情绪。此外，脾气好坏在很大程度上也是由遗传基因决定的。

（二）职业性格

职业及环境所需要的性格特性，是个人内部的动力，是确定个人在职业上的特征性行为的依据，因此也被称为"职业性格"。

职业性格是指人们一旦从事某种职业后，因为职业需求或对该职业从业者的普遍要求所形成的较为固定的性格要素集合。

研究表明，不同的职业有不同的性格要求。虽然我们每个人都有自己的性格特征，每个人的性格特征不能百分之百地符合某项职业，但却可以根据自己的职业倾向来培养、发展相应的职业性格。

二、性格与职业规划

著名经济学家凯恩斯曾说："习惯形成性格，性格决定命运。"中国古语也有云："积行成习，积习成性，积性成命。"这都说明性格对一个人人生的影响。性格与职业生涯规划的关系，主要表现在以下几个方面。

（一）性格与职业相匹配

性格无所谓好坏，关键看是否放对了地方，每一类性格都有与之相适应的职业范围。职业心理学的研究表明，不同性格类型的人适合从事不同类型的职业，不同的职业对从业者的性格也有不同的要求。如一个外向型的人，常具有随和开朗，善于交际等特点，相比内向型的人，更适合从事与人打交道的工作。工程师要求从业者沉着严谨、认真细致、精益求精，相比外向型的人，内向型的人更加适合。大学生在选择职业时，要充分考虑自己的性格，以及职业对性格的要求。从事与自己的性格相匹配的工作，使个人沟通的方式、讲话的方法、工作的风格更适合职业的特点，只有这样才能更好地发挥自己的性格特长，扬长避短，在工作中才能更加得心应手。反之，虽然也能完成工作，但事倍功半，而且使人心力交瘁、疲惫不堪。性格类型与工作要求的最佳匹配，能够使我们成为更有效的工作者。

在职业生涯规划过程中理解、透视性格，是为了了解自己的思考方式和行为倾向，更好地接纳自己、发展自己；也是为了了解人与人之间的性格差异，在团队合作方面提出改进措施；同时还能了解不同的性格人群在对职业的选择和适应上的倾向性，以帮助我们合理地做出职业决策、谋划职业发展。

（二）性格影响职业生涯发展

性格也影响着一个人对职业的适应性，以及职业生涯的发展。个人性格与职业之间的适配和对应是职业满意度、职业稳定性、职业归属感与职业成就感的基础。职业生涯发展的过程中，能力固然重要，性格比能力更重要。其原因是，如果一个人能力不足，可通过培训提高，一年不行，用两年；两年不行，三年，总可以提高或开发出来。但一个人的性格与职业或岗位若是不吻合，要想改变则非常困难。许多用人单位在选人用人时也越来越看重一个人的性格，在性格与职业相匹配的前提下，才对其能力进行考查。只有找到性格特点、能力素质与职业需求之间的匹配度，才能最大限度地发挥自身潜能，这不仅是通往自我实现的关键，也是确保职业可持续发展的决定性因素。

（三）职业对性格的塑造

当性格与职业不匹配的时候，为了能做好本职工作，适应职业领域，人们会通过努力，主动按照工作要求培养和修炼自己相对薄弱的那方面性格，避免或减少自己性格中的劣势方面对职业的影响。也就是说，在工作中克服了自己性格上的弱点。如一个内向型的人，不善交际、不善言谈，通过多年学校班主任职业的修炼，在组织协调、沟通交流等方面得到了很大的提升，性格也开朗外向了许多。我们提倡根据性格选择适合的职业，也提倡为了社会的需要从事与自己性格不相匹配的工作，当你发现自己的性格与职业的匹配度不高时，可以通过努力学习和实践培养自己的相应性格，弥补性格上的不足之处。

（四）性格与职业的多面性

在职业与性格的匹配中，要克服片面性和绝对化的看法。某种职业可能需要多种性格的人，许多性格不同的人也可能适合同一职业，在职业与性格的匹配中，没有绝对的行与不行，有的是相对的适应性。

在职场中，遇到性格与职业选择错位也是非常普遍的现象，有些人的性格特点不适合自己所选择的职业，但为了满足生活需要和减轻家庭的压力，仍然很努力地去适应。

三、MBTI 职业性格类型

瑞士心理学家卡尔·古斯塔·荣格的性格理论问世后，美国心理学家凯瑟琳·库克·布里格斯和她的女儿伊莎贝尔·布里格斯·迈尔斯对荣格的理论进行了优化，最终研究出被广泛应用于人格测评、人才选拔、心理咨询、职业发展和职业咨询、团队建设等方面的心理测评工具，即迈尔斯—布里格斯性格分析指标（MBTI），该理论是目前国际上应用最广泛的一种职业规划和个性测评理论。

（一）MBTI 性格类型简介

MBTI 以瑞士心理学家卡尔·古斯塔夫·荣格性格理论划分的八种类型为基础，形成四个维度，分为四个子量表，分别是：外倾—内倾（E/I）；感觉—直觉（S/N）；思维—情感（T/F）；判断—知觉（J/P）。四个维度如表 3.1 所示。

表 3.1　MBTI 的四个维度

维度	偏好一端	英文及缩写	偏好另一端	英文及缩写
态度倾向	外倾	Extrovertion（E）	内倾	Introvertion（I）
接受信息方式	感觉	Sensing（S）	直觉	iNtuition（N）
处理信息方式	思维	Thinking（T）	情感	Feeling（F）
行动方式	判断	Judging（J）	知觉	Perceiving（P）

所谓的"偏好"，是一种天生的倾向性，是一种特定的行为和思考方式。这些偏好无优劣之分，无高下之差，它们体现了人与人之间的不同。每个维度上只能有一个方向的偏好，但每个维度上的偏好不会绝对由某一段的偏好组成。比如，一个内向的人大多数情况下自然的反应是内倾的，但也会有外倾的时候，正常情况下不会出现绝对的内倾或绝对的外倾。

1. 态度倾向

态度倾向也就称为能量指向，是 MBTI 第一个维度，区分我们注意力和能量所指方向的维度，也表现了个体与外界相互作用的程度，可分为外倾与内倾两种类型（E/I）。如果只能用一个维度将人群区分开来的话，那么，这个维度应该是内、外倾向，它是区分个体的最基本维度。我们以自身为界，可以将世界分为自身以外的世界和自我的世界两个部分，也可称为外部世界和内部世界。外倾的人倾向于将注意力和精力投注在外部世界——外在的人、外在的物、外在的环境等，而内倾的人则相反，较为关注自我的内部状况，如内心情感、思想等。两种类型的个体在自己偏好的世界里会感觉自在、充满活力，而到相反的世界里则会不安、疲惫。因此，外倾与内倾的个体之间的区分是广泛而明显的，并不像我们平时讲的"外倾者健谈，内倾者害羞"那么简单。

（1）外倾（E）。

特征：注意力和能量主要指向外部世界的人和事，从与人交往和行动中得到活力。

本维度描述：好与人交往，善于表达；先行动，后思考；喜欢用谈话的方式进行沟通；关注外部环境；在谈话中形成自己的意见；更适应实际操作或讨论的学习方式；兴趣广泛；在工作和人际关系中都很积极主动。

（2）内倾（I）。

特征：注意力和能量集中于自己的内心世界，从对思想、回忆和情感的反思中得到活力。

本维度描述：安静而显得内向；先思考，后行动；更愿意用书面方式沟通；关注自己的内心世界；通过思考形成自己的意见；更适应思考、在头脑中"练习"的学习方式；兴趣专注；当环境对他们具有重要意义时会采取主动行动。

外倾型与内倾型的具体区别如表 3.2 所示。

表 3.2　外倾型与内倾型的区别

外倾型（E）	内倾型（I）
与他人相处精力充沛	独处时精力充沛
希望成为注意的焦点	避免成为注意的焦点
先行动，后思考	先思考，后行动
喜欢边想边说出声	在心中思考问题，不善于表露
相对开放，随意地分享个人信息	相对封闭，更愿意在经过挑选的小群体中分享个人信息
说的比听的多	听的比说的多
高度热情地社交	不把热情表现出来
反应快，喜欢快节奏	仔细考虑后才有所反应，喜欢慢节奏
喜欢广度而不是深度	喜欢深度而不是广度

需要说明的是，外倾型与内倾型的区分更多是看个人的本能倾向，而不是在某种观念影响下的表现，比如在"女孩子应该文静些"的观念影响下收敛自己的活泼天性。具有比较典型的内倾型与外倾型特征的同学，要注意自己的性格在某些特定情境下可能产生的问题。

拓展阅读：

准确认识自我

笔者的一个同学小时候是十分典型的内倾型性格，不爱社交也不善于与不亲近的人交往。在外人面前是个文静羞涩、不爱说话的"乖乖女"，甚至不喜欢跟陌生人打招呼。上高中住校以后，周末回家，在熟悉的家人面前则变成了一个小"话痨"。上大学以后，离开家乡，接触的人多了，圈子变大了，社交的对象变复杂了，对交往能力的要求提高了，这使内倾型的她不得不强迫自己与同学们甚至与陌生人进行更多的沟通交流，参加各种活动，努力融入各个集体，获得归属感与认同感，并展示自己。通过大学几年的历练后，她感到自己的社交能力有了明显的提高，如今可以比较自如地与异性、陌生人以及长辈打交道，聊上一小时也不在话下。身边不了解她的人甚至对她的评价也逐渐变为"活泼""活跃""活力四射"等。因此，近几年来在外人眼中，她已然是不折不扣的外倾型性格。通过老师的阐释，她对自己的性格进行了审视。尽管上大学以来在很短的时间内，她加入了一些社团组织，如民生之窗、书画协会、学生会等，并积极参与社团组织开展的各项活动，认识了许多新面孔，并且在活动中可以与以前素未谋面的同学、学长学姐及辅导员迅速熟悉起来。然而，她却常常因为参加一场聚会后说了太多话而深感疲惫。从内心来讲，她仍喜欢"宅"，喜欢独处，可以一个人泡在自习室、图书馆，甚至坐在校园的某个角落发呆。这种在他人面前不一样的表现其实是一种"假性外向"，只是应付社交场合的手段，因此，要保持头脑清醒，准确认识自我。

资料来源：苏文平. 职业生涯规划与就业指导 [M]. 北京：中国人民大学出版社，2020.

内倾型的同学既要注意主动与人沟通，也要在压力较大时给自己多留些私人空间；外倾型的同学既要注意尊重别人的隐私，也要对自己有足够的宽容。人格类型无优劣之分，每个人都可以根据自己的人格类型偏好发挥最大的优势。

2. 接受信息方式

接受信息方式也被称为注意力指向，是 MBTI 的第二个维度，区分个体在收集信息时注意力的指向，即个体接受信息的方式。根据个人收集信息方式的不同，可分为感觉与直觉两种类型（S/N）。我们每个人都在不断接收着信息，这是我们跟上外界节拍的必要前提。但不同类型的个体接收信息的方式不同，这便有了感觉型与直觉型之分。

首先，面对同样的情景，两者的注意中心不同，依赖的信息通道也不同。感觉型的人关注的是事实本身，注重细节，而直觉型的人注重的是基于事实的含义、关系和结论。感觉型的人信赖五官听到、看到、闻到、感觉到、尝到的实实在在、有形、有据的事实和信息；而直觉型的人注重"第六感觉"，注重"弦外之音"，直觉型的人的许多结论在感觉型的人眼里，也许是飘忽的、不实在的。注重细节而非结果是感觉型的人的特点，他们擅长记忆大量事实与材料，有时候像本"词典"，能清晰地列出大量的数据、人名、概念乃至定义，常使其他人感到吃惊；而直觉型的人更擅长解释事实，捕捉零星的信息，分析事情的发展趋向。

其次，感觉型的人对待任务，习惯于按照规则、手册办事，比如照着手册使用家电，看着地图辨认交通路线。而直觉型的人习惯尝试，跟着感觉走，他们不习惯仔细地看完一大本说明书再动手。结果他们可能比感觉型的人更快地完成了任务，也可能因为失败而必须重新开始。感觉型的人习惯于固守现实，享受现实，使用已有的技能，直觉型的人更习惯变化，突破现实。

简而言之，感觉型注意"是什么"，实际而仔细；直觉型则更关心"可能是什么"。

（1）感觉（S）。

特征：用自己的感觉器官来获取信息。喜欢收集实实在在的、确实出现的信息；对于周围所发生的事件观察入微，特别关注现实。

本维度描述：关注真实的、实际存在的事物；观察敏锐，并能记住细节；着眼于当前的实际情况；现实、具体；相信自己的经验；通过实际运用帮助理解抽象思维和理论。

（2）直觉（N）。

特征：通过想象、无意识等超越感官工作范围的方式来获取信息。喜欢看整个事件的全貌，关注事实之间的关联。想要抓住事件的主干，特别善于看到新的可能性。

本维度描述：关注数据所代表的意义；当细节与某一状态相关时才能够记得；着眼于未来的可能；富有想象力和创造性；相信自己的灵感；靠直觉很快得出结论；确定澄清了理论后，才应用理论。

感觉型与直觉型的具体区别如表 3.3 所示。

表 3.3　感觉型与直觉型的区别

感觉型（S）	直觉型（N）
相信确定和有形的事物	相信灵感和推断
喜欢新想法，且它们必须有实际意义	喜欢新思想和概念，它们必须符合自己的意愿

感觉型（S）	直觉型（N）
重视现实性和常识性	重视想象力和独创力
喜欢使用和琢磨已知的技能	喜欢学习新技能，但掌握之后很容易就厌倦了
留心具体的和特殊的事物；进行细节描述	留心普遍的和有象征性的事物；使用隐喻和类比
循序渐进地讲述有关情况	以一种绕圈子的方式跳跃性地展现事实
着眼于现实或现在	着眼于未来

3. 处理信息方式

处理信息方式是 MBTI 的第三个维度，区分个体做决定或下结论的方式，也是个体做决定或下结论的主要依据。根据个人做决策的方式的不同，可分为思维与情感两种类型（T/F）。仅看这个维度的名称，也许我们会觉得，思维型的人是理性的，而情感型的人是非理性的，事实上并非如此。两类人都有理性思考的成分，但做决定或下结论的主要依据不一样。思维型的人比较注重依据客观事实的分析，一以贯之、一视同仁地贯彻规章制度，不太习惯根据人情因素变通，哪怕做出的决定并不令人舒服。情感型的人常从自我的价值观念出发，变通地贯彻规章制度，做出一些自己认定是对的决策，比较关注决策可能给他人带来的情绪体验，人情味较浓。

（1）思维（T）。

特征：通过分析某一行动或选择的结果来做出决定；会将自己从情境中分离出来，对事件的正反两方面进行客观的分析；从发现和分析事件中存在的错误以及解决问题中获得活力；希望找到一个能应用于所有相似情境的准则。

本维度描述：以逻辑思维解决问题；善于分析；具有因果的逻辑思维；爱讲道理；可能显得不近人情；认为公平意味着每个人都能得到平等待遇。

（2）情感（F）。

特征：喜欢考虑对自己和他人来说什么是重要的；会在头脑中将自己放在情境所牵涉到的所有人的位置上并试图理解别人的感受，然后在此基础上根据自己的价值判断做出决定；从被他人表示赞赏和支持中获得活力；目标是创造和谐的氛围，把每一个人都当作一个独特的个体来对待。

本维度描述：常衡量所做的决定对他人产生的后果和影响；善于体贴他人、感同身受；受个人价值观的引导；充满同情心；可能会显得心肠太软；寻求和谐的气氛和积极的人际交往氛围；认为公平意味着每个人都被作为独特的个体来对待。

思维型与情感型的具体区别如表 3.4 所示。

表 3.4 思维型与情感型的区别

思维型（T）	情感型（F）
退后一步思考，对问题进行客观分析	超前思考，考虑行为对他人的影响
重视符合逻辑、公正、公平的价值；一视同仁	重视同情与和睦；重视准则的例外性
容易发现缺点，有吹毛求疵的倾向，倾向于批评	给人快乐，容易理解别人

思维型（T）	情感型（F）
被认为冷酷、麻木、不关心别人	被认为感情过多，缺少逻辑性，软弱
认为圆通比坦率更重要	认为圆通与坦率同样重要
只有情感符合逻辑时，才是正确的，才可取	无论是否有意义，认为任何感情都可取
渴望成就而激励	为了获得欣赏而激励

这两种性格类型并无好坏之分，我们应该努力理解和自己不同类型人的做法，尽量避免走入极端。思维型的人经常表现出"公私分明"，甚至能够做到"大义灭亲"，但有时太过强调原则，以至于让人觉得其"不近人情""冷酷"；情感型的人往往特别善于共情，体察别人的难处，但容易一味地同情"弱者"，以至于失去原则。

学习中，思维型的同学一般能够很理智地对待学习，即使是自己不感兴趣的功课，只要觉得"应该学""有用"就会努力去学好。而情感型的同学，学习投入程度受到对任课教师的印象、自己的心情/情绪等因素的影响。生活中，思维型的同学往往"就事论事"，对自己好朋友的缺点也毫不留情面地指出来，对好友提出的"代签到"等不合理要求往往会拒绝；而情感型的同学往往贯彻"熟人好办事"，对好朋友和一般同学区别对待，甚至会为了家人、朋友违反纪律/制度。

因此，同学们首先要对自己的人格类型有个判断。在学习中，情感型的同学要注意体察自己的情绪与情感，不要因为情绪的波动或情感的倾向，过度地影响自己的学习热情与投入。比如，一些情感型的同学可能因为中学阶段不喜欢某位授课老师，就不愿意投入足够的时间学习那门课。在生活中，思维型的同学要提醒自己关注沟通对象的感受，避免"吹毛求疵"，尤其是在对方遇到挫折的情况下，提醒自己多从对方的角度体察对方的情绪，而非讲那些"应该怎么做"的大道理。

4. 行为方式

行为方式也称为完成任务方式，是 MBTI 的第四个维度，区分个体为完成任务而采取的行动方式，也体现个体喜好的生活方式。根据个人感到最舒适的生活方式，可分为判断与知觉两种类型（J/P）。如果我们看看人们的办公桌上、包内或柜子里摆放的物品，可以发现，有些人的物品经常是井然有序，而有些人就不那么习惯于保持整齐，前者是判断型的人具有的特征，后者是知觉型的人经常有的状态。不仅如此，在处事方式上，判断型的人目的性较强，一板一眼，他们喜欢有计划、有条理的世界，更愿意以比较有序的方式生活。知觉型的人好奇心、适应性强，他们会不断关注新的信息，喜欢变化，也会考虑许多可能的变化因素，更愿意以比较灵活、随意、开放的方式生活。在做决策时，判断型的人较为果断，而知觉型的人总希望获得更多信息后再决断。逛了两天商场，还决定不了买什么的人，多半是知觉型的。

（1）判断（J）。

特征：喜欢将事情管理得井井有条，生活充满计划并井然有序；喜欢做了决定便要完成后续的工作；生活通常会比较有规划、有秩序，喜欢将事情确定下来；按照计划和日程安排办事对他们来说很重要；从完成任务中获得能量。

本维度描述：有计划、有系统地做事；喜欢管理好自己的生活；喜欢制订短期和长期计划，按部就班；喜欢把事情确定好，尽可能避免最后关头才做决定或完成任务的压力。

（2）知觉（P）。

特征：喜欢以灵活、自由的方式生活，更愿意去体验和理解生活的变化，而不是去控制它；详细的计划或最终决定会使他们感到被束缚；愿意对新信息和选择保持随时接受的态度，即使已经到了做决定前的最后一分钟；足智多谋，善于调节自己适应当下环境的需要，并从中获得能量。

本维度描述：不拘泥于制订的计划；灵活地处理自己的生活；不在意是否有明确的计划；适应变化，容易改变方向；不喜欢很早就把事情确定下来，需要留有改变的可能性；临近截止时间的压力会使他们感到精力充沛。

判断型与知觉型的具体区别如表 3.5 所示。

表 3.5 判断型与知觉型的区别

判断型（J）	知觉型（P）
做了决定后感到快乐	当各种选择都存在时感到快乐
"工作原则"：先工作再玩（如果有时间的话）	"玩的原则"：先玩再完成工作（如果有时间的话）
建立目标，并准时地完成	随着新信息的获取，不断改变目标
愿意提前知道将面对的情况	喜欢适应新情况
着重结果（重点在于完成任务）	着重过程（重点在于如何完成任务）
满足感来源于完成计划	满足感来源于计划的开始
把时间看作有限的资源，认真地对待最后期限	认为时间是可更新的资源，而最后期限也有延长的可能

其实周围做事磨蹭、不着急的人不在少数，其工作、生活问题也不大。反观些有板有眼的判断型的人，虽然有守时、靠谱等优点，但有时候做事过于呆板、机械，缺乏灵活性。他们往往杞人忧天，遇事容易焦虑，不像知觉型的人有"船到桥头自然直"的从容。

（二）MBTI 性格测试

由 MBTI 性格测试可以得出由四个维度而成的 16 种性格类型，分别是内倾+感觉+思维+判断（ISTJ）、内倾+感觉+情感+判断（ISFJ）、内倾+直觉+情感+判断（INFJ）、内倾+直觉+思维+判断（INTJ）、内倾+感觉+思维+知觉（ISTP）、内倾+感觉+情感+知觉（ISFP）、内倾+直觉+情感+知觉（INFP）、内倾+直觉+思维+知觉（INTP）、外倾+感觉+思维+知觉（ESTP）、外倾+感觉+情感+知觉（ESFP）、外倾+直觉+情感+知觉（ENFP）、外倾+直觉+思维+知觉（ENTP）、外倾+感觉+思维+判断（ESTJ）、外倾+感觉+情感+判断（ESFJ）、外倾+直觉+情感+判断（ENFJ）、外倾+直觉+思维+判断（ENTJ）。

在实际生活中，一个人是内倾型就不可能是外倾型，但这并不代表一个内倾的人就丝毫没有外倾的特征。完全属于内倾型或外倾型的人是没有的，绝大多数人都是兼有内外倾的中间型，在特定场合下，某一种类型占优势。每个人也能同时运用四种心理机能，只不过各人的侧重点不同，有些人更多地发挥这一种心理机能，另一些人更多地发挥另一种心理机能。每个人在某一维度上，会表现出对某倾向的一定偏好。每个维度的两极，既是"非此即彼"，又是"主要"表现。当我们处于偏好的倾向时，我们往往表现更佳，感觉更有效率，而且精力充足。大部分人在 20 岁后会形成稳定的 MBTI 类型。当然，MBTI 的类型也会随着年龄的增加、经验的丰富而发展完善。

MBTI 职业性格理论向人们揭示了职业性格类型的多样性和由此导致的不同个体之间行为模式、价值取向的差异性，深刻影响着人们观察事物的角度、思考问题的方式、决策的动机、工作中的行事风格，乃至人际交往中的习惯与喜好。半个多世纪以来，MBTI 职业性格理论已广泛应用于自我探索、职业发展、人才选拔、团队建设、管理培训、恋爱与婚姻咨询、教育（学业）咨询及多元文化培训中，成为世界上应用最广泛的人才甄别工具。该理论在荣格的优势功能和劣势功能、主导功能和辅助功能等概念的基础上，进一步提出了功能等级等概念，并有效地为每一种类型确定了其功能等级的次序，又提出了类型的终生发展理论，对心理类型理论做出了新的贡献。

四、卡特尔 16 种人格因素

（一）卡特尔 16 种人格因素简介

卡特尔 16 种人格（个性）因素量表（简称 16PF）是美国伊利诺州立大学人格及能力测验研究所卡特尔教授（Raymond B Cattell）编制的。他采用系统观察法、科学实验法以及因素分析统计法，经过二三十年的研究确定了 16 种人格特质，并据此编制了测验量表。卡特尔认为人格的基本结构元素是特质。特质的种类很多，有人类共同的特质，有各人独有的特质。有的特质决定于遗传，有的决定于环境；有的与动机有关，有的则与能力和气质有关。

卡特尔认为"根源特质"是人类潜在、稳定的人格特征，是人格测验应把握的实质。卡特尔在其人格的解释性理论构想的基础上编制了 16PF，这 16 种个性因素在一个人身上的不同组合，就构成一个人独特的人格，完整地反映了一个人个性的全貌。16 种特质是影响人们学习生活的基本因素。

16PF 以大约四十五分钟的时间测量出 16 种主要的人格特征。凡具有相当于初三以上文化程度的青、壮年和老年人都可以适用。

16PF 在国际上颇有影响，目前已译成中、法、意、德、日等多国文字，已被许多国家修订，测验者一致认为该量表是具有效度和信度的测量工具之一。

16PF 的中国修订本是在 1981 年辽宁省教育科学研究所修订的辽宁省卡氏量表的基础上，于 1985—1987 年在全国 12 个省市（北京、上海、山东、四川、云南、青海、广东、湖北、内蒙古、陕西、辽宁、江苏）范围内测试了 2 600 多例，经整理后筛选出 2 043 例有效答卷，运用 IBM—PC 机对实测数据进行处理而得的。

（二）16 种人格因素测试结果解释与说明

16PF 由 16 个分量表组成，各分量表的名称和符号分别是：乐群性（A）、聪慧性（B）、稳定性（C）、恃强性（E）、兴奋性（F）、有恒性（G）、敢为性（H）、敏感性（I）、怀疑性（L）、幻想性（M）、世故性（N）、忧虑性（O）、实验性（Q1）、独立性（Q2）、自律性

（Q3）、紧张性（Q4）。从乐群、聪慧、自律、独立、敏感、怀疑等16个相对独立的人格特点对人进行描绘，可以了解应试者在环境适应、专业成就和心理健康等方面的表现。

每种因素分数高低的意义及重要性，有赖于其他各因素分数的高低，或全体因素的组合方式。例如，因素C低者情绪不稳定，在个人整个人格中所产生的作用，可能受因素A（孤独或乐群）、因素E（谦逊或好强）、因素F（严肃或轻松）、因素Q3（矛盾与自律）以及因素Q4（宁静或紧张）的影响。所以，在评价各个因素分数的高低时，应参考被试其他方面的行为和生活状况，不应仅仅根据测验的结果武断地评价被试的人格。个人的成长过程，学习的机会、动机、目的和生活环境的变化，还会随时随地改变一个人的人格因素与类型。

各因素分值解释如表3.6所示：

当标准分大于或等于8分时，人格因素呈现显著高分特征。

当标准分小于或等于3分时，人格因素呈现显著低分特征。

表3.6　卡特尔16种人格因素测验结果说明

人格因素	低分者特征	高分者特征	职业倾向
因素A：乐群性	缄默、孤独、冷淡，对人冷漠，落落寡合，喜欢吹毛求疵，宁愿独自工作，对事而不对人，不轻易放弃自己的主见，为人做事的标准常常很高	外向、热情、乐群，和蔼可亲，与人相处、合作能力较强。喜欢和别人一起工作，参加或组织各种社团活动，不斤斤计较，容易接受别人批评。萍水相逢也可以一见如故	教师和推销员多有高A；物理学家和电机工程师多有低A。前者需要时时应对人与人间的复杂情绪或行为问题，而仍然能够保持乐观态度；后者必须极端地冷静、严肃与准确才能圆满完成任务
因素B：聪慧性	思想迟钝、学识浅薄、抽象思考能力弱	聪明、富有才识、善于抽象思考	专业训练需要高B，高B的人对于打字等例行琐事会产生厌烦，不能久安其职
因素C：稳定性	情绪激动、易烦恼。通常不能以"逆来顺受"的态度应对生活上所遇到的挫折和困难，容易受环境支配，而心神动摇不定。不能面对现实时会急躁不安，身心疲惫，甚至失眠、做噩梦	情绪稳定而成熟、能面对现实，能以沉着的态度应对各种困难。行动充满魄力。能振作勇气，维持团队精神。有时高C者也可能由于不能彻底解决许多生活问题，而不得不强自宽解	教师、推销员等需要应付日常生活各种难题者应有高C；作家、邮差等可以自由安排工作进度的，如有低C，无大碍
因素E：恃强性	谦逊、顺从、通融、恭顺。行为温顺，迎合别人旨意；也可能因为希求可遇而不可求，即使处在十全十美的境地，也有"事事不如人"之感	好强、固执、独立积极。通常自恃清高，自以为是，可能非常武断。会时常驾驭不及他的人，和反抗有权势者	一般而言，领袖以及有地位有成就的人多属于高E。救火员和航空飞行员的因素E高，男人较女人高，女秘书较低

续表

人格因素	低分者特征	高分者特征	职业倾向
因素F：兴奋性	严肃、审慎、冷静、寡言，行为拘谨，内省而不轻易发言，比较消极、阴郁。有时可能过分深思熟虑，又近乎骄傲自满。在职责上常是认真而可靠的工作人员	轻松兴奋、随遇而安，通常活泼、愉快、健谈，对人对事，热心而富有感情。但有时可能行为过分冲动，以致行为变幻莫测。更适合从事行政主管、人际竞争性工作	行政主管人员多有高F。竞选人必须有高F，才能受到选民爱戴；实验技术人员不必具有高F
因素G：有恒性	苟且敷衍，缺乏奉公办事的精神，通常缺乏较高的目标和理想，对于人群社会似乎没有绝对的责任感，甚至于有时不惜知法犯法，不择手段以达到某一目的。因此，他常常能有效解决实际问题	负责、做事尽职，通常细微周到、有始有终，是非善恶是他的行为指针。所结交的朋友多是努力苦干的人，不太欣赏诙谐有趣的场合	社团组织的领袖需要高G。业务管理和警察需要具有极高的G，任情纵欲、放火杀人的罪犯G极低
因素H：敢为性	畏怯退缩、缺乏自信心，通常在人群中羞怯，有不自然的姿态，有强烈的自卑感。不善于发言，更不愿和陌生人交谈。凡事采取观望态度。有时因为过分的自我意识而忽视了社会环境中的重要事物与活动	冒险敢为，较少顾忌，通常不掩饰，不畏缩，有敢作敢为的精神，经历艰辛也能保持刚毅，常随年龄而增强，是团队领导必须具有的素质。有时可能太粗心大意，忽略细节，遭受无谓的打击和挫折	因素H随着年龄增加而增加。团队领导人必须有高H，从事具体事务性工作的人无须高H
因素I：敏感性	理智的，着重现实，自恃其力，常多以客观、坚强、独立的态度处理当前的问题，并不重视文化修养，以及一些主观和感情用事的看法，可能过分骄傲，冷酷无情	敏感，感情用事，通常心肠软，易受感动，缺乏耐性与恒心，不喜欢接近文化水平低的人和做笨重的工作。在团体活动中，其不切实际的看法与行为常常降低了团体的工作效率	室内设计者、音乐家、艺人多有高I，工程师、外科医生、研发员、财务统计人员多有低I
因素L：怀疑性	信赖随和、易与人相处，通常无猜忌，不与人角逐竞争。顺应合作，善于体贴人。在团体活动中，重视团体福利	怀疑、刚愎自负、固执己见，通常多怀疑、不信任别人。与人相处，斤斤计较，不顾及别人感受。如果分数过高，达到9分或10分，常常成事不足，败事有余	工程师、精神病护理员多为低L

人格因素	低分者特征	高分者特征	职业倾向
因素 M：幻想性	现实、合乎成规、力求妥善合理，通常先要基本斟酌的现实条件，而后决定取舍；不鲁莽从事。在关键时刻也能保持镇定，有时可能过分重视现实，为人索然寡趣	幻想的、狂放任性，通常忽视生活的细节，只以本身的动机、当时的兴趣等主观因素为行为的出发点。可能富有创造力，有时也过分不务实际，近乎冲动，因而容易被人误解和奚落	艺术家、作家及从事研究者多有高 M。低 M 者多选择需要实际、机警、脚踏实地的工作
因素 N：世故性	坦白、直率、天真，通常思想单纯，感情用事，与人无争。有时显得幼稚、笨拙、粗鲁，缺乏教养	精明能干、世故，通常处世老练，行为得体。能冷静分析一切，近乎狡猾。对待一切事物的看法理智、客观	科学家、工程师、飞行员、管理者多为高 N，一线从事具体工作的人具有低 N
因素 O：忧虑性	安详、沉着，通常有自信心，不轻易动摇，信任自己有应对问题的能力。有安全感。有时会因为缺乏同情，而引起别人的反感	忧虑抑郁、烦恼自扰，通常觉得世道艰辛，人生不如意事十之八九，甚至沮丧悲观。时时有患得患失之感。自感不如人，也缺乏和人接近的勇气	服务员、办事员以及作家、编辑人员等多有高 O。管理者、职业运动员、消防员、护士多为低 O
因素 Q1：实验性	保守的、尊重传统观念与行为标准，通常无条件地接受社会中许多相沿已久而有权威性的见解，不愿尝试探求新的境界。常常激烈地反对新思潮以及一切新的变动。在政治与宗教信仰上，墨守成规，可能被称为老顽固或时代的落伍者	自由的、批评激进、不拘泥于现实，通常喜欢考验一切现有的理想理论与现实，而予以新的评价，不轻易判断是非，企图了解较前进的思想与行为。可能广见多闻，愿意充实自己的生活经验	行政主管、科学家、研发人员都须具有高 Q1，护士、神父及未受过高等教育的技工多为低 Q1
因素 Q2：独立性	依赖、随群附和，通常愿意与人共同工作，而不愿独立孤行。常常放弃个人的主见，附合众议，以取得别人的好感。需要团体的支持以维持其自信心，却并非真正的乐群者	自立自强、当机立断，通常能够自作主张，独自完成自己的工作计划，不依赖人，也不受社会舆论的约束，同样也无意控制或支配别人，不嫌弃人，但是也不需要别人的好感	科学家、行政主管多具有高 Q2，低 Q2 者不能胜任需要随机应变能力的职务
因素 Q3：自律性	矛盾冲突、不顾大体，通常既不能克制自己，又不能尊重礼俗，更不愿考虑别人的需要，充满矛盾，却无法解决	知己知彼、自律严谨，高者通常言行一致，能够合理地支配自己的感情行动。为人处世，总能保持其自尊心，赢得人的尊重，有时却不免太固执己见	高 Q3 者多具有领袖能力的才干，生产部门主管人员的成功需要高 Q3

续表

人格因素	低分者特征	高分者特征	职业倾向
因素Q4:紧张性	心平气和、闲散宁静,通常知足常乐,保持内心的平衡。也可能过分疏懒,缺乏进取心	紧张困扰、激动挣扎,通常缺乏耐心,心神不定,态度兴奋。时常感觉疲乏,又无法彻底摆脱以求宁静。在社群中,对于人、事及一切都缺乏信念。每日生活战战兢兢,而不能自已	未能在生活和职业中发挥本身才智潜能的人多有高Q4,如餐店招待、家庭主妇等

（三）卡特尔16PF测验的目的

人格是稳定的、习惯化的思维方式和行为风格。它贯穿于人的整个心理,是人的独特性的整体写照。人格对于管理者来说是很重要的,渗透到管理者的所有行为活动中,影响管理者的活动方式、风格和绩效。大量研究和实践表明,一定样式的人格类型和管理活动有特定的关系,对团体的贡献不同,所适宜的管理环境也不同。利用成熟的人格测验方法对管理者或应聘人员的人格类型进行诊断,可为人事安置、调整和合理利用人力资源提供建议。这也正是16PF测验的使用目的,广泛适用于各类人员的选拔和评定工作。

（四）卡特尔16PF测验的功能

从乐群、聪慧、自律、独立、敏感、冒险、怀疑等16个相对独立的人格特点对人进行描绘,可以了解应试者在环境适应、专业成就和心理健康等方面的表现。在人事管理中,16PF测验能够预测应试者的工作稳定性、工作效率和压力承受能力等,可广泛应用于心理咨询、人员选拔和职业指导的各个环节,它可为人事决策和人事诊断提供个人心理素质的参考依据。

（五）卡特尔16PF测验的应用

卡特尔16PF测验设计科学,可靠性强,不仅可以对个体的个性特征和能力水平进行客观评估,还能检测出个体的心理健康程度、创造力及适应新环境的能力。这对于个体调整生活状态、进行职业规划等方面具有重大的指导意义。

卡特尔16PF测验是评估16岁以上个体人格特征使用得最普遍的工具,对测评对象的职业、级别、年龄、性别、文化等方面均无限制,现已广泛应用于人力资源管理、职业规划、教育辅导、心理咨询等领域。

拓展阅读:

个性新说

经验上,人们判断一个人的内向性格或者外向性格是从行为与情绪类型来判断的。这个判断其实并不十分可靠,因为人的行为是可以通过后天学习与强化得到的,人的情绪也可以因为经验和年龄变得和谐。在心理学含义上,内向、外向主要指人的精神指向,比较关注内心的为偏内向,比较关注外部世界的为偏外向。关注内心的人着力发展自我感,首要面对的是如何喜欢自己;关注外在的人着力发展能力,首要面对的是被人喜欢与被环境认同,两种力量对每个人都是必不可少的。经常遇到内向的人因为自己的个性而烦恼，但仔细想想，没有内在肯定和自我认同的人，不可能有持续的力量去发展朝外的进取与奋斗，一个只关注外界从不自省内心的人也不可能获得成功。有些人对个性的描述一直存在着一种无意识的割裂，以为这两种个性是恰好相反的，两者只能选择其一，其实这是一种错误的认识。内向的力量是树根与树干，外向的力量是枝叶、花蕾与果实。这两种心理力量恰好是并存相依的。很多人习惯把外向的人想象为乐观、开朗、热情、自信、进取，把内向者联想为保守、压抑、退缩、不安、胆怯、不合群，因此会说外向更受社会欢迎，内向没那么招人喜欢。

内向和外向是人格特质的两种基本类型，每个人都有自己独特的性格特点。内向的人通常更加静默、专注、深思熟虑，善于独立思考和自我反省。内向为主的人比较有意志，有理想，追求个性，有独特的兴趣，爱学习，不管外界有多大的变化、干扰，甚至打击，都妨碍不了他们生活的目的与信念。他们常常会为了一个梦想或观点独自坚持，不达目的誓不罢休。而外向的人则更加活跃、开朗、社交，乐于与他人沟通和合作。外向为主的人比较灵活、顺从，不给别人和自己找麻烦，审时度势，喜欢顺水推舟，不好逆水行舟。内向和外向并不代表谁更好或更优秀，而是意味着不同的性格倾向而已。

然而，无论你是内向还是外向，都需要在适当的情况下做出相应的调整，以满足个人成长和社交需求。例如，内向的人可以学习主动表达自己的观点和感受，增强社交技能和信心；而外向的人则需要时刻保持谦虚和关注他人，提高自我控制和思考能力。总之，恰当地发挥自己的特质和潜力，既可以体现自身价值，也可以为社会和他人做出更大的贡献。

资料来源：吕明，张小嵩. 大学生职业生涯规划［M］. 西安：西北大学出版社，2018.

五、气质与职业

（一）气质的含义

气质是心理活动表现在强度、速度、稳定性和灵活性等方面的动力性质的心理特征。气质相当于我们日常生活中所说的脾气、秉性或性情。气质是一种相对稳定的自然属性，先天因素起决定性作用。例如，遗传基因相同或相近的人的气质类型虽不完全相同但是很接近。当然，气质的稳定性也不是绝对的，它也是会发生变化的，人在经历过世事变迁之后，气质也可能会有所改变。

（二）气质的类型

关于气质的分类，不同的学者有不同的分类方法，大部分心理学研究者把气质分为四种类型即胆汁质、多血质、黏液质、抑郁质四种。四种不同的气质类型具有不同的心理特征。

1. 胆汁质

胆汁质的心理特征属于兴奋而热烈的类型。这种类型的人在言语、面部表情和体态上都给人以热情直爽、善于交际的印象。有理想、有抱负，反应迅速，行为果断，表里如一，不愿受人指挥而喜欢指挥别人。这种人一旦认准目标，就希望尽快实现，遇到困难也不折不挠，有魄力，敢负责；但往往比较粗心，自制力较差，容易感情用事，比较鲁莽，工作带有明显的周期性；能以极大的热情投身于事业，一旦筋疲力尽，情绪顿时转为沮丧而心灰意冷。胆汁质的人反应速度快，具有较高的反应性与主动性。这类人的情感和行为动作产生得迅速而且强烈，有极明显的外部表现；性情开朗，热情，坦率，但脾气暴躁，好争论；情感易于冲动但不持久；精力旺盛，经常以极大的热情从事工作，但有时缺乏耐心；思维具有一定的灵活性，但对问题的理解具有粗枝大叶、不求甚解的倾向；意志坚强，果断勇敢，注意力稳定而集中但难于转移；行动利落而敏捷，说话速度快且声音洪亮。

2. 多血质

多血质的心理特征属于敏捷而好动的类型。这种类型的人易于适应环境的变化，在新的环境里不感到拘束，性格开朗、热情、讨人喜爱、善于交际。在群体中精神愉快、朝气蓬勃，常能机智地解脱窘境。在工作和学习上富有精力而效率高，表现出机敏的工作能力，愿意从事合乎实际的工作，能对工作心驰神往，迅速地把握新事物，在有充分自制能力和纪律性的情况下，会表现出巨大的积极性。兴趣广泛，但情感易变，如果工作不顺利，热情可能消失，不安于循规蹈矩的工作，有时轻诺寡信、见异思迁。多血质的人行动具有很高的反应性。这类人情感和行为动作发生得很快，变化得也快，但较为温和；易于产生情感，但体验不深，善于结交朋友，容易适应新的环境；语言具有表达力和感染力，姿态活泼，表情生动，有明显的外倾性特点；机智灵敏，思维灵活，但常表现出对问题不求甚解；注意力与兴趣易于转移，不稳定；在意志力方面缺乏忍耐性，毅力不强。

3. 黏液质

黏液质的人又称为安静型，在生活中是一个坚持而稳健的辛勤工作者。这种类型的人行动缓慢而沉着，恪守既定的生活秩序和工作制度，不为无谓的动因而分心，一般不做无把握的事。黏液质的人态度持重，交际适度，不做空泛的轻谈，情感上不易激动，不易发脾气，也不易流露情感，能自制，也不常显露自己的才能。其不足是有时做事情不够灵活，不善于转移自己的注意力；惰性使其因循守旧，表现为固定性有余而灵活性不足。黏液质的人反应性低。情感和行为动作进行得迟缓、稳定、缺乏灵活性；这类人情绪不易发生，也不易外露，很少产生激情，遇到不愉快的事也不动声色；注意稳定、持久，但难于转移；思维灵活性较差，但比较细致，喜欢沉思；在意志力方面具有耐性，对自己的行为有较大的自制力；态度持重，好沉默寡言，办事谨慎细致，从不鲁莽，但对新的工作较难适应，行为和情绪都表现出内倾性，可塑性差。

4. 抑郁质

抑郁质的人沉静而羞涩、敏感，精神上难以承受或大或小的神经紧张。喜欢独处，交往拘束，兴趣爱好少，性格孤僻，遇事三思而后行，怯懦、自卑、优柔寡断，外在行为非常迟缓刻板。情感容易产生，而且体验相当深刻，隐晦而不外露，易多愁善感；往往富于想象，聪明且观察力敏锐，善于观察他人观察不到的细微事物，敏感性高，思维深刻；在意志方面常表现出胆小怕事、优柔寡断，受到挫折后常心神不安，但对力所能及的工作表现出坚忍的精神；不善交往，较为孤僻，具有明显的内倾性。

人的气质差异是客观存在的。任何一类气质都有其积极的一面，也有其消极的一面。比如，胆汁质的人既可以是热情积极、勇敢肯干、朝气蓬勃的人，也可以是鲁莽粗野、不能忍耐、爱发脾气的人。多血质的人既可以是活泼、亲切、富有生气、适应新环境、开创新局面的人，也可以是轻率肤浅、轻举妄动、见异思迁的人。黏液质的人既可以是恬静、沉着、稳定的人，也可以是懒惰、萎靡不振、对一切事物漠不关心的人。抑郁质的人既可以是办事细致、情感深刻而稳定的人，也可以是畏首畏尾、孤僻郁闷的人。各种气质类型之间没有好坏之分，在现实生活中，任何一类气质的人既可能是优秀的人才，也可能成为碌碌无为之辈。问题的本质不在于不同气质类型及其动力特征，而在于个体生活的信念和追求。

（三）气质与职业类型的匹配

职业活动对人的心理动力特点提出了一定的要求，气质对职业活动的影响大体可以概括为三个方面：一是气质影响职业活动进行的性质，二是气质影响职业活动的特征，三是气质影响职业活动的效率。因此，大学生在选择职业时，应考虑自己的气质类型与特性，使气质特点符合职业活动的要求，这对从事职业活动及将来的发展更为有利。

一般来说，各种气质类型的人在从事适合的职业时，都会特别有效率，同时各种气质类型的人也都有一些不适合的工作。

胆汁质的人适合从事与人打交道、工作内容和环境不断变化且热闹的工作以及反应迅速、动作有力、应急性强、危险性较大、难度较高的工作。这类人可以成为出色的导游员、营销员、市场调查员、节目主持人、演讲者、外事接待人员等，但不适宜从事稳重、细致的工作。

多血质的人适合从事与外界打交道、多变、富有刺激和挑战、要求反应敏捷且均衡的工作，如管理者、外交家、驾驶员、律师、运动员、记者、冒险家、侦查员、干警、服务员、演员等，不太适合做需要细心钻研的单调、机械性的工作。

黏液质的人适合稳定、按部就班、静态、有条不紊、刻板平静、耐受性较高的工作，如医务工作者、翻译、教师、文员、法官、调解员、财务人员（如会计、出纳员等）、保育员、播音员等，不太适合从事需要经常策划创造、激烈多变的工作。

抑郁质的人适合安静、细致、持久的工作，如作家、画家、诗人、校对员、打字员、排版员、化验员、技术人员、编辑、保管员等，不太适合从事要求反应灵敏、处事果断的工作。

性格和气质既有联系，又相互区分。首先，不同气质类型的人在形成性格时是具有倾向性的。例如，多血质的人容易形成热情好客、机智开朗的性格特征，而黏液质的人则难以形成这种性格。性格也反映着一个人的气质，性格内向的人往往总体表现出黏液质或抑郁质的气质，而性格外向的人往往表现出多血质或胆汁质的气质。其次，气质更多地体现了人格的生物属性，性格则更多地体现了人格的社会属性。气质没有好坏之分，不决定一个人成就的高低，任何气质类型的人都可能成为优秀的人，也可能成为碌碌无为的人；而性格受社会历史文化的影响，有明显的社会道德评价的意义，直接反映一个人的道德风貌。个体之间的人格差异的核心是性格差异。

第三节　职业价值观探索

一、价值观概述

（一）价值观的概念

价值观（values）是指个人对客观事物（包括人、物、事）和对自身行为结果的意义、作用、效果和重要性的总体评价，是对什么是好的、什么是应该的总的看法，是推动并指引一个人做出决定、采取行动的原则和标准，是修改结构的核心因素之一。价值观就是我们在生活和工作中所看重的原则、标准或品质。

价值观对个人的思想和行为具有一定的导向或调节作用，直接影响着个体对各种观念、事物和行为的判断，使个体发现事物对自己的意义，确定自己奋斗的目标，并按照自己认为有价值的事情或目标去做。因此，是否符合一个人的价值观，是个体判断该事物和行为是否有价值的标准。

价值观是后天形成的，从出生开始，在家庭和社会的影响下，随着知识的增长和生活经验的积累而逐渐形成，到成年时期相对稳定。一个人所处的社会生产方式及经济地位，对其价值观的形成有决定性的影响。

（二）价值观的特性

从价值观的形成过程，可以看出它有如下特点。

1. 主观性与系统性

价值观是主观的，是因人而异的。受先天条件和后天环境的影响，每个人的人生经历也不尽相同，价值观的形成就受到不同因素的影响，因此每个人都有自己的价值观和价值观体系。在同样的客观条件下，具有不同价值观和价值观体系的人，其动机模式不同，产生的行为也不同。

价值观不是孤立地、单个地存在着的，而是按照一定的逻辑和意义联结在一起，按一定的结构层次或系统而存在的。

2. 稳定性与持久性

价值观是人们思想认识的深层基础，一旦形成，便相对稳定，具有持久性。这种较稳定的观念可使个体的行为都一致地朝向某一目标或带有一定的倾向性。比如，对某种人或事物的好坏总有一个看法和评价，在条件不变的情况下这种看法不会改变。

3. 可变性与发展性

由于环境的改变、经验的积累、知识的增长，价值观又是可以改变的，具有一定的可变性。如当人遇到一些重要事件的冲击时，人的价值观也会发生一些改变；随着人们各方面的成熟，对社会问题理解的加深，各种需要和目标都在发生变化，价值观也是发展的，具有一定的发展性。

4. 历史性与选择性

价值观具有一定的历史性，是长期社会化的结果，在不同时代、不同社会环境和文化背景中形成的价值观是截然不同的。价值观总是反映着时代精神，总是与时代的脉搏相呼应。

拓展阅读：

真正决定选择的是我们的价值观

"鱼，我所欲也；熊掌，亦我所欲也。二者不可得兼，舍鱼而取熊掌者也。生，亦我所欲也；义，亦我所欲也。二者不可得兼，舍生而取义者也。"这是我们非常熟悉的一段古文，其核心意图在于告诫人们要明确自己到底想要什么，什么对我们是最重要的。在很多时候，我们往往要在一些"舍与得"中做出选择，因为获得的同时意味着失去，而左右我们选择的正是我们的价值观。

资料来源：陈飞. 新时代大学职业规划［M］. 厦门：厦门大学出版社，2021.

二、职业价值观

由于所受教育的不同和所处环境的差异，人们对各种职业有着不同的主观评价，再加上传统思想观念的影响，各类职业在人们心目中的声望和地位也有好坏高低之分，这些评价就形成了人们的职业价值观。

（一）职业价值观的概念

职业价值观指人生目标和人生态度在职业选择方面的具体表现，也就是一个人对职业的认识、态度及对职业目标的追求与向往。理想、信念、世界观对于职业的影响，集中体现在职业价值观上。俗话说"人各有志"，这个"志"表现在职业选择上就是职业价值观，它是一种具有明确的目的性、自觉性和坚定性的职业选择的态度和行为，对一个人的职业目标和择业动机起着决定性的作用。

每种职业都有各自的特性，不同的人对职业意义、职业好坏有不同的评价和取向。职业价值观决定了人们的职业期望，影响着人们对职业方向和职业目标的选择，决定着人们就业后的工作态度和绩效水平，从而决定了人们的职业发展情况。同学们经常遇到的"哪个职业好？哪个岗位适合自己？以及从事某一项具体工作的目的是什么？"这些问题都是职业价值观的具体体现。

本书对职业价值观的界定，采用舒伯的理论，即职业价值观是个人追求的与工作相关的目标，也即个人的内在需求及其在从事活动时所追求的工作物质或属性；它是个人价值观在职业问题上的反映，即个人对与工作有关的客观事物的意义、重要性的评价和看法。不同的个体对职业的需要和看法各不相同，因而产生了不同的职业价值观。

（二）职业价值观的划分

对于职业价值观的划分，不同的学者有不同的看法，人们对职业价值观的种类划分主要集中在包括收入与财富、兴趣特长、权力地位、自由独立、自我成长、自我实现、人际关系、身心健康、环境舒适、工作稳定等方面。

我国学者对职业生涯价值观进行了相应的研究，其中比较有代表性的是阚雅玲对职业价值观的划分，阚雅玲将职业价值观分为如下12类。

1. 收入与财富

工作能够明显有效地改变自己的财务状况，将薪酬作为选择工作的重要依据。工作的目的或动力主要来源于对收入和财富的追求，并以此提高生活质量，显示自己的身份和地位。

2. 兴趣特长

以自己的兴趣和特长作为选择职业最重要的因素，能够扬长避短、趋利避害、择我所爱、爱我所选，可以从工作中得到乐趣和成就感。在很多时候，会拒绝做自己不喜欢、不擅长的工作。

3. 权力地位

有较高的权力欲望，希望能够影响或控制他人，使他人照着自己的意思去行动。认为有较高的权力地位会受到他人尊重，从中可以得到较强的成就感和满足感。

4. 自由独立

在工作中能有弹性，不想受太多的约束，可以充分掌握自己的时间和行动，自由度高，不想与太多人发生工作关系，既不想治人也不想治于人。

5. 自我成长

工作能够给予受培训和锻炼的机会，使自己的经验与阅历能够在一定的时间内得以丰富和提高。

6. 自我实现

工作能够提供平台和机会，使自己的专业和能力得以全面运用和施展，实现自身价值。

7. 人际关系

将工作单位的人际关系看得非常重要，渴望能够在一个和谐、友好甚至被关爱的环境中工作。

8. 身心健康

工作能够免于危险、过度劳累，免于焦虑、紧张和恐惧，使自己的身心健康不受影响。

9. 环境舒适

工作环境舒适宜人。

10. 工作稳定

工作相对稳定，不必担心经常出现裁员和辞退现象，免于经常奔波找工作。

11. 社会需要

能够根据组织和社会的需要响应某一号召，为集体和社会做出贡献。

12. 追求新意

希望工作的内容经常变换，使工作和生活显得丰富多彩，不单调枯燥。

此外，职业专家通过大量的调查，从理想、信念和世界观角度把职业分为九大类，这九大类职业的特点也体现出一定的职业价值观。

1. 自由型（非工资工作者型）

（1）特点：不受别人指使，凭自己的能力拥有自己的小"城堡"，不愿受人干涉，想充分施展本领。

（2）相应职业类型：室内装饰专家、图书管理专家、摄影师、音乐教师、作家、演员、记者、诗人、作曲家、编剧、雕刻家、漫画家等。

2. 经济型（经理型）

（1）特点：他们断然认为世界上的各种关系都建立在金钱的基础上，包括人与人之间的关系，甚至父母与子女之间的爱也带有金钱的烙印。这种类型的人确信，金钱可以买到世界上所有的幸福。

（2）相应职业类型：各种职业中都有这种类型的人，商人为甚。

3. 支配型（独断专行型）

（1）特点：相当于组织的一把手，飞扬跋扈，无视他人的想法，为所欲为，且以此为快乐来源。

（2）相应职业类型：进货员、商品批发员、旅馆经理、饭店经理、广告宣传员、调度员、律师、政治家、零售商等。

4. 小康型

（1）特点：追求虚荣，优越感也很强。很渴望社会地位和名誉，希望受到众人尊敬。欲望得不到满足时，由于其过于强烈的自我意识，有时反而很自卑。

（2）相应职业类型：记账员、会计、银行出纳、法庭速记员、成本估算、税务员、核算员、打字员、办公室职员、统计员、计算机操作员等。

5. 自我实现型

（1）特点：不关心平常的幸福，一心一意想发挥个性，追求真理。不考虑收入、地位及他人对自己的看法，尽力挖掘自己的潜力，施展自己的本领，并视此为有意义的生活。

（2）相应职业类型：气象学家、生物学家、天文学家、药剂师、动物学家、化学家、科学报刊编辑、地质学家、植物学家、物理学家、数学家、实验员、科研人员等。

6. 志愿型

（1）特点：富有同情心，把他人的痛苦视为自己的痛苦，不愿做表面上哗众取宠的事，把默默地帮助不幸的人视为无比快乐。

（2）相应职业类型：社会学者、导游、福利机构工作者、咨询人员、社会工作者、社会科学教师、护士等。

7. 技术型

（1）特点：性格沉稳，做事组织严密，井井有条，并且对未来保持平常心态。

（2）相应职业类型：木匠、农民、工程师、飞机机械师、野生动物专家、自动化技师、机械工、电工、火车司机、公共汽车司机、机械制图师等。

8. 合作型

（1）特点：人际关系较好，认为朋友是最大的财富。

（2）相应职业类型：公关人员、推销人员、秘书等。

9. 享受型

（1）特点：喜欢安逸的生活，不愿从事任何有挑战性的工作。

（2）相应职业类型：无固定职业类型。

对自己的价值观，特别是职业价值观进行分析时，可以参照学者们所提出的价值观类型，看自己到底属于哪一种。同学们可以对不同职业价值观的内容进行总结，根据总结所体现的主要方面，来确定自己的职业价值观中主要的因素是什么。天津大学的张再生教授把这些因素总结为三类，并认为职业价值观的分析可以从以下三个方面展开：

1. 发展因素

包括符合兴趣爱好、机会均等、公平竞争、工作有挑战性、能发挥自身才能、工作自主性大、能提供培训机会、晋升机会多、专业对口、发展空间大、出国机会多等，这些职业要素都与个人发展有关，因此称为发展因素。

2. 保健因素

包括工资高、福利好、保险全、职业稳定、工作环境舒适、交通便捷、生活方便等，这些职业要素与福利待遇和生活有关，因此称为保健因素。

3. 声望因素

包括单位知名度、单位规模和权力大、行政级别和社会地位高等，这些职业要素都与职业声望地位有关，因此称为声望因素。

职业价值观是一个复杂的、多维度的心理因素，在对职业的选择和衡量中有多种要素的参与，但各要素起的作用是不同的。从当前的实际来看，许多调查显示，大学生的职业价值观越来越重视发展因素，而对保健因素和声望因素的重视程度则因人而异，差别较大。

在职业价值分析和测定过程中，个人必须处理好职业价值观不同要素之间的关系，并根据不同时期、不同情况明确自己的职业核心需求，以便合理制订自己的职业生涯规划和相关策略。

（三）职业价值观中的各种关系的处理

1. 处理好职业价值观与金钱的关系

金钱是成就的报酬，它是在确定职业价值观时首先要面对的问题。有些经济条件不太好的大学毕业生在求职时，将金钱作为首选价值观，虽然从根本上讲没错，但是对于大多数学生来说，拥有的知识、能力、经验和阅历还不足以使其一走上社会就获得大量的金钱回报。因此，怀有一夜暴富的心理是不正常的，更是危险的，容易被社会上的不法分子利用，甚至误入歧途。特别是面对严峻的就业形势，更应理性地降低对金钱的期望值，把眼光放远一些，应尽可能地将自我成长和自我实现作为在毕业求职时的首选价值观。

2. 处理好职业价值观与职业兴趣及特长的关系

职业价值观、职业兴趣和特长是人们在择业时需要考虑的最重要的三个因素。在确定价值观时，一定要考虑与自己的职业兴趣和特长是否相适应。根据调查，如果一个人从事自己不喜欢的工作，有80%的人难以在他选择的职业上成功；而如果选择了自己喜欢的工作，则可以充分调动人的潜能，获得职业发展的原动力。此外，选择自己擅长的工作，也会事半功倍。

3. 处理好职业价值观的排序与取舍的问题

人性的本能会驱使人们对职业有很多的期待，这决定了个体的价值观很难千人一面。但现实生活中一般"鱼和熊掌不可兼得"，然而许多人在职业选择中却不能理性对待。既然需要选择，就会有舍有得。在职业选择中，同学们需要对自己的职业价值观进行排序，区分出主次轻重，找出你认为最重要、次重要的方面，并提醒自己切不可贪多求全。否则就会患得患失，分不清楚自己到底想要什么，最后不但贻误时机，更谈不上职业生涯目标的成功实现和对社会的贡献了。

4. 处理好职业价值观中个人与社会的关系

人不能离开社会而独立存在，个人只有在工作中为社会做贡献才能实现自己的职业价值。当然我们并不是说要忽略择业中的个人因素，只去尽社会责任，这样不但不利于个人，也是社会的损失。例如，让一个富有科学创造力、不善言辞的学者去从事普通的教师工作，可能使国家损失一项重大的发明，而社会不过多了一位也许并不出色的老师。相应地，我们也反对只为个人考虑、毫不考虑国家和社会需要的职业价值观。

5. 处理好淡泊名利与追逐名利的关系

当一个人有了名利才有资格去谈淡泊，名利是人的欲望使然，欲望既可以使人成就大的事业，也可以使人自我毁灭。以合理、合法、公正、公平的方式追名逐利在一定程度上对个人、对社会都会有益，但需要把握一定的度，该知足时则知足，该进取时则进取。

拓展阅读：

从测试看价值观的变化

时代在变，价值观也在变。高校是铁打的营盘流水的兵，送走一届必然又迎来一届，服务对象在改变，教育方法也要随之改变。如今在校大学生逐渐以"00后"为主力军，其特点已经与以往大不相同，就业工作尤其是职业指导工作自然也要知己知彼，不能固守不变。

有这样一个测验，直观地体现了不同年龄段的人价值观的趋势，值得大家思考：张同学作为学校学生会主席，成绩优异，获得了众多校内外的荣誉。临近毕业，张同学和很多同学一样，积极准备求职面试。功夫不负有心人，很多企业向张同学抛出了橄榄枝。经过筛选，张同学在三份他比较中意的工作之间犹豫不定，A岗位是世界500强企业的销售岗，底薪低，提成高；B岗位是国企单位的行政岗位，工资一般，但稳定轻松；C岗位是一家民营企业的总经理助理，企业规模不大，但薪酬高。宿舍同学给的建议也不一样，有人说，当然选钱多的，拿到自己手里的才是可靠的；有人说选平台，不能只看眼前，要看发展；有人说选轻松稳定的，工资低是低了点，但是安逸。张同学觉得自己平时还是很有主见的，此时，他却陷入了迷茫，不知该如何选择。

问题来了：你支持张同学选择哪份工作呢？

"80后"选择B岗位的人占了大多数，因为国企工作岗位稳定，收入待遇也还可以。

"90后"选择B岗位和C岗位的基本各占一半，有些人认为综合收入和稳定性，选B岗位没错，还有些人觉得C岗位平台一般，但职位和收入都还很不错。

"00后"的选择就完全不同，绝大部分选择的是A岗位，眼下收入是低了点，但平台好，未来有无限可能。

为什么不同的年龄群体会对同样的问题有如此迥异的答案呢？原因就是我们的环境影响了我们的价值观，时代在改变，价值观也在改变。

"80后"一代接触的是比较传统的教育方式，注重稳定，这一代人工作认真，有很强的责任心。

"90后"一代处于时代融合阶段。他们继往开来，既能接受传统的观念，又敢于实践，考虑问题更加周全，工作起来更加稳妥，不但能很好地胜任工作，而且敢于改革和发展，是当今社会的中坚力量。

"00后"一代是祖国未来的希望，他们接触的是先进的文化和理念，他们追求的是未来的无限可能，他们比前几代人更具有冲劲和闯劲，不服输的精神在他们身上能得到更好体现，他们不再受传统习俗的约束，敢于创新、敢于奋斗。

资料来源：宋丹.大学生职业生涯规划的学思行[M].苏州：苏州大学出版社，2021.

价值观没有对错之分，每种价值观都体现了一个人甚至是一代人看待问题的角度。不管是哪一代人，都有其独特的优点和个性。这个测验的案例中只是大部分人的选择，通过大部分人来概括一个时代的特点。即使在大的背景下，还是会有很多不同的观点，不可以一概而论。

第四节　职业能力探索

价值观决定了我们会选择什么工作，职业兴趣及性格决定了我们适合什么工作，能力决定了我们能从事什么工作，态度决定了我们能把工作做到什么程度。

一、能力概述

（一）能力的含义

能力是指顺利完成某一活动所必需的主观条件和水平，是完成一项目标或任务所体现出来的素质。能力表现在所从事的各种活动中，并在活动中得到发展。如一个具有管理能力的人，只有在做管理工作的时候，才会显现出来。同样，一个有绘画能力的人，也只有在绘画活动中才能施展自己的能力。不同的人所具备的能力有所不同，因而人们在完成活动中表现出来的能力会各有不同，能力是直接影响活动效率，并使活动顺利完成的个性心理特征。能力总是和人完成一定的实践工作相联系，离开了具体实践既不能表现人的能力，也不能发展人的能力。

（二）能力的类型

1. 根据能力的适用范围，可以分为一般能力和特殊能力

一般能力指个体完成大多数活动都需要的基本能力，如观察力、注意力、记忆力、想象力、创造力等，也就是我们平常所说的智力。基本能力可以反映个人在职业发展上的潜力。

特殊能力指个体顺利完成某种专业活动所需要的能力，如色彩鉴别力、形象记忆力、音乐表现能力、节奏感知能力、文字核对能力、计算推理能力、肌肉协调能力、平衡控制能力和机械操作能力等，均属于特殊能力。这些能力只对某种特定的职业活动产生影响。

一般能力是特殊能力的重要组成部分，也是特殊能力形成和发展的基础。比如，人首先要具有一般听觉能力，才能发展言语听觉能力和音乐能力。同时，一个人音乐能力的发展会使一般听觉能力随之提高，进而影响言语听觉能力的发展。因此，特殊能力的发展也会促进一般能力的发展。在人成长的过程中，要将一般能力和特殊能力有机结合，既要以一般能力作为基础，又要具备一定的特殊能力。

2. 根据能力的来源，可以分为模仿能力和创造能力

模仿能力是人类的一种重要的学习能力，是指通过观察别人的行为、活动来学习各种知识，再以相同的方式做出反应的能力，如临摹字帖、幼儿咿呀学语等。模仿不但表现在观察别人的行为后立即做出的相同的反应，而且表现在某些延缓的行为反应中。

创造能力是指产生新的思想和新的产品的能力，如发明者手中新的专利产品、科学家提出新的理论模型等，都是创造力的具体表现。一个具有创造能力的人往往能超脱具体的知觉情景、思维定式、传统观念和习惯势力的束缚，在习以为常的事物和现象中发现新的联系和关系，提出新的思想，产生新的产品。

二者之间的区别在于，模仿只能按现成的方式解决问题，而创造能提供解决问题的新方

式与新途径。在选拔和使用人才的过程中，应注意了解模仿能力和创造能力的个体差异。有的人擅长模仿，而创造力较差；有的人既善于模仿又富有创造力。二者又有着密切的关系，模仿是创造的前提和基础。人们常常是先通过观察模仿别人，然后进行独立创造。科研工作者先通过观察模仿别人的实验，以后才提出独创性的实验设计；书法家初学的时候先临摹前人的字帖，然后才创做出具有个人独特风格的作品。

3. 根据能力的作用，可以分为认知能力、操作能力和社交能力

认知能力是指人脑加工、储存和提取信息的能力，即人们对事物的构成、性能与他物的关系、发展的动力、发展方向以及基本规律的把握能力。它是人们成功地完成活动最重要的心理条件。知觉、记忆、注意、思维和想象的能力都被认为是认知能力。它类似于前面所说的一般能力，使人们能够认识客观世界，获得各种各样的知识。

操作能力是指人们通过自己的肢体操作来完成各项活动的能力，如劳动能力、艺术表演能力、体育运动能力、实验操作能力等。通过认知能力积累一定的知识和经验，促进操作能力的形成和发展，反过来又促进人的认知能力得到更好的发展。

社交能力是在人们的社会交往活动中表现出来的能力，如沟通交流能力、言语感染力、组织协调能力等。这种能力对组织团体、促进人际交往和信息沟通有重要作用。

4. 根据能力是否已经习得，可以分为现实能力与潜在能力

现实能力也叫实际能力，是指个体已经习得或表现出来的能力，它与已有成就相联系。潜在能力简称潜能，是指个体正在发展之中，但尚未发展成熟或完全形成的能力。

潜在能力是个体能力发展的可能性，只有在外部条件许可时，才能通过进一步的学习和练习发展成现实能力，它与未来成就相联系。潜在能力是现实能力形成的条件和基础，现实能力的展现又有利于个体后天习得能力的发展。

（三）一般能力、特殊能力、能力倾向与技能

这里根据能力使用范围以及能力获得方式的不同，对一般能力、特殊能力、能力倾向和技能四个方面进行重点阐述。

心理学根据人的能力的适用范围，把人的能力分为一般能力和特殊能力两大类。

1. 一般能力

一般能力是指在不同种类的活动中表现出来的共同能力，是有效地掌握知识和顺利完成活动所不可缺少的心理条件。在西方心理学中把一般能力称为"智力"，它包括多个方面，如观察力、记忆力、想象力、分析判断能力、思维能力、应变能力、语言表达能力、操作能力、想象力等。智力的高低通常用智力商数来表示，以表示智力发展水平。智力在狭窄的定义中是以智力测验来衡量。目前流行的还是以传统智商测试为主，这里仅介绍两种常用的比较知名的成人智力测验量表。

（1）韦克斯勒成人智力量表。1939年美国神经科主任韦克斯勒编制了韦克斯勒成人智力量表（简称WAIS），该量表由11个分测验组成，其中常识、背数、词汇、算术、理解、类同6个分测验构成言语分量表，填图、图画排列、积木图案、拼图、数字符号等5个分测验构成操作分量表。每个分测验内的题目由易到难排列，且言语测验和操作测验交替施测。1982年，在湖南医科大学龚耀先教授主持之下修订出版了WAIS的中国修订本（简称WAIS-RC）。WAIS-RC在项目内容上变化不大，只是删除了部分完全不适合我国文化背景

的题目，并根据我国常模团体的测验结果对测验项目顺序做适当调整，制订了中国常模。它可以测查6~16岁的儿童和16岁以上的成人，在我国应用较广。

（2）瑞文标准推理测验。瑞文标准推理测验（简称SPM）由英国心理学家瑞文于1938年创制，它是一种纯粹的非文字智力测验，所以广泛应用于无国界的智力/推理能力测试，用以测验一个人的观察力及清晰思维的能力。整个测验一共由60张图组成。瑞文标准推理测验按难度逐渐增加的顺序分成A、B、C、D、E五组，每组都有一定的主题，题目的类型略有不同。从直观上看，A组主要测验知觉辨别力、图形比较、图形想象力等；B组主要测验类同比较、图形组合等；C组主要测验比较推理和图形组合；D组主要测验系列关系、图形套合、比拟等；E组主要测验互换、交错等抽象推理能力。可见，各组要求的思维操作水平也是不同的。测验通过评价被测者的思维活动来研究其智力活动能力。每一组中包含有12道题目，也按难度逐渐增加的方式排列。每道题目由一幅缺少一小部分的大图案和作为选项的6~8张小图片组成。测验中要求被测者根据大图案内图形间的某种关系，看小图片中的哪一张填入大图案中缺少的部分最合适。

瑞文测验曾在1947年和1956年分别修订，现已发展成三种形式，除了上述的标准型以外，另外两种形式分别为适应测量幼儿及智力低下者而设计的彩色型（简称CPM）和用于智力超常者的高级型（简称APM），CPM和APM在国内也已发行。为了实际测试的需要，国内李丹等人将瑞文测验的标准型与彩色型联合使用，称为瑞文测验联合型，这样可使整个测量的上下限延伸，适用范围扩大到5~75岁。

由于瑞文测验具有一般文字智力测验所没有的特殊功能，因此可以在言语交流不便的情况下使用，适用年龄范围宽，5~75岁的幼儿、儿童、成人、老人皆可借此量表粗分智力等级。测验对象不受文化、种族和语言的限制，适合团体施测，也可单独施测，应用也较为广泛。

广义而言，美国的SAT、ACT和中国的高考都算智力测验的一种，只不过测验的内容侧重于知识类。

2. 特殊能力

特殊能力是指在某些特殊领域的活动中表现出来的能力，如节奏感、色彩鉴别力、准确估计比例关系、计算机程序设计、音乐、绘画等就属于特殊能力。特殊能力是指某项专门职业活动所必需的能力，它只在特殊职业活动领域内发生作用，是完成有关职业活动必不可少的能力。我们要从事特定的职业，仅凭一般能力是不够的，还必须具备一定的特殊能力。比如做一个建筑设计师，除了智力要达到一定要求之外，还需要一定的形象思维能力、绘画能力和数理能力；想要当一名教师，除了智力之外，还需要一定的语言表达能力、社会交往能力和组织管理能力。

一般能力是大部分人都具备的，只是突出点不一样，而特殊能力是建立在一般能力的基础上，经过一般能力的专业训练发展而来的。两者在发展中相互作用，构成有机的整体，保证各项活动的顺利完成。

3. 能力倾向

能力和技能不是同一个概念。能力按照其获得方式，可以分为先天所具有的能力（能力倾向）和后天培养获得的能力（技能）。

能力倾向，即人的天赋，传统的智力理论通常以语言能力和数理逻辑能力作为整体评判的标准，也就是人们常说的 IQ。能力倾向是指经过适当训练或被置于适当的环境下完成某项任务的可能性。也就是说，能力倾向不是指一个人能学会做什么，以及一个人获得新的知识和技能的潜力如何，而是当时就已经具备的现实条件。职业能力倾向即指经过适当学习和训练后或被置于一定条件下时，能完成某种职业活动的可能性或潜力。能力倾向是指具有从事某项工作所必需的潜能。具有不同能力倾向的人其适合的工作是不同的，不同的职业对能力的具体要求也有所不同。

能力倾向与受教育程度不同，与学业成就也不同。学业成就涉及的是特定的学习经验，以过去或当前为标准；能力倾向涉及广泛的学习经验，是在一定遗传素质基础上的各种经验累积的结果。能力倾向测验只预测一个人将来在某方面的"可能成就"，并不保证他在该方面的"必然成就"，因为一个人的能力倾向能否获得充分的发展与他的性格、兴趣、学习态度、技巧、机会等条件都有关系。对于职业能力倾向测试，目前应用比较广泛的是一般能力倾向成套测验（general aptitude test battery，简称 GATB），最初是美国劳工部队从 1934 年开始利用了 10 多年时间研究制订的。它是对许多职业群同时检查各自的不适合者的一种成套测验。由于这套测验在许多国家被广泛使用，因而备受推崇。后来，日本劳动省将 GATB 进行了日本版的标准化，制订成《一般职业适应性检查》（1969 年订版）。这套测验主要是实现对许多职业领域中工作所必需的几种能力倾向的测定。它由 15 种测验项目构成，其中 11 种是纸笔测验，其余 4 种是操作测验，两种测验可以测定 9 种能力倾向。

4. 技能

技能是获得能力的实践基础，是指经过后天学习和练习而形成的能力，如认知能力、操作能力、社交能力等。心理学家辛迪·梵和理查德·鲍尔斯将技能分为三种类型：专业知识技能、可迁移技能（或称通用技能）、自我管理技能。通常人们比较容易想到自己所具备的知识技能，但事实上，后两者更重要。它们使我们有可能不局限于自己的专业，可以在更广的范围内选择职业。一般来讲，职业对任职者的能力要求也主要体现在技能层面。

（1）专业知识技能。专业知识技能是指那些需要经过有意识的、专门的学习和记忆才能掌握的知识或能力。这些技能常常与我们的专业学习或工作内容直接相关，并且不可迁移。如心理咨询师这一职业需要系统的心理学专业知识，职业指导师这一职业需要专门的职业生涯规划和就业指导专业知识，建筑师这一职业需要完整的建筑专业知识。

专业知识技能的获得，除了在校期间通过正式的专业教育之外，接受系统的业余辅导、自学相关的课程，参加专业会议、讲座、研讨会，通过资格认证考试，接受岗前培训和在职教育，这些方式和途径都可以帮助人们获取专业知识技能。

（2）可迁移技能（通用技能）。可迁移技能是人们维持工作和生活运转所具备的某些能力。可迁移是指可以把完成某项活动所具有的能力迁移使用到其他工作中去。一般用动词来表示，如教学、组织、管理、协调、说服、设计、安装、帮助、计算、考察、分析、搜索、决策、维修等。可迁移技能可以在生活的方方面面，特别是工作之外得到发展并且可以应用于不同的工作，可以在工作内外、工作之间通用，也称为通用技能。它适用于各种职业、能够适应岗位的变换，是个人最能持续运用和最能够依靠的技能。可迁移技能可通过观察学习、模仿体会、归纳总结、业余爱好、娱乐休闲、培训实践、专业训练、社团活动、家庭职责等途径获得。专业知识技能的运用都是在可迁移技能基础之上的。

（3）自我管理技能。自我管理技能常被用来描述或说明人所具有的特征和品质，一般用形容词来表示，如认真、负责、积极、主动、耐心、严谨等。它涉及个体在不同的环境下如何管理自己：是否能够保持对工作的热情，是否能够在压力下保持镇定，是否做事认真自律，是否勇于创新，这类技能可以从非工作领域迁移到工作领域，用来帮助一个人更好地适应环境，也被称为"适应性能力"。

自我管理技能无论是与生俱来还是后天习得，都需要练习。它们可以从榜样的认同、观念的多元、自我认知的提高、意志力的培养，以及丰富的精神生活、业余爱好、娱乐休闲、社团活动、家庭职责等渠道形成。它是个人最有价值的"资产"，也是影响职业生涯成功与否的关键。

拓展阅读：

自我管理的 12 个方面

每个人都渴望实现自身价值，可是成功者总是少数。当你意识到自我管理的重要性，并在工作中加以实现时，那么你会发现，人的生活习惯与工作习惯都因此得到了一定的提高。作为"现代戏剧之父"的易卜生曾经告诫后人：你的最大责任就是把你这块材料铸造成器。每个人，甚至包括那些资质平平的人，都应该学会自我管理，学会把自己造就成一个成功的人。要想取得一定成就，应当注重以下十二项自我管理技能的提升。

①自我心态管理能力。在我们不断塑造自我的过程中，影响最大的莫过于选择积极的态度还是消极的态度。自我心态管理是个人为达到人生目标进行心态调整以达到实现自我人生目标、实现最大化地优化自我的一种行为。能够取得一定成就的人善于进行自我心态管理，随时调整自我心态，持续地保持积极的心态。

②自我心智管理能力。主观偏见是禁锢心灵的罪魁祸首，人的见识、行为总是受制于它。心智模式是人们在成长的过程中受环境、教育、经历的影响，而逐渐形成的一套思维、行为的模式。每个人都有自己的心智模式，但每个人的心智都会存在一定的障碍。人要善于突破自我，要善于审视自我心智，要善于塑造正确的心智模式。

③自我形象管理能力。每个人的身上都可能吸引了许多人的目光，所以形象很重要。懂得如何更加得体地着装，如何适应社会对商务礼仪的要求，可以让人更有魅力。加强自身形象、自身修养、举动、谈吐等方面的形象管理，是每一个人都应该重视的。

④自我激励管理能力。在我们每个人的生命里，潜藏着一种神秘而有趣的力量，那就是自我激励。人的一切行为都是受到激励而产生的，善于自我激励的人，通过不断地自我激励使自己永远具有前进的动力。自我激励是一个人事业取得一定成就的推动力，其实质则是一个人把握自己命运的能力，人要有健康的心理，善于运用一定方法来自我激励。

⑤自我角色认知能力。人的角色夹插于公司、上级、同级及部属、客户之间，若在定位上没有一套正确的认知能力，往往会落到上下难做人、里外不是人的地步。如何正确认知自己的角色，是人取得一定成就的重要环节。

⑥自我时间管理能力。每个人都同样地享有每年 365 天、每天 24 小时。可是，为什么有的人在有限的时间里既完成了辉煌事业又能充分享受到亲情和友情，还能使自己的业余生活多姿多彩呢？关键的秘诀就在于这些人善于进行自我时间管理。

⑦自我人际管理能力。有人说"成功＝30％知识＋70％人脉"，更有人说"人际关系与人力技能才是真正的第一生产力。"因为人的生命永远不孤立，而生命中最主要的，就是这种人际关系。由此看来，人要想取得一定成就，就应该加强自我人际管理能力。

⑧自我目标管理能力。生命的悲剧不在于目标没有达成，而在于没有目标！目标有多远，我们就能走多远。目标指引人工作的总方向。人每天的生活与工作，其实都可以理解为：一个不断地提出目标，不断追求目标并实现目标的过程。

⑨自我情绪管理能力。在取得成就的路上，最大的敌人其实并不是缺少机会，或是资历浅薄，而是缺乏对自己情绪的控制。愤怒时，不能遏制自己的火气，使周围的合作者望而却步；消沉时，放纵自己的萎靡，把许多稍纵即逝的机会白白浪费。要想取得成就必须善于管理自我情绪。

⑩自我行为管理能力。根据社会伦理和组织所要求的行为规范，每个人的行为都可以分为正确的行为和错误的行为。每个人的职业行为应当坚守正确的行事规范。人如何具有职业化的行为，如何对自我行为进行管理达到职业化行为规范的要求，是每个人都应该重视的事情。因为只有进行自我行为管理，坚守职业行为，才是每个人职业化素质的成熟表现。

⑪自我学习管理能力。学习是人类生存与发展的推动力。人不是生而知之，而是学而知之，知识和能力不是天上掉下来的，而是从学习和实践中来的。人最重要的能力是什么？是学习能力，人的竞争力就表现在学习能力上。我们处在一个激励竞争的时代，具备"比他人学得快的能力"是人唯一能保持的竞争优势。

⑫自我反省管理能力。反省是成功的加速器。人经常反省自己，可以去除心中的杂念，可以理性地认识自己，对事物有清晰的判断，也可以提醒自己改正过失。人只有全面地反省，才能真正认识自己，只有真正认识了自己并付出了相应的行动，才能不断完善自己。因此，每日反省自己是不可或缺的。"反省自己"应该成为人们工作的一个重要组成部分。不断地检查自己行为中的不足，及时地反思自己失误的原因，就一定能够不断地完善自我。

专业知识技能不可或缺，它是获得可迁移技能和自我管理技能的基础，使我们有可能不局限于自己所学的专业。但它的重要性常常被求职者夸大，以至于许多大学生在校期间只重视专业知识的学习。他们在校内学习很多的课程、在校外参加各种培训班，并积极考级考证，获得奖学金和各种荣誉证书，所有这些努力，只为了证明自己的专业知识技能，却忽视了可迁移技能和自我管理技能的培养。

实际上，专业知识技能早已不是用人单位选人用人的唯一标准，用人单位需要的是能够胜任该职位的人，不少外企在校园招聘时甚至都已不再区分学生的专业背景。可迁移技能在许多工作中都会用到，可以随着你的需求和工作环境的变化而使用，因此开始成为用人单位最看重的部分。随着我们工作经验和生活阅历的增加，可迁移技能还会得到不断的发展。

与此同时，一个人是如何使用自己的专业知识，以什么样的态度从事工作的，甚至比工作内容本身更为重要。正是这样的一些品质和态度，将优秀的求职者与许多其他具有相同知识能力的候选人区别开来，他们最终得到一份工作，并能够适应新的环境和规则，在工作中取得成就，获得加薪和晋升的机会。而人们被解雇或离职的原因，更多是因为缺乏自我管理技能，如缺乏团队精神、敬业精神和服务意识，眼高手低，不认真、不踏实、不诚信，沟通能力、学习能力、创新能力、抗压能力差等，而不是缺乏专业知识技能和可迁移技能。这也是许多大学生在找工作时往往陷入专业对不对口的困惑的原因，在进入职场之后，也经常出现校园里的优秀学生不如成绩一般的学生发展得好的情况。专业知识技能固然重要，但最终更多的是可迁移技能和自我管理技能。使人获得工作机会，适应工作，并拥有更好的职业发展。在大学生从校园走向社会之前，培养良好的自我管理技能，学会如何为人处世，是至关重要的。

此外，技能的组合也尤为重要。具有不同知识技能的"复合型人才"在人才市场上更具有竞争力，也更有可能将工作做好。例如，精通平面设计的人又掌握心理学专业知识，在广告设计工作中运用消费心理学知识，使作品更能令客户满意，也更有可能吸引消费者购买。因此，不论你现在学习的专业是不是你所喜爱的，或是你将来要从事的，你从中获得的专业知识在某个时候就有可能派上用场。甚至一些看上去似乎并不那么起眼的知识，都有可能使你在面试的时候显得与众不同，比他人略胜一筹。

拓展阅读：

企业招聘面试最看重哪几种素质

企业录用员工最看重的六种素质依次是：综合素质、敬业精神、专业技能、沟通与表达能力、团队精神、诚信。

第一，今天的用人单位不再看重求职者的单一技能，更看重综合素质，包括品行、态度、技能、人际关系等方面。因此，大学生应从刚入学的第一天起全方位"修炼"自己，尤以两点最重要：诚信和敬业精神。诚信应该说是品德的最基本方面，"先做人后做事"指的就是诚信。

纵观古今中外，凡成功人士无一不是以高尚的人品为基础，唯有诚信才能让一个人得到别人长久的信任，树立自己的品牌，从而为成功铺平道路。敬业精神体现在责任感、主人翁意识、为做好工作而主动学习、注重细节、先付出后回报等。时下流行"态度决定一切"这句话，可谓一语道破天机。设想一下，你是公司老总，面对两位不同的求职者，年龄、学历、综合能力相当，一个兢兢业业、努力付出，另一个敷衍塞责、吊儿郎当，你会选择哪一个？答案不言而喻。

第二，企业需要复合型人才。企业希望能以最小的人力成本获得最大的经济效益，因而掌握多方面知识与技能的人才会成为企业的"抢手货"。因此，新人需要把自己培养成"一专多能"甚至"多专多能"型人才。

第三，学习能力是最重要的能力。"终身学习"不应只是一句口号。不论个人的专业是不是兴趣所在，是不是与事业目标一致，但都要求个人有极强的学习能力。广义的学习包括及时更新观念、尽快掌握知识与技能。

第四，健康的身体与良好的心理素质是根本。竞争使当代人承受着越来越大的压力，没有健康就没有一切。

由上可见，对于刚踏入大学校门的学生来说，做到完整的职业生涯规划有相当难度，但一定要有职业生涯规划的意识，多向有关职业指导机构及身边的成功人士请教。

二、能力与职业选择

了解自己的能力倾向及不同职业的能力要求对合理地选择职业具有重要意义。能力的不同，对职业的选择就有差异。在职业选择时应遵循以下原则。

（一）注意能力类型和水平与职业的匹配

人的能力类型和水平是有差异的，即人的能力发展方向和层次存在差异。职业可以根据工作的性质、内容和环境而划分为不同的类型，并且对人的能力也有不同的要求。对一种职业或职业类型来说，由于所承担的责任不同，又可分为不同的层次；不同的层次对人的能力有不同的要求。每个人都具有一个由多种能力组成的能力系统，在自己的能力系统中，各方面能力的发展是不平衡的。在职业选择中，还应考虑我们的最佳能力，注意选择能最佳运用自己优势的职业。

（二）注意一般能力和职业的匹配

不同的职业对人一般能力的要求不同。有些职业对从业者的智力水平有绝对的要求，如律师、工程师、科研人员等都要求有很高的智商。个人的智力在相当大的程度上决定着其能从事的职业类型。

（三）注意特殊能力和职业的匹配

要顺利完成某项工作，除了需要具有一般能力外，还要具有该项工作所需要的特殊能力。如从事教育工作需要具有表达能力，从事教学研究需要具有计算能力、空间想象能力和逻辑思维能力。

拓展阅读：

工作中你必须培养的八种能力

作为职场人士，为什么有的人一直在努力工作，却总与升迁擦肩而过？为什么每天比别人做的事多，却得不到领导重用？工作几年，为什么别人成为行业精英，而自己却成为落后分子？……每个人身上都蕴涵无限的潜能，一个人再努力、再认真，但如果方向是错的，只会让自己更累。所以找准方向，不断培养自身的工作能力，才能提高工作效率，完美地展现自己，进而在职业生涯中获得成功。在工作中不断培养能力，无疑是每个人事业道路上最重要的必修课。那么我们究竟需要培养哪些能力呢？以下为同学们总结了八种需要培养的能力。

①沟通力。沟通既是一种基本的生存技巧，也是人们实现理想的重要工具。沟通能力在很大程度上影响着一个人的事业成功和生活幸福，所以我们要做到有效沟通。

②执行力。在职场，每一个做下属的人，都希望得到领导的赏识、重用和提拔。然而，下属有所不知的是，想要获得领导的赏识，让他对你另眼相看，主动权还是掌握在自己手里

的，其中的关键，就是执行力。

③抗压力。职场中，压力往往来源于你为自己所设定的不现实的工作期限，也可能是因为工作缺乏激励性，工作没有保障和满足感。身处职场，你要记住不是别人伤害了你，而是你的反应伤害了你。

④学习力。一个人拥有广博的知识，可以令他自身拥有独特的人格魅力，在职场的人际交往中，他所体现出来的修养会让人更加喜爱和佩服。作为职场人士，作为每一个平凡的个体，要想在事业上取得成就，就要在每一个阶段做好自己应该做的事情，每天坚持学习，坚持积累，量变必然会发生质变。

⑤创新力。比尔·盖茨说："所谓机会，就是去尝试新的、没做过的事。可惜在微软神话下，许多人要做的，仅仅是去重复微软的一切。这些不敢创新、不敢冒险的人，要不了多久就会丧失竞争力，又哪来成功的机会呢？"

⑥时间力。提高工作的效率，提高生活的质量，让生命的价值在有限的时间里尽量发挥，这样就等于增加了生命的"密度"，使有限的生命内涵得以扩充。珍惜时间，管理时间，把更多的时间用在更有效益的地方。善用时间，就是善用自己的生命。

⑦平衡力。成功是过一种平衡式的生活，即在事业与家庭、精神与物质、身体与心灵方面求得一种动态的和谐。

⑧规划力。如果将职业生涯比作一个人的一次旅行，那么出发之前最好先设定旅游线路，既不会错过梦想已久的地方，也不会在不喜欢的景点过多停留。在职业生涯规划中，必须对发展路线做出抉择，以确保自己的学习、工作以及各种行动措施沿着预定的方向前进。

可以说，复制成功人士的智慧，无疑是走向成功的捷径。人生在世，需要你用心经营和规划，没有一个好的开始，注定不会收获一个满意的结局。

资料来源：陈飞. 新时代大学生职业生涯规划［M］. 厦门：厦门大学出版社，2021.

三、职业能力

（一）职业能力的含义

职业能力是人们从事其所选择职业的多种能力的综合。职业能力测试是通过测试来预测个体的职业定位以及适合的职业类型、职业性格等，属于倾向性的测试又称为职业能力倾向性测试。职业能力测试能更好地确定一个人与其所从事职业的匹配程度。

职业能力是未来就业的基础，企业在招聘选拔的时候，主要的依据是个体的职业能力。职业能力成为在激烈竞争中获得优势、谋求更高报酬的关键筹码。只有对自己的能力特长和潜在优势进行深入了解，才能找到自己所适合、擅长并且能够保持持续性的职业领域。

（二）职业能力测评

一个人要想胜任一定的工作或在工作中取得一定的成就，就必须具备一定的能力，如记忆能力、观察能力、理解能力、思维推理能力等。因此，在很多职位的任职资格中都有对能力的规定。职业能力测验是个人了解自己能力倾向的一种非常有效的方法。根据测验分数，我们可以了解自己的长处和短处。这在决定自己职业的发展方向时，具有非常重要的参考价值。目前，职业能力测验也被广泛用于人才选拔和员工考评当中。从应用角度看，能力测验主要有两类：智力测验和特殊能力测验。智力测验的目的在于测量一般能力的高低。不过在校园招聘时，很少会看到有企业或单位对大学生进行智力测验。因为认知能力和学习活动是密切联系的。能够考上大学并完成大学的学业，这已经在一定程度上证实了大学生在认知方面的能力。因此招聘方的考查重点往往是特殊能力。在这里介绍几种常用的职业能力测验。

1. 学术能力倾向测验（SAT）

SAT 相当于我们国家的高考，由美国教育测验服务中心主持，分语言和数学两类测验。语言包括反义词、句子填充、类比推理、阅读理解等内容，考查学生在词汇量、阅读理解、逻辑思维以及做出判断和得出结论的能力。数学包括算术、代数和几何等内容，考查学生在数学运算、推理能力以及应用数学概念与知识解决问题的能力。SAT 皆为多重选择题，限时 3 小时。

2. 分辨能力倾向测验（DAT）

DAT 由美国心理公司制订，主要适用于初中生和高中生的教育咨询及就业指导。它包括 8 个分测验：语言推理；数的能力；抽象推理；文书速度与准确性；机械推理；空间关系；语言运用——拼写；语言运用——文法。

每个分测验单独施测并单独计分。通过测验绘制出 DAT 能力剖面图，既可直观提供个人在 8 种能力倾向上的内部差异，又可表明个人在每种能力倾向上在同年级团体的相对位置。

3. 一般能力倾向成套测验（GATB）

GATB 是对许多职业群同时检查各自的不适合者的一种成套测验。由于这套测验在许多国家被广泛使用，因而备受推崇。这套测验主要是实现对许多职业领域中所必需的几种能力倾向的测定。它由 15 种测验项目构成，其中 11 种是纸笔测验，其余 4 种是操作测验，两种测验可以测定 9 种能力倾向。这 9 种能力倾向对完成各种职业的工作都是必要的。

（1）G——智能。智能即一般学习能力。包括对测验说明、指导语和原理的理解能力、推理判断的能力、迅速适应新环境的能力。

（2）V——语言能力。语言能力是指对语文的意义及与它关联的概念有效地掌握的能力；对字词、句子、段落、篇章及其相关关系的理解能力；清楚而准确地表达信息的能力。包括口头表达能力和文字理解与表达能力。

（3）N——数理能力。数理能力是指在正确、快速进行计算的同时，能进行推理，解决应用问题的能力。

（4）Q——书写知觉能力。书写知觉能力是指对文字、表格、票据等材料的细微部分正确知觉的能力；直观比较、辨别字词和数字，发现错误和纠正的能力。

（5）S——空间判断能力。空间判断能力是指对记忆片段图形与立体图形之间的关系的理解能力和解决应用问题的能力。

（6）P——形态知觉能力。形态知觉能力是指对实物或图像的有关细节的正确知觉能力；根据视觉能够比较、辨别的能力；对图形的形状和阴影的细微差别、长宽的细小差异，进行辨别的能力。

（7）K——动作协调能力。动作协调能力是指迅速、准确和协调地做出精确的动作并迅速完成作业的能力；迅速而准确地做出反应动作的能力；手、眼协调运动的能力。

（8）F——手指灵活性。手指灵活性是指快速而准确地活动手指，操作细小物体的能力。

（9）M——手腕灵活性。手腕灵活性是指随心所欲、灵巧地活动手以及手腕的能力；拿取、放置、调换、翻转物体时手的精巧运动和腕的自由运动能力。

其中，V、N、Q能力出色的人，属于认知型职业类型；S和P能力出色的人可归入知觉型；K、F、M突出的人属于运动机能型。现实生活中，有许多人可能同时在上述两类能力类型中都相当优秀，或者9种能力水平相差不多，没有哪一种特别突出。一般能力倾向成套测验的意义，在于帮助个人发现什么样的职业领域最能发挥自己的潜能，而不是简单地划定"最适合的职业"，要知道人的很多能力是可以通过后天培养而积累的。

以上9种能力中的每一种能力，都要通过一种测验获得。这种能力倾向测验是从个人在完成各种职业所必需的能力中，提炼出各种职业对个人所要求的2~3种最优特征。其中，纸笔测验可集体进行。计分采用标准分数，各能力因素的原始分数转换为标准分数后便可绘制个人能力倾向剖析图，并与职业能力倾向类型相对照，被试者可以从测验结果中知道能够充分发挥个人能力特性的职业活动领域。

将个人的9种能力因素标准分与8种职业能力群所要求的能力因素的切割分数相比，可能评为高、中、低三档。高档为合格员工，职业成功机会大，中档为接近合格，可以胜任工作；低档为不合格，应转行。GATB共提供了36个职业群。此外，在企业招聘活动中常用的特殊能力测试还包括：文字能力测试，主要测试应聘者处理办公室日常例行工作的能力，如打字、记录、整理、保管和通知联络等；心理运用能力测试，主要用于测量一个人运动反应的速度、灵活性、协调性和其他身体运作方面的特征；艺术能力测试，主要测试对美感的鉴赏能力，包括图画各部分的平衡、对称、调和、异同等；视力测试，采用挂图量表进行测量。进行特殊能力测试需要一些心理测试仪器的配合运用。

拓展阅读：

9种职业能力倾向的自我测评

1. 9个方面能力量化表

以下的测验为包括9个方面的能力的简易量化表（表3.7），每种能力倾向都有4道试题。测验时，请仔细阅读每一道题，并采用五级评分法对自己进行判定。

表3.7　9个方面能力量化表

能力倾向	评价等级				
1. 一般学习能力倾向（G）	强1	较强2	一般3	较弱4	弱5
（1）快而容易地学习新内容 （2）快而正确地解数学题 （3）对课文的字、词、段落、篇章的理解、分析和综合能力 （4）对学习过的材料的记忆能力					

能力倾向	评价等级				
2. 言语能力倾向（V）	强1	较强2	一般3	较弱4	弱5
（1）善于表达自己的观点					
（2）阅读速度和理解能力					
（3）掌握词汇量的程度					
（4）你的语文成绩					
3. 数理能力倾向（N）	强1	较强2	一般3	较弱4	弱5
（1）做出精确的测量					
（2）笔算能力					
（3）口算能力					
（4）你的数学成绩					
4. 空间判断能力倾向（S）	强1	较强2	一般3	较弱4	弱5
（1）解决立体几何方面的习题					
（2）画三维的立体图形					
（3）想象盒子展开后的平面图					
（4）想象三维度的物体					
5. 形态知觉能力倾向（P）	强1	较强2	一般3	较弱4	弱5
（1）发现相同图形中的细微差别					
（2）识别物体的形状差异					
（3）注意物体的细节部分					
（4）观察物体的图案是否正确					
6. 书写知觉能力倾向（Q）	强1	较强2	一般3	较弱4	弱5
（1）快而准地抄写资料					
（2）发现错别字					
（3）发现计算错误					
（4）能很快查找编码卡片					
7. 动作协调能力倾向（K）	强1	较强2	一般3	较弱4	弱5
（1）玩电子游戏					
（2）打篮球、排球、足球一类活动					
（3）打乒乓球、羽毛球运动					
（4）打字能力					
8. 手指灵巧度（F）	强1	较强2	一般3	较弱4	弱5
（1）灵巧地使用很小的工具					
（2）穿针眼、编织等使用手指的活动					
（3）用手指做一件小工艺品					
（4）使用计算器的灵巧程度					

续表

能力倾向	评价等级				
9. 手腕灵巧度（M）	强 1	较强 2	一般 3	较弱 4	弱 5
（1）用手把东西分类 （2）在推拉东西时车的灵活性 （3）很快地削苹果 （4）灵活地使用手工用具					

2. 计分方法

（1）选"强"得5分，选"较强"得4分，选"一般"得3分，选"较弱"得2分，选"弱"得1分。

（2）计算每一类能力的自评等级：自评等级=总分/4。

（3）将自评等级填入表3.8。

表 3.8 自评等级表

职业能力倾向	自评等级	职业能力倾向	自评等级
G V N S P		Q K F M	

根据结果对照表3.9，可以找到你适合的职业。

表 3.9 职业类型与职业能力倾向对应表

职业类型	职业能力倾向								
	G	V	N	S	P	Q	K	F	M
生物学家	1	1	1	2	2	3	3	2	3
物理科学技术员	2	3	3	3	2	3	3	3	3
数学家和统计学家	1	1	1	3	3	2	4	4	4
系统分析和计算机程序员	2	2	2	2	3	3	4	4	4
经济学家	1	1	1	4	4	2	4	4	4
社会学家、人类学学者	1	1	2	2	2	3	4	4	4
心理学家	1	1	3	4	4	3	4	4	4
历史学家	1	1	4	3	3	3	4	4	4
哲学家	1	1	3	2	2	3	4	4	4
政治学家	1	1	3	4	4	3	4	4	4
社会工作者	2	2	3	4	4	3	4	4	4

续表

职业类型	职业能力倾向								
	G	V	N	S	P	Q	K	F	M
法官	1	1	3	4	3	3	4	4	4
律师	1	1	3	4	3	4	4	4	4
职业指导者	2	2	3	4	4	3	4	4	4
大学教师	1	1	3	3	2	3	4	4	4
小学和幼儿园教师	2	2	3	3	3	3	3	3	3
中学教师	2	2	3	4	3	3	4	4	4
营养学家	2	2	2	3	3	3	4	4	4
画家、雕刻家	2	3	4	2	2	5	2	1	2
产品设计和内部装饰者	2	2	3	2	4	2	2	2	3
舞蹈家	2	2	4	3	4	4	4	4	4
演员	2	2	3	4	4	3	4	4	4
电台播音员	2	2	3	2	2	4	2	2	2
作家和编辑	2	1	3	3	3	3	4	4	4
翻译人员	2	1	4	4	4	3	4	4	4
体育教练	2	2	2	4	4	3	4	4	4
体育运动员	3	3	4	2	3	4	2	2	2
秘书	3	3	3	4	3	2	3	3	3
统计员	3	3	2	4	3	2	3	3	4
一般办公室职员	3	4	3	4	4	3	3	4	4
商业经营管理	2	2	3	4	4	3	4	4	4
警察	3	3	3	4	3	3	3	4	3
导游	3	3	4	3	3	5	3	3	3
驾驶员	3	3	3	3	3	3	3	4	3

【本章思考题】

（1）为什么要进行自我认知？自我认知包括哪些内容？

（2）简述职业兴趣对人们职业活动的影响。

（3）通过霍兰德职业兴趣测试，分析一下你的职业兴趣与专业的差距如何？是否需要调整？如何调整？

（4）完成 MBTI 职业性格测试，并结合测试结果，解释说明自己的性格特征及适合的职业领域。

（5）简述一般能力、特殊能力、能力倾向与技能。

（6）气质、性格与职业有什么关系？如何进行职业定位？

（7）试用本章提供的测试方法对自己进行一次全面的测评。

（8）结合职业生涯访谈和自身具体情况，大学期间你打算如何发展和培养兴趣，确定志向呢？

【实训项目】

（1）进行霍兰德职业兴趣测评，按表 3.10 形式写出测评结果。并对照自己的职业代码所对应的三种职业类型，总结到目前为止，已经进行的锻炼或参加的学习及实践活动，同时指明还需要在哪些方面，通过怎样的锻炼项目及实践活动，使自己的职业能力有进一步的加强及提升。

①测评结果。

表 3.10　霍兰德职业兴趣测评结果

霍兰德职业兴趣测评结果
1. 测试结果图（或表）
2. 职业类型 经过霍兰德职业兴趣测试，我的职业类型是： （1）特点： （2）职业兴趣倾向： （3）典型职业：
3. 职业代码及适合的职业 （1）我的职业代码： （2）对照职业代码，适合的职业是：
4. 综合霍兰德职业兴趣测试的结果，我感兴趣并适合的职业 （1） （2） （3）

②对照总结。

以职业代码 CSI 为例，总结如下。

常规型：自大一下半学期开始至大二下半学期，我一直担任校学生会主席助理。在任职期间，认真安排好老师和主席安排的事宜，很好地起到了部门和主席、老师之间的桥梁作用。在担任班长期间，也很好地处理班级的各种事务，凝聚了班级的力量。自大二上半学期开始，担任杭州某司仪的助理，协助其处理婚礼当天的工作，使每一场婚礼圆满礼成。

社会型：在学校加入外联部，参加学校志愿者活动，积极拓展自己的社交范围。在校外参加义工联盟，积极地帮助有需要的人。××年与理工大学两位同学一起策划组织了赴聋人学校的义演，获得了成功并得到了电视台的报道。积极参加各类实践活动，享受与他人合作的愉快与充实。

研究型：清明节朋友来游玩，到达后朋友问我的第一个问题是当地的支柱产业是什么，我没有回答上来，回宿舍后我将此问题进行了认真的查询，并于第二天回复了他。在大学期间，我参与了新苗人才计划、挑战杯、暑期社会实践以及现在全国大学生条码自动识别知识竞赛，每一项比赛我都会认真地研究，仔细地钻研。每一次比赛，我都会为全队提出建设性的意见。对于问卷的设计，调研报告的写作，我都做出了比较大的贡献。

③提升规划。学习方面、实践方面。

（2）进行 MBTI 测评，根据测评结果写出自己的职业性格类型及对应的详细解析内容（表3.11）。

表 3.11　MBTI 职业性格测评结果

MBTI 职业性格测评结果
1. 我的 MBTI 职业性格类型组合
2. 我的 MBTI 性格类型特征描述 （1）个性特征描述： （2）领导模式： （3）工作环境倾向性： （4）潜在的缺点： （5）适合的职业：

第四章　职业的社会探索

【内容框架】

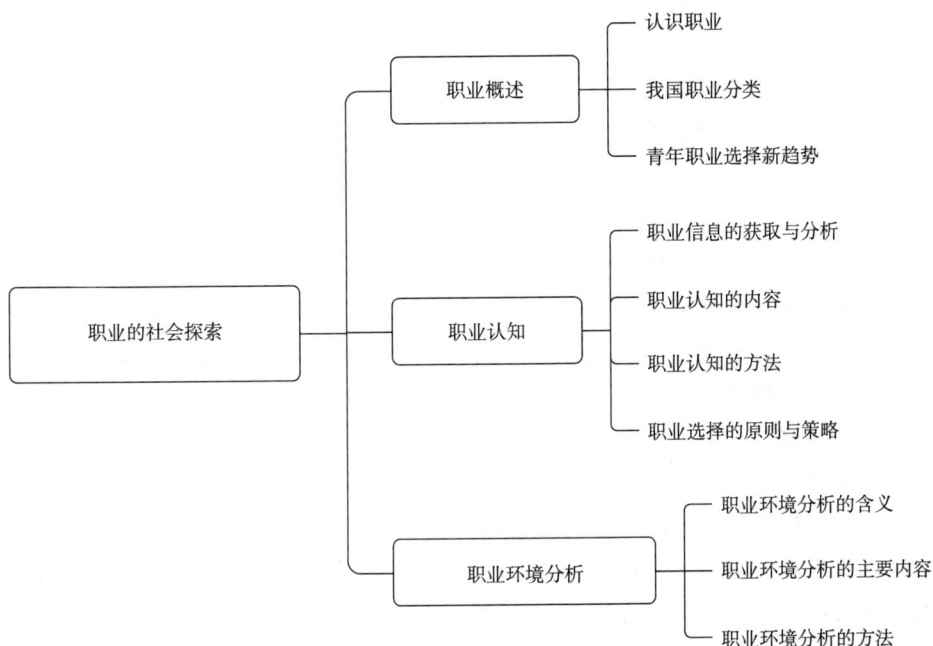

【学习目标】

（1）了解职业的认知和分类。

（2）理解职业认知的内容。

（3）掌握职业环境分析的方法。

（4）熟练掌握职业环境分析的主要内容。

【本章导读】

这些新职业有了"国标"

近日，互联网营销师、人工智能训练师、信息安全测试员、无人机测绘操控员等国家职业技能标准发布。信息技术快速发展，新的商业模式和就业形态不断涌现，孕育出种类繁多的新职业。一系列新职业及其国家职业技能标准的发布，将有效促进新职业、新业态规范化和规模化发展，带动高质量就业。

1. 为直播行业画"底线"

"这件衣服不仅款式新颖，面料也很舒服，喜欢的朋友赶快点击链接下单。"在电商平台直播页面，主播丽丽拿着一件折扣女装，对着镜头介绍衣服材质、大小。经过几年历练，她每天能销售近百件女装。在她看来，如今直播行业逐渐成熟，消费者也更加理性，主播需要更加垂直、专业，才能更好地服务消费者。

直播电商迎来快速发展，也催生了主播、助播、选品、运营、场控等新就业岗位。在这些岗位2020年被统一称为"互联网营销师"后，人力资源和社会保障部、中央网信办秘书局、国家广播电视总局办公厅在2021年11月共同发布互联网营销师国家职业技能标准。

根据该标准，互联网营销师是指在数字化信息平台上，运用网络的交互性与传播公信力，对企业产品进行营销推广的人员；主要工作任务包括搭建数字化营销场景，通过直播或短视频等形式对产品进行多平台营销推广，促进产品从关注到购买的转化率等。

中国社会科学院财经战略研究院研究员李勇坚表示，互联网营销师国家职业技能标准通过对直播行业从业人员设立职业评价的参考标准，将使直播活动更规范，为行业健康发展画出了一条"底线"。

在市场需求催动下，直播电商、短视频电商领域对职业要求进一步细化；而目前相关人才培训内容较单一、从业者技能掌握不全面，成为制约行业发展的突出问题。互联网营销师国家职业标准的发布将带动互联网营销专业人才培养，推动建立一支从业规范、质量过硬、专业更强的互联网营销师职业队伍。

2. AI 从业人员将达 500 万

人工智能训练师是随着人工智能技术的广泛应用产生的新兴职业。从国内一所高校计算机专业毕业后，小陈通过校招进入达达集团旗下京东到家平台担任人工智能训练师。他这样描述自己的工作职责："通过人工智能和大数据分析技术，提升数字化的运营能力，洞察消费者需求，让入驻平台的品牌新品成为爆品。"目前，公司该岗位范围内已诞生"流行趋势预测师""新品创新顾问""路径规划算法工程师"等工种。例如，"路径规划算法工程师"通过算法设计帮助骑士小哥规划配送路线，优化从前端订单下发到末端货物配送周转，从而提升用户体验，能大幅度降低配送成本。为帮助入职新人不断提升职业技能，小陈介绍说，公司配备了一对一的专属导师，定期举办学习讲座、技术沙龙、"达达学堂"等线上线下培训活动。

根据国家职业技能标准，人工智能训练师是指使用智能训练软件，在人工智能产品实际使用过程中进行数据库管理、算法参数设置、人机交互设计、性能测试跟踪及其他辅助作业的人员。标准还从数据采集和处理、数据标注、智能系统运维、业务分析、智能训练、智能系统设计等维度划分了5个等级。

随着人工智能在智慧城市、智能制造、自动驾驶、智能服务、智能医疗、智能农业、智能物流、智能金融及其他行业的广泛应用，人工智能训练师规模有望迎来爆发式增长。

3. 技能越高薪酬越高

"发现火情，无人机行动！"听到号令，张健拨动遥控器摇杆，无人机迅速升空，准确锁定火情位置，精准投下灭火弹，燃烧的火焰瞬间熄灭。

这是无人机助力北京延庆区森林防火演练的一个场面，也是张健成为无人机驾驶员的正式试飞。他以前是八达岭镇营城子村的一个普通农民，经过区人社局组织的无人机技能培训，他一下就迷上了这个新职业。经过刻苦训练，如今他已成为一家公司的无人机演示员和教练员。"从农民到无人机驾驶员，我不仅有了稳定的工作和收入，更有了自己喜欢的技能。"他说。

最近发布的无人机测绘操控员国家职业技能标准，对该职业设置了5个级别要求。张健说，他准备报考一个职业资格证书。在他看来，"这是一个不断提升自己业务能力的过程"。

通过设计职业技能等级，不断提升从业者业务素质，正在成为很多新职业技能标准的重要方向。例如，最近发布的信息安全测试员国家职业技能标准设置了4个级别的工作要求。针对漏洞信息，要求中级工能查阅公开的安全漏洞报告，梳理漏洞分析报告，能检索已公开的漏洞验证程序等；对高级技师则要求能研究漏洞影响范围，编写漏洞预警报告；能判断漏洞的补丁或临时解决方案对漏洞防范的有效性。

中国商业联合会专家委员赖阳表示，国家职业技能标准标志着从业者在该领域内的职业技能水平。职业技能水平越高，就越能享受更高的薪酬待遇。越来越多新职业技能标准的出台，不仅能带动高质量就业，还将吸引更多从业者不断提升职业技能，从而促进新业态良性发展。

资料来源：郭亚丽. 这些新职业有了"国标"［N/OL］.（2021-12-17）［2023-01-05］. http://education. news. cn/2021-12/17/c_ 1211490598. htm.

第一节　职业概述

一、认识职业

（一）学者们的认知

对于职业（occupation）的含义，学者们有着不同的看法。我国管理专家程社明认为，职业可定义为"参与社会分工，利用专门知识、技能为社会创造物质财富、精神财富，索取合理报酬作为物质生活来源并满足精神需求的工作"。

也有人认为，职业是指从业人员为获取主要生活来源所从事的社会工作类别，它是劳动者参与社会经济活动的直接体现。而在现实生活中，人们总是要在一定的工作岗位上实现就业，但人们对"职业"一词却有着不同的理解。有人认为，职业就是"工作"，如医生、教师、法官等；有人认为职业是一种"生活来源"；有人认为职业是一种"等级身份"。

（二）职业的科学含义

《辞海》中的词条指出，职业就是一种相对稳定的劳动和工作，职业是获得经济收入的主要来源，职业具有一定的差异性和层次性。从词义学角度来看，"职业"一词是由"职"（即职责、权利、义务）与"业"（即业务、事业、行业）二字的含义构成。从这个角度看，职业可以理解为承担了某种责任、义务的行业和专门化的活动。从社会学的视角审视职业的含义，职业是一个人的社会角色之一，是认识一个人的社会身份、社会地位、个人才能的重要参照系。

从科学角度来看，职业是社会学研究的一个重要对象，是人们实现自我价值、协调自我与社会要求、获取经济利益的主要途径。职业有职责、专业技能、职业道德等方面的要求，需要人们具备一定的知识和技能、遵循相应的规则和规范，同时还需要不断学习、进修和提高自己的能力水平。职业存在于社会分工之中，在不同工作性质的岗位上，人们从事的工作在目标、内容、方式与场所上有很大的差别，也就是说，人们的社会角色是不一样的。一定的社会分工或社会角色的持续实现，就形成了职业。

在职业的概念上，不同的角度和学科会有不同的解读，以下是其中的几种：

（1）劳动力市场角度。职业是以一定形式获得收入或者财富的工作方式，它是劳动力市场经济中的一种基本现象。

（2）规范化角度。职业是一种具有内在规范性的工作形态，需要遵循一定的职业道德、职业操守和职业规范，满足社会的职业期望和职业要求。

（3）社会角度。职业是人们在社会中实现自我价值、获得社会认可、获取社会地位和高收入的渠道，是人们在社会分工中拥有特定地位和角色的表现。

（4）个人角度。职业是个人发展的重要方面，人们需要根据自己的兴趣、能力和价值观选择适合自己的职业，从而实现自我实现和自我发展的目标。

（5）学科角度。职业是各类学科的重要研究对象，需要从心理学、社会学、人力资源管理学、教育学等不同学科视角来解读。

总的来说，职业是一个充满复杂性和多元性的概念，需要从多个角度进行理解和解析。在职业发展和经营中，人们需要不断提高自己的能力和素养，同时还需要认真地遵守职业规范、职业道德和职业操守，这样才能更好地适应时代的变化，实现自己的职业价值和自我发展。

二、我国职业分类

社会分工是职业分类的依据。在分工体系的每一个环节上，劳动对象、劳动工具以及劳动的支出形式都各有特性，这种特殊性决定了各种职业之间的区别。我国根据不同的分类标准，对职业进行分类如下：

（一）按种类分类

根据2022版国家职业分类大典，我国现有的职业结构划分为8个大类、79个中类、450个小类、1 639个细类（职业），与2015年版大典相比，增加了法律事务及辅助人员等4个中类，数字技术工程技术人员等15个小类，碳汇计量评估师等155个职业（含2015年版大典颁布后发布的新职业）。8个大类分别是：

第一大类：国家机关、党群组织、企业、事业单位负责人，其中包括6个中类，16个小类，25个细类。

第二大类：专业技术人员，其中包括11个中类，125个小类，492个细类。

第三大类：办事人员和有关人员，其中包括4个中类，12个小类，36个细类。

第四大类：商业、服务业人员，其中包括15个中类，96个小类，356个细类。

第五大类：农、林、牧、渔、水利业生产人员，其中包括6个中类，24个小类，54个细类。

第六大类：生产、运输设备操作人员及有关人员，其中包括 32 个中类，172 个小类，671 个细类。

第七大类：军人，其中包括 4 个中类，4 个小类，4 个细类。

第八大类：不便分类的其他从业人员，其中包括 1 个中类，1 个小类，1 个细类。

（二）按产业分类

根据国家统计局划分的标准，我国产业分为三大产业，即第一产业、第二产业、第三产业。

第一产业包括农业、林业、牧业、渔业、水利业。从广义上来讲，农业包括采集、种植、狩猎、捕鱼、畜牧在内。农业部门的职业包括农林牧渔劳动者、管理人员、专业技术人员、技术工人等。

第二产业包括工业和建筑业。按照产品的经济用途，可以将整个工业分为两大类：生产生产资料的工业和生产消费资料的工业。前者称为"重工业"，包括机械、冶金、电力、煤炭、石油、燃料、化工等工业；后者称为"轻工业"，包括纺织、造纸、食品、皮革等工业。根据工业的供求关系以及按照劳动对象的性质不同，重工业又可以分为采掘工业和加工工业。轻工业也可以划分为以农产品为原料的轻工业，以及以非农产品为原料的轻工业，如日用化工品、化学纤维、陶瓷等工业在国民经济中起着主导作用。

随着生产的发展和科学技术的进步，一方面使工业部门越分越细，新的工业部门不断出现。例如，电子工业从机械工业中分离出来，高分子合成工业从石油、化学工业中分离出来。另一方面，也使工业部门之间的生产联系和交换关系更加复杂起来。工业生产部门之间必须保持一定的比例关系，才能使整个工业协调、高速地发展。

第三产业是指广义的服务业，包括 4 大部分：流通部门（如商业、饮食业、交通运输业、邮政电信通信业、物资供销和仓储业等）、服务部门（如金融、保险、房地产业、公用事业、居民服务业、旅游业和咨询服务业等）、科教文卫体育部门（如教育、文化、广播电视事业、科学研究事业、卫生、体育和社会福利事业等）、机关团体（如国家机关、党群组织和社会团体等）。

第一产业和第二产业都是物质生产部门，第三产业是流通和服务部门，它的发展是建立在第一、第二产业劳动生产率提高基础之上的，受第一、第二产业发展水平的制约。社会的生存、发展依赖于这三大产业保持合理的结构，第一产业是基础产业，关系到人类生存的基本需要，关系到国家的稳定；第二产业的发展水平是国家工业化与现代化程度的重要标志；第三产业虽然不直接从事物质生产，但它可以促进整个社会经济的发展和人民生活水平的提高。

（三）供人口普查使用的职业分类

我国第七次人口普查公布了职业分类原则，即按从业人员所从事工作性质的相似性进行分类，职业划分为大类、中类、小类 3 层。8 个大类和各自包含的中类排列顺序及名称如下所示，具体的小类可以参见第七次全国人口普查专用的职业分类与代码：

第一大类：党的机关、国家机关、群团和社会组织、企事业单位负责人。包括中国共产党机关负责人、国家机关负责人、民主党派和工商联负责人、人民团体和群众团体、社会组织及其他成员组织负责人、基层群众自治组织负责人、企事业单位负责人。

第二大类：专业技术人员。包括科学研究人员、工程技术人员、农业技术人员、飞机和船舶技术人员、卫生专业技术人员、经济和金融专业人员、法律、社会和宗教专业人员、教学人员、文学艺术、体育专业人员、新闻出版、文化专业人员、其他专业技术人员。

第三大类：办事人员和有关人员。办事人员、安全和消防人员、其他办事人员和有关人员。

第四大类：社会生产服务和生活服务人员。包括批发与零售服务人员、交通运输、仓储和邮政业服务人员、住宿和餐饮服务人员、信息传输、软件和信息技术服务人员、金融服务人员、房地产服务人员、租赁和商务服务人员、技术辅助服务人员、水利、环境和公共设施管理服务人员、居民服务人员、电力、燃气及水供应服务人员、修理及制作服务人员、文化、体育和娱乐服务人员、健康服务人员、其他社会生产和生活服务人员。

第五大类：农、林、牧、渔业生产及辅助人员。包括农业生产人员、林业生产人员、畜牧业生产人员、渔业生产人员、农林牧渔生产辅助人员、其他农、林、牧、渔业生产及辅助人员。

第六大类：生产制造及有关人员。农副食品加工人员、食品生产加工人员、烟草及其制品加工人员、针织、印染人员、服装和皮革、毛皮制品加工制作人员、木材加工、家具与木制品制作人员、纸及纸制品生产加工人员、印刷和记录媒介复制人员、文教、工美、体育和娱乐用品制造人员、石油加工和炼焦、煤化工生产人员、化学原料和化学制品制造人员、医药制造人员、化学纤维制造人员、橡胶和塑料制品制造人员、非金属矿物制品制造人员、采矿人员、金属冶炼和压延加工人员、机械制造基础加工人员、金属制品制造人员、通用设备制造人员、专用设备制造人员、汽车制造人员、铁路、船舶、航空设备制造人员、电气机械和器材制造人员、计算机、通信和其他电子设备制造人员、仪器仪表制造人员、废弃资源综合利用人员、电力、热力、气体、水生产和输配人员、建筑施工人员、运输设备和通用工程机械操作人员及有关人员、生产辅助人员、其他生产制造及有关人员。

第七大类：军人。

第八大类：不便分类的其他从业人员。

三、青年职业选择新趋势

当前，数字经济的发展是全球范围内的大趋势。在数字化浪潮之下，数字技术给我们带来的不只是学习、生活、工作、消费等的便利与变化，而且为青年的职业选择带来了更多的可能性，为青年职业发展带来了新机遇与新挑战。

（一）职业选择灵活化

数字经济时代，很多工作机会与就业岗位是由数字技术的发展与数字生态环境所决定的。如中国信息通信研究院发布的《2020—2021年数字化就业新职业新岗位研究报告》显示：2020年微信生态衍生的就业机会达到3 684万个，微信小程序开发、产品、运营等工作机会超过780万个，小程序、企业微信、微信支付等服务商共带动290万个就业机会。这些衍生出来的职业与岗位没有冗长的产业链条，更没有复杂的合作模式，往往不受物理空间的限制，没有线下生产条件要求的制约，甚至没有严格的独占性工作时间限制，工作任务量完全可以根据自己的意愿来确定，而且可以从线上运用自媒体工具便捷地工作，职业或岗位绩效考评与质量监控体系也都依托数字化平台运作，表现得更为隐匿、柔和、迅速，即不需要现实物理空间复杂的组织结构与组织方式就能够遵从一定的规则工作。这种灵活化的就业模式特别适合追求个人时间与空间自由相平衡、追求工作与生活相平衡的青年人。

（二）职业选择个性化

数字经济时代是一个更为开放、自由与富有创造力的时代，为青年尝试、体验与从事新职业，满足自己的个性选择与追求提供了全新的就业市场。随着数字技术的发展，以及新时代人们追求美好生活的需要，已经衍生出了更多满足经济社会发展新理念、新需要的新兴职业，如测评类、生活规划类、职业代操作类等新兴职业。这些新职业为青年提供了去尝试、体验与选择的机会。更为重要的是，这些新职业可能与一些青年自己所拥有的兴趣、爱好、专长相一致，符合他们的个性特点与需求，使他们的内在需求能够得到最大限度的满足，个性与特长能够得到最大限度的发挥，他们的生活乐趣与从事的职业实现有机交融。越来越多的青年在面临职业选择的时候，不再只是考虑基本的生存问题，不再是简单地盲从性选择那些被传统观念认可的有地位、有尊严的职业，而是会更多地考虑是否符合自己的兴趣爱好与价值认同，考虑是否能够体现自己生活的品质化追求，考虑是否能够满足展现自我与实现自我价值的需要。

（三）职业选择多元化

数字经济时代为青年个人职业选择带来了更多的便利性条件，职业选择的灵活性与自主性明显增强。多元化的职业选择成为青年职业选择的常态。近几年，有关"斜杠青年"的话题成为学术界探讨的热点、社会大众讨论的焦点。"斜杠青年"的出现不只是青年群体特立独行的青春特征使然，更是数字经济发展到一定程度必然会出现的一种职业样态，是在当代信息网络化社会场、就业灵活化社会场、组织扁平化社会场的综合作用下兴起的。身处数字经济时代，发达的数字技术可以让市场与商业运作模式更加灵活与便捷，企业或商家可以将更多的工作任务进一步分解与打散，人们完全可以采用更为便捷的信息技术与手段，有时间、有精力、有条件、有能力在不同职业间找寻更适合自己的天地。这种多元职业的整合性选择模式会给青年带来更多的职业体验与探索，他们会更加自主性地追求自己想要的职业生涯，不只是解决经济独立与自我生存的问题，更是挖掘多种潜能、实现多种可能性的现实途径与手段。

新业态产生新经济，新经济促进新动能，新动能转而推动新职业的出现和发展。互联网时代的就业思维随着环境发生改变，相应地也带来了职业规划的转变。人们的职业选择表现为多元性整合模式与流动性的特征，人们不再需要在工作与生活之间求得平衡，而是将工作与生活有机地融合为一个整体。在数字经济时代，尤其是随着人工智能的发展，那些重复性工作将逐渐被机器人所代替，这会带来更多富有创新性的新职业与新岗位，使青年人的职业选择更为开放、自由与多元。

第二节　职业认知

一、职业信息的获取与分析

随着时代的进步和社会的发展，职业信息的获取和分析显得尤为重要。对职业信息的了解能够帮助大学生更好地规划自己未来的职业发展方向，提高自己的竞争力，实现自己的职业目标。对于即将毕业进入职场的大学生和刚刚进入大学的大学生来说，以下几点建议是可选择的途径。

（一）注重职业信息的搜集

职业信息的来源有很多，包括大学招聘信息、网络招聘网站、企业宣传册、招聘会等。查看这些信息可以了解到自己能够符合哪些行业和岗位的要求，同时也能知道自己需要提高哪些方面的学习能力和技能。

（二）注重职业信息的筛选和分析

对于众多的职业信息，不能随随便便地选择，而需要进行筛选和分析，找到最符合自己兴趣和能力的岗位和公司。可以参考历年的招聘信息或者咨询认识的人对公司的了解，对公司的发展前景、文化氛围、薪资福利等进行分析，从而更好地判断是否适合自身发展。

（三）注重职业信息的整合和利用

即将毕业进入职场的大学生应该通过找工作、参加面试等方式积累更多的工作经验，根据工作经验调整自己的职业发展方向。而刚刚进入大学的大学生应该积极参加校内外的实践活动、社会实践等，通过这些实践经验来增加自己的职业认识和能力。

（四）注重职业信息的更新和维护

职业信息是一个动态更新的过程，随时关注招聘信息，提高自身的学习能力和技能，对于未来职业方向的调整和迭代都能够更加从容和自信。

总之，职业信息的获取和分析是一项大学生们需要重视的任务。早做规划，及时了解职业市场的变化，选择合适的职业发展方向，将成为大学生们未来在职场立足并取得成功的重要因素。要判断一项职业是否具有自己想在工作中找到的特点，就需要了解从事该职业的普通工作者日常所做的工作、工资水平、所需的技能和训练、工作条件、典型的工作环境以及晋升机会等。人们在工作中所做的事情决定了他们正式的职业角色、职能以及事务，职业名称就是以这些为基础确定的，通过收集这些信息可以加深对职业的了解。

二、职业认知的内容

职业认知的内容主要包括以下几个方面。

（一）职业环境

职业环境是指所选职业在社会大环境中的发展状况、技术含量、社会地位、未来发展趋势等，包括社会环境和组织环境。职业环境对一个人的工作体验有很大的影响，它直接关系着人们对工作满意程度的判断。员工对其职业环境的满意度与他们的敬业度之间存在很强的相关性。

（二）岗位及职责

1. 岗位设置

不同行业、不同性质、不同规模的企业对岗位的划分和理解也是有很大不同的。通常，人事权威网站、职业分类大典、业内资深人士比较了解这个职业的具体岗位设置。

2. 核心工作职责

即这个职业一般都从事什么活动，哪些工作是这个职业必须要做的。了解职业的核心工作内容，有利于了解完成工作内容必须要具备的工作能力，这样就很容易找到职业要求和自己之间的差距。

（三）职业要求

1. 外在素质

通过对职业外在素质要求的了解，对比自己是否能够胜任，还有哪些要加强和补充的能力，从而可以将其规划到大学生活里。

2. 内在要求

工作与思维方式及对个人的内在要求。工作方式和思维方式是做好工作的保证，有些工作对人的内在要求是很高的，如责任心、投入等。这些要求是从内在来判断自己是否适合和喜欢一个职业的核心标准。

（四）工作地域

工作地域是指工作所在的省份区域，在选择工作地域的时候，地区企业发展前景和生活水平习惯是要考虑的因素。总之，选择一个省份或者城市的依据，是看该行业与企业类型在这个省份或城市的发展程度，以及能否让自身收获最大化。生活水平习惯是指气候环境、饮食习惯、生活节奏、物价水平等因素。

（五）待遇及发展

1. 薪资待遇及潜在收入空间

不同的行业、企业、岗位上还有一些潜在的收入空间。一个职业是有薪资调查的，如求职平台的调查，还有从师兄师姐处的了解等。

2. 职业发展通路

了解一个岗位对应的日后职业发展通路是什么，这个岗位有哪些发展途径，最高端岗位是什么，从入门岗位到高端岗位的晋升路径是怎样的。

（六）职业的局限性

通常职业的局限性是最容易被忽视的，然而任何一个职业都有其局限性，例如行业前景的限制、工作平台的限制、思维方式的固化等。正确地认识局限性有助于未雨绸缪。当个体在职业世界中对于职业的限制有一定的觉察和思考时，就可以及时提醒自己，为接下来的调整做好准备。

参考以上框架对职业内容进行探索后，如果还想深入地了解感兴趣的职业，可以通过对职业标杆人物进行研究。职业标杆人物，就是这个领域的模范。研究职业标杆人物，可以了解他的奋斗轨迹，逐渐加深对职业的了解，也会让你找到在这个职业领域奋斗的途径。

三、职业认知的方法

（一）职业清单法

每个人都有自己心目中理想的职业，将这些理想的职业列出来就获得了一个职业清单，分析职业清单中所列职业有什么共同点，就可能启发你想到更多值得探索的职业。在此基础上，结合你的能力和价值观再次从职业清单中进行筛选，你将最终得到预期的职业库。

研究表明，在做决策时，太多的信息容易让人迷失，反而让人拿不定主意；而过少的信息又起不到让当事人了解客观事实的作用。所以，毕业生在形成预期职业库的时候，库的大小应根据自己的情况适当平衡，通常 4~6 个职业的调查是比较适中的。在信息探索过程中，抛开自己固有的想法，保持开放的心态，就容易获得客观的信息。

（二）职业实践

职业实践是最好的职业探索方法，其中岗位实习又是最有效的方法。它的特点就是直接、具体、感悟深刻。具体步骤是：选择一种职业的具体岗位，亲自投入该岗位的实习中，了解该岗位的实际工作情况。利用寒暑假等时间可以参加不同岗位的实习。为提高实践效果，建议每次实习后撰写实践报告。对职业的了解要全面，既要看到职业光鲜的一面，也要看到艰辛的一面。

（三）职业调研

围绕个人希望了解的职业方向（或职业群），通过网络、书籍、期刊及有关声像资料进行初步查阅。选定某种典型职业，进一步对其入门所需的基本条件，如学历、资格证书、身体条件等进行查阅。通过查阅，大学生对自己做好职业工作所需要的知识、技能、生理条件及个性特征有一个初步的认识，对该职业的生存环境、发展前途以及个人循此发展可能取得的职业成就等形成初步印象。

为更好地了解职业，大学生可以针对自己心仪的公司进行一次调研，并且可以在整个大学里持续关注该目标公司，将搜集到的材料按照日志的形式整理成"目标企业成长记录"（表4.1），这本厚厚的企业资料是你求职的最好注释。

表4.1　目标企业成长记录

调研项目	调研结果
企业的官方网站是什么	
企业是何时成立的	
企业的创始人是谁	
企业的现任高层领导是谁	
企业的历任高层领导是谁	
企业在业内地位怎样	
企业的核心产品或服务是什么	
企业的规模或资产有多大	
企业有多少子公司和员工	
企业有哪些组织部门	
企业的企业文化是什么	
企业每年要招聘多少新员工	
企业的薪资福利是怎样的	
企业最近主办了哪些活动	
媒体是怎样评价的	
业内人士是怎样评价的	

续表

调研项目	调研结果
我的亲友有谁在那里工作过	
我的亲友有谁在相似公司工作过	
我去这家企业能做什么工作	
我现在离企业要求还有哪些差距	
我打算如何弥补这一差距	
我的下一步计划是什么	

（四）生涯人物访谈

生涯人物访谈，简单理解，就是通过访问成功的职业人物，了解他们的职业经历、职业生涯思考、职业规划、职业成就和职业心得等方面的内容，来帮助大学生们更好地了解职业生涯选择和规划。首先，进行生涯人物访谈可以帮助大学生们了解不同职业领域的门槛和发展路径，以及不同职业领域内部的行业规律和发展趋势；其次，生涯人物访谈可以帮助大学生们了解自己的职业兴趣和职业素质，帮助他们在校学习期间更好地匹配职业选择和发展方向；最后，生涯人物访谈还可以帮助大学生们提前了解职场生活，学习职业经验和职场技能，从而在求职和就业过程中更有针对性和竞争力。

1. 访谈准备和人物选择

在进行生涯人物访谈前需要着手一些准备工作，包括：确定访谈目的，即明确自己想要了解的内容以及访谈的具体目的，以便能够有针对性地问问题；了解访谈人物的背景、职业经历、成就等信息，以便访谈时提出更准确的问题和进行更深入的交流；根据访谈目的和访谈人物的背景准备问题，可以向访谈人物提问有关职业发展、挑战、成功经验、技能、职业规划等相关话题；和访谈人物协商好具体的时间和地点，确保自己能够充分准备和准时到达访谈现场。另外，准备好需要的录音设备、笔记本、纸张等工具，确保访谈过程中可以准确记录下访谈人物的回答。

在寻找可访谈的备选人物方面，可以通过浏览行业领域相关网站、社交网络等渠道，寻找在该领域具有代表性或者突出成就的人物。通过参加职业发展相关的活动，例如讲座、论坛、职业博览会等，结识相关人士并了解他们的成就、经验等。也可以询问身边有相关工作经验的人，看是否有可能通过介绍来找到访谈人物。主动联系相关媒体的编辑或者记者，了解他们是否可以提供相关的人脉和资源。最终选择的访谈人物要符合访谈目的，并且能够提供有价值的信息，让大学生们更能从中获得启发和帮助。

2. 访谈具体内容

进行职业生涯人物访谈时，可能需要问的问题有很多，但一般会提前与受访者就访谈提纲和内容进行沟通和确认，现场沟通交流时，可以在有限的时间内就基本信息和关心的主要内容集中询问。下面列出了一些重要的问题及其顺序：

（1）基本信息。姓名、年龄、职业等。

（2）教育背景。就读的学校、专业及学位等。

（3）工作经验。职业生涯中从事过的工作、工作内容和成果等。

（4）生涯规划。对自己职业生涯的规划和目标。

（5）职业发展。自己职业发展的方式和技巧。

（6）工作态度。自己对待工作的态度和价值观。

（7）行业趋势。对所在行业的前景和变化的看法。

（8）暂时阶段。当前职业的工作情况和改进空间。

（9）突破自己。曾经面临过的困难和如何去克服。

（10）人生经验。通过职业生涯所得到的经验和体会。

以上问题可以作为参考，至于具体问题的顺序可以根据个人需求来安排。在访谈过程中，需要注意的是要尊重被采访者的意愿和隐私，不要涉及一些敏感问题。通过职业生涯人物访谈，大学生可以更好地了解职场，制订职业规划并实现自己的成功。

3. 访谈问题举例

（1）您目前从事的职业是什么？在您的职业领域中，您主要的职责是什么？

（2）您的工作环境是怎样的？您的工作地点是在公司内部还是需要经常外出？

（3）您是如何进入您现在的职业领域的？是否有偶然性因素参与进来？

（4）您认为您的教育背景、技能、能力、人脉关系如何影响了您的职业发展？

（5）在您的职业生涯中，您遇到过哪些困难和挑战？您是如何克服它们的？

（6）您最大的成就是什么？您是如何达成的？这个成就对您的职业发展和个人生活有哪些影响？

（7）您的职业生涯中，有哪些人对您的影响最大？为什么？他们对您的职业生涯有哪些启示和帮助？

（8）您现在对自己的职业生涯有什么期望和目标？您希望在未来五年内达到什么样的职业发展和成就？

（9）您认为在您目前的职业领域中，有哪些发展趋势和机会？您希望通过什么方式来把握这些机遇？

（10）您在职业生涯中所取得的经验和技能，您认为有哪些可以转化到其他领域或职业中？您是否有考虑过未来转型的可能性？

（11）您对于毕业大学生在职业发展方面的建议是什么？您认为哪些方面的准备是必要的？

（12）您认为有效的职业规划和个人发展计划是什么？您是如何在职业生涯中自我规划和发展的？

（13）您如何看待职业与个人生活之间的平衡？在职业发展中，如何平衡工作、家庭和个人生活的需求？

（14）您认为在职业生涯中沟通和人际关系的重要性怎么样？您是如何在工作中建立良好的人际关系的？

（15）对于大学生，您认为什么样的实践和经验是在职业生涯中最有帮助的？它们如何帮助大学生提高自己的职业素养和就业竞争力？

注意：以上问题仅供参考，个人提的问题要根据自己的具体情况进行设计，设计的问题可以封闭式为主，既节约时间，又能得到需要的答案，问题设计尽量口语化、易懂。

4. 访谈结束后该做什么

（1）整理访谈内容。将访谈时记录的内容进行整理，包括主要问题及回答、个人感受和收获等。这样有助于我们更好地理解对方的职业经历，了解该行业发展趋势和自身职业选择的方向。

（2）反思访谈过程。将对访谈过程进行反思，思考自己该如何更好地提问、引导问题的探讨和解答等。

（3）总结经验。对访谈时成功或失败的经验进行总结，帮助我们提升职业发展中所需要的技巧和能力。

（4）分享心得。将访谈心得、感悟、经验等分享给同学或朋友，可以帮助他们更好地了解所关心的职业和行业。

（5）寻求建议。在访谈过程中，如果遇到不懂的问题或不了解的领域，可以向对方请教或寻求其他相关行业人士的建议。

（6）积极行动。通过访谈了解到的职业知识和建议，要积极地进行行动和尝试。可以通过参加实习、志愿工作或课外实践等方式来增加实践经验。

（7）保持联系。在访谈结束后，与对方保持联系，有机会可以向对方请教，也可以通过职业社交平台或微信等方式与对方建立更加紧密的联系。

当今大学生身处一个资讯发达的时代，搜寻职业信息的方法有很多，例如行业展览会、角色扮演等，也都是不错的途径。对于职业世界的探索，光讲方法是不够的，关键还要做到有心，随时留意周围的信息。一次谈话、一份身边的广告，都有可能帮助你逐渐建立起对职业世界的了解。另外，对于职业世界的探索只有太晚没有太早。

（五）借助新媒体获取职业信息

大学生通过新媒体渠道获取职业信息已经成为一种趋势，这种方法是非常简单、便捷、实用的，很容易帮助学生们更好地了解职场以及职业情况，做出更加明智的职业选择。

1. 社交媒体

社交媒体是大学生获取职业信息的主要途径，大量的招聘信息和招聘广告可以在社交媒体上找到。如微博、微信等国内社交媒体都有很多职业信息发布，用户可以通过关注招聘公司或招聘网站的账号获取最新的职业信息。

2. 招聘网站

招聘网站是大学生获取职业信息的重要渠道，招聘网站通过基于职业类型、地区和企业类型的分类搜索提供了丰富的职业信息，并且允许学生提交个人简历以便待招聘单位查看。

3. 求职 APP

求职 APP 是新媒体渠道当中比较新兴的一种方式，它们提供了移动端上最为快捷便利的招聘渠道，用户可以随时随地使用，获取职业信息。在求职 APP 上可以免费上传个人简历、设置求职状态、收藏职位、应聘岗位，并通过 APP 进行沟通等。

通过这些新媒体渠道，大学生可以获取各种职业信息，包括公司的背景和文化、职位信息、薪资待遇、职业发展等。不同新媒体渠道获取的职业信息有其特色和突出点。比如社交媒体上有更多的面向企业的招聘信息，招聘网站则提供了更为详尽的职位信息和企业信息，求职 APP 则更注重本地化的职位信息以及与企业直接沟通的通道。

总体来说，大学生通过新媒体渠道获取职业信息非常方便，新媒体渠道提供了多种方式可以让学生更好地了解职场以及职业。它们都有自己的优缺点，选择合适的新媒体渠道需要根据自己的需求权衡决定。

四、职业选择的原则与策略

(一) 职业选择的概念

所谓职业选择，是指一个身心健康、具有实际工作能力的社会成员，在社会分工的各个行业中，经过诸多方面相关因素的权衡，做出决定，进入某一部门，占有其中一个工作岗位的过程。这是建立个人与社会基本关系的一个重要步骤。

人类社会是统一的物质世界中最高级、最复杂的一种存在形式。从自然界的演化到人类社会的形成，是自然史上一次巨大的飞跃，这个飞跃的关键就在于劳动。劳动创造了人和人类社会，劳动是整个人类社会生活的第一基本条件。个人只有投入创造物质财富和精神财富的社会生产劳动之中，才能真正获得人所具有的社会意义。选择职业是一个人走向社会的开端，对个人以后的生活、对社会都具有重要的价值。

从个人角度来看，职业选择有助于达到个人的人生目的；从社会角度来看，职业选择将满足一定的社会要求。只有将这二者辩证地统一起来，才能使职业选择的价值得到实现。

(二) 职业选择的原则

在职业选择中，每个人的价值理念和背景不同，往往会做出不同的决策。但是，一个明智的职业决策应该遵循以下两个基本原则。

1. 现实性原则

现实性原则有两个方面的含义：一是指外部职业环境的现实性；二是指个人生活背景方面的现实性。就外部职业环境来说，个体职业选择时要考虑到特定的环境条件和时代要求，而不能脱离社会现实，孤立地追求"自我设计"，否则，就容易产生"天下无用我之地"的感觉，或者对找到的工作不满意。就个人生活背景来说，职业选择时要考虑到生活的各种状况，比如你的家庭经济状况很糟，你就不可能寻求一个薪水太低的职业（尽管这个职业可能很符合你的个人发展要求），否则可能连基本的生活需要都无法满足。

2. 发展性原则

发展性原则，是指个体在职业选择时还要考虑自己的个人发展和职业前途。工作本身应该有两个基本目的：一是通过个人劳动来赚钱，满足自己和家人的生存需要；二是通过工作实现自己的价值，获得个人发展。过去人们工作更多是为了实现第一个目的，但随着人们生活水平的不断提高，现在人们越来越重视工作的第二个目的。比如，有人为了自己将来更好地发展，宁可选择一个目前赚钱并不多的工作。需要指出的是，现在越来越多的年轻人在选择职业时很盲目，一味追求"时髦"，今天看到房地产市场比较"热"，就千方百计进入房地产行业工作，明天发现证券公司行情很好，就想尽办法进入证券公司工作，全然不顾自己是否适合在这一领域发展。

(三) 职业选择的策略

人们在谋求出路、寻求工作、选择职业时虽然受到多种实际问题的限制，但也不能被动地等待社会的挑选，或是坐等"天上掉馅饼"，而应该想方设法，主动采取各种策略，实现自己的需要和愿望。不同的人选择职业的策略存在着不同的特点，有不同的针对性。有的人考虑工作的刺激性，有的人看重人际的融洽性；有的人考虑稳定，有的人强调变化；有的人考虑施展才能，有的人强调社会地位；有的人做短期计划，而有的人则做长远打算。诸如此类，不一而足。概括起来，择业策略大致可以分为：探索性策略、以专业为重点的策略、以工作单位为重点的策略和稳定性策略。

1. 探索性策略

当人们刚踏入职业领域时，往往不能完全把握自己所选择的新的生活模式。这时就可以运用探索性策略，也就是试验的方法，即把自己生活的一部分转向新的生活，通过一段时间的实践，探索这种新的生活模式是否适合自己，然后决定自己未来的职业方向。

探索性策略只是帮助人们在多种职业中选择一份较为理想的工作。探索与真正的开始不同，它是暂时性的，如利用空闲时间去打工或兼职，或在某段时间里从事某项临时工作，这些都可以作为探索。通过尝试，人们可以在特定的时间里看到自己在某领域或某方面所能取得的成绩，然后根据自己的体验和成绩，做出更有远见、更切实可靠的决定，决定是接受这种职业生活，还是去寻找更为有效的工作途径。在探索择业的过程中，人们不仅可以通过更深入地接触职业，了解其性质，感受其过程，做出取舍、去留的决定，还可以通过具体实践，扩展眼界和知识面，积累某些方面的经验，为进一步适应工作提供基础、开辟路径。探索性策略至少可以使人在实践中有所收获、有所结交，成为对正常生活的一种补充和调剂。

2. 以专业为重点的策略

这是指个体在选择职业时，将"专业对口"作为考虑的重点，即求职者具有的知识、技能、经验与所要从事的工作、职业有直接的联系。这是以工作本身的内容、性质为中心的择业策略。对于学习过一定的专业知识和接受过一定职业训练的人来说，专业内容是他们曾经的方向并为之准备而具有相对较高熟悉度的东西。在接受教育培训前，或在学习之中，他们对所定的专业，大多都具有一定的兴趣和了解，或者逐渐形成一定的偏向和经验。这些都会一直延续到人们选择职业时的考虑范围和定向对象，甚至影响到以后工作中的积极性和效率。

采取以专业为重点的择业策略的大多数人，他们追求学以致用和才能的施展，更看重工作本身所能给予他们的满足感，以及从中所能获得的满意感、实现感和有利于个体长远发展的机会。

采取以专业为重点的择业策略的人们，在选择专业之初其实就已经基本上限定了今后的发展方向和前进道路，并且在选择职业时有明确的目标、足够的兴趣和信心，以及必要的知识和心理准备。

3. 以工作单位为重点的策略

从事一定的职业和工作，一般都是要依托一定的单位。就算相同的工作在同一性质的不同单位，也会有不同的条件、环境、气氛、交际、待遇、发展机会和成就可能。正是基于这一认识，有些人将工作单位作为择业策略的重点。

不同的单位，由于它们所处的地理位置、文化氛围和社会历史背景等不同，逐渐形成了独特的风格和传统。不同的单位，由于它们的生产基础、后备力量、管理方式和运行机制的差别，也表现出不同的状况和形象，决定了不同的经济效益和社会效益，预示着不同的生存机会和发展前途。不同的单位，由于它们的规模形式、人员结构、环境条件等的区别，也呈现出各自不同的优势和不足，比如，大单位有大单位的优点——名声响、人际交往广、眼界宽、机会多，而小单位也有小单位的优点——信息较密集、人际关联较深、易出头露面等。

有的人，正是看到了工作单位所代表和蕴藏的不同内涵和不同前景，在职业选择时，把工作单位作为首要的考虑因素，从而做出定夺。当然，这不仅基于工作单位的实际利弊，还基于社会上人们约定俗成的一些观念，以及个人对它的评价。在其他几种策略中，其实也存在类似的情况。

4. 稳定性策略

求稳拒变是中国人的传统性格之一。虽然，时代发展至今，开放而变革的世界使人们的观念发生了许多更新，"安贫乐道"不再是传统的精神贵族的高洁象征，"安分守己"也越来越因它的保守、封闭、缺乏活力和缺少创意而很难适应社会的需要，但是，安居乐业仍不失为一些人追求的生活模式。相应地，在职业选择中，便产生了稳定性择业策略。

选择稳定性策略的人们，主要追求的是职业生活中三方面的稳定性：第一，工作性质是稳定的，不像某些流动性强的职业需要经常东奔西走，南来北往。这样可免受奔波之苦，也可避免生活因之而产生矛盾冲突。第二，工作内容相对稳定。由于科学技术突飞猛进的发展变化，有些职业领域的知识要求和素质水平也在相应地进行调整，即使称不上日新月异，也是时有新法，特别是刚刚发展起来的一些新兴产业对传统工作的挑战和其自身的完善充实，常给人们带来落伍的危机感和更新的紧迫感。为避免这些冲击，有人就乐意在相对稳定的传统性职业中，寻求相对的轻松。第三，工作所能给予人的地位、待遇等保障较为稳定。有的择业者不求"一时热、过后冷"，不喜欢大起大落、大喜大悲，只希望安安稳稳地立身处世，也就是选择一条中庸平和之道。

拓展阅读：

人才缺口数千万　揭秘国家认证"新职业"

近日，中华人民共和国人力资源与社会保障部等部门发布互联网营销师国家职业技能标准，让"带货主播成为正式工种"冲上热搜。其实，随着互联网经济、数字经济、平台经济的发展，包括互联网营销师在内，一批又一批新职业获得国家"认证"。这些新职业都有哪些工作内容、薪资水平如何、是否有发展前景呢？

根据艾瑞咨询发布的《2021年在线新经济背景下的新职业与新就业发展白皮书》显示，国家政策设计方面，职业技能人才的社会地位和待遇获得提升，新职业将成为扩大中等收入群体、提升低收入群体收入的重要渠道。通过职业技能培训提升从业者能力与素养是人力资源开发和充分就业的前提，新职业人才服务市场未来可期。

1. 疫情催化在线经济发展，提供大量就业机会

面对新冠疫情的巨大冲击和复杂多变的国际形势，我国采取了以创新推动增长的策略，

通过采用新技术、新模式，创造新市场，在线新经济逆势增长。

一方面，疫情下远程办公、无接触配送等新市场被开发出来，虽然随着疫情常态化发展相应需求减弱，但部分场景及习惯得以保留；此外，疫情也起到了高效催化剂的作用，大幅促进已有的在线经济业态创新发展，如在线文娱、网络直播、电商直播、在线生活服务等，很多职业活动可以不依赖特定的地理空间便可展开，为中小城市及村镇提供了大量就业机会。很多新兴职业工作弹性很强，给劳动者提供了灵活就业及兼职机会。

多份公开研究报告显示，在线新经济催生了大量新职业人才需求和就业机会。例如，由公众号、小程序、视频号构成的微信生态，在2020年衍生就业机会3 684万个；2019年8月至2020年8月，共有2 097万人通过抖音平台从事创作、直播、电商等工作而获得收入，其中许多都是互联网营销师这样的新职业。

2. 新职业主要分布于新经济领域

"新职业"可以说是一个动态变化的概念，从广义上泛指在社会经济发展中应运而生并已经成熟发展起来的所有新兴职业类型。新职业专指《中华人民共和国职业分类大典》中尚未收录但已形成规模的职业，人社部发布的新职业主要采取向社会公开征集方式，经过专家评估论证、公示征求意见，按程序遴选确定，并向社会公布。

自2019年人社部重启新一轮新职业发布工作以来，已陆续发布过4批共56个新职业。新职业的发布对于引领产业发展、促进就业创业、提高职业教育培训针对性和有效性等具有重要意义。随着我国经济结构调整和人才需求变化，未来会涌现出更多的新职业类型。

从分布领域看，目前，新职业就业群体主要分布在新经济领域，其中又以现代服务业中的个人消费服务为核心。如以抖音、快手、喜马拉雅等为代表的"新媒体"，以拼多多、小红书等社交平台为代表的"新渠道"，以及以新茶饮为代表的"新产品"等所引发的新消费及其带动的供应链、传播、服务各个环节的变革所带来的新职业和新就业。

相较于新技术和新产业，个人消费服务领域的新职业就业灵活度更高、门槛更低、适用人群范围更广，也贡献了更广泛的就业机会。

3. 揭秘：新职业的待遇、就业前景如何？

（1）全媒体运营师。以全媒体运营师为例，根据人社部给出的定义，该职业需要综合利用各种媒介技术和渠道，采用数据分析、创意策划等方式，对信息进行加工、匹配、分发、传播、反馈等工作。随着互联网信息从生产到传播形式越来越丰富，传统的专注单一工作内容的"小编"很难做到精准传播、高效运营，进而产生了水平更高、能力更综合的全媒体运营师的需求，其职责类似传统内容运营、新媒体运营的"升级版"。

该职业从业者中，"90后"为绝对主力，女性居多，并且年轻从业者正在不断增加。运营岗位月薪普遍在5 000元至20 000元，用户运营、活动运营、社群运营等技能需求最为普遍。

网络经济的快速发展成为运营人才需求的驱动力。截至2020年，我国消费互联网企业从业人员超过千万。对于运营人才的需求已从互联网行业渗透至传统行业，甚至机械制造等行业也开始招聘运营岗位，在短视频平台及微信平台进行产品展示及售卖。

运营人才是如何"诞生"的？报告显示，目前主要靠自学及企业内部培训。高校尚缺乏针对性专业，相关教学内容还比较传统，未能与时俱进。不过，地方政府正在陆续启动相关青年技能培训计划，进行全媒体运营师等职位的人才培养。

值得关注的是，由于运营的方式方法更新过快，学校内的教育体系又往往存在滞后的问题，因此，急需专业的运营人才服务机构"助力"，为求职者提供完善的培训，同时为用人单位输送优秀的运营人才。

（2）互联网营销师。互联网营销师也是新近火爆的新职业之一。2020年6月，人社部向社会公布了第3批新职业名单，互联网营销师正式成为国家认证的新兴职业之一。人社部给出的定义为：在数字化信息平台上，运用网络的交互性与传播公信力，对企业产品进行营销推广的人员。

互联网营销师并非完全等同于大众所熟知的"带货主播"，这一职业已发展分化出包括选品员、直播销售员、视频创推员与平台管理员在内的4大职业工种。虽然各工种间的职业方向与职位功能存在很大差异，但他们彼此之间相辅相成，共同构成了互联网直播营销链条。人们熟知的那些带货主播在直播间的职位就属于直播销售员，他们在幕后也会参与选品、推广、管理等工作。

受新经济、新业态、新技术等因素驱动，人社部预测2025年行业人才需求缺口或达三千万到四千万。

这一职业的从业者中，年轻女性群体占主导地位，多分布在新一线城市，主播岗位平均薪资最高，如2020年的平均招聘薪资为11 220元。此外，他们的从业背景高度多元化，以主播岗位为例，他们的前行业除了主播，还有电商运营、客服专员、销售专员、演员、模特、美工等。

目前来看，电商领域对互联网营销师的人才需求最为旺盛，而这类人才的"诞生"离不开地方政府、社会培训机构、职业院校这三大主体的共同努力。不过，该类职业发展也存在准入门槛低、地区供需不平衡、人才培养尚未系统化等问题。随着国家层面对此类新职业人才职业标准的确立与规范，建立明确的培训标准与人才晋升机制之后，行业人才将得到更好地培养与发展。

资料来源：郭亚丽. 人才缺口数千万，揭秘国家认证"新职业"［N/OL］.（2021-12-08）［2023-01-07］. http：//education. news. cn/2021/12/08/c_ 1211477951. htm.

第三节　职业环境分析

一、职业环境分析的含义

职业环境分析指的是对某个职业领域的外部环境和内部条件进行分析，旨在描绘这个领域的未来发展方向和趋势，并为从事这个领域的人提供有用的信息和建议。职业环境分析主要包括3个方面的内涵：社会环境、市场环境和行业环境。社会环境包括人口结构、文化习惯、政策法规等与这个领域有关的社会条件；市场环境包括市场规模、竞争程度、市场需求等与这个领域有关的市场因素；行业环境包括产业结构、技术变革、供应链等与这个领域有关的行业因素。通过对这些环境因素的分析，可以为从事这个领域的人提供参考，帮助他们做出正确的职业规划和决策。大学生在进行职业环境分析时，学校环境和家庭环境也是不容忽视的方面。

（一）为什么要做职业环境分析

如果你希望抓住机遇，建立明确的职业目标，有效降低机会成本和降低选择的风险，那么深入的职业环境分析是必不可少的重要一环。社会发展趋势对于目前所从事的职业有何影响和需求？你选择的这个职业是不是社会越来越需求的职业？在此行业里，企业是否具有效力的发展机会？你如何让自己在选择的职业中保持核心竞争力？可能的风险有哪些？我们可以通过有效的职业环境分析得到启示或答案。

进行职业环境分析可以帮助大学生更好地了解职业市场，并为职业规划做好准备。随着社会的不断发展，各行各业的就业市场也在不断变化，大学生如果对未来要从事的行业市场不了解，就可能在求职中感到困难。通过对目标行业的环境分析，大学生可以更加清楚地了解行业的发展变化趋势、行业需求的特点等信息；可以更好地了解目标公司（机构）的情况，为自己应聘提供参考。对公司的情况进行分析，包括了解公司的面试流程、公司的文化氛围、公司的发展战略等方面，大学生可以进一步了解公司，并为自己的面试提供参考和筹划，提高应聘的成功率。

（二）职业环境分析的要求和内容

进行职业环境分析的要求是：通过职业环境分析弄清职业环境对职业发展的要求、影响及作用，对各种影响因素加以衡量，评估并做出反应。关注当前热点职业有哪些？发展前景怎样？社会发展趋势对所选职业有什么影响？要求如何？

职业环境可以从地区、内容、时间等不同的维度来进行分析。从地区上来讲，可以从职业的国际环境、国内环境和本地区环境等方面进行分析；从内容上来讲，可以从社会环境、行业环境、企业环境、校园环境、家庭环境、岗位环境等方面进行分析；从时间上非讲，可以从过去的历史、目前的状况和未来的发展趋势等方面进行分析。

拓展阅读：

职业规划离不开环境分析

王同学是一名旅游管理专业的学生。他心中一直有一个梦想，就是成为一名知名导游，带领来自不同国家、不同地区的游客饱览祖国的名山大川，把我国的旅游业向前推进一步。

王同学是个有心人，他一直在为心中的理想努力学习。因为他所在的城市是全国最佳旅游城市，一次，他从新闻中得知所在城市制订的政策特别有利于旅游业的发展，这更坚定了他成为知名导游的决心。他认为，除了要具备过硬的专业素质外，供职于知名的旅行社也很重要，只有到知名的旅行社工作，才能给自己赢得更多的机会。从此，王同学开始了自己实现梦想的职业生涯规划。除了努力学好专业知识和技能外，王同学每逢假日都到大型国际旅行社去实习，每次实习都能得到一些启发，使他对自己的能力和不足有更加深刻的了解。为了弥补自身的不足，他经常到图书馆查阅资料，阅读有关旅游地理方面的书籍，经常买一些旅游方面的资料进行研究，做好知识储备，为今后做一名知名导游打好基础。有了在校时的积累，毕业后的王同学很快就被一家知名旅行社录用了，现在已经成为业界一名小有名气的导游。

每个从业者都身处一定的职业环境，因此大学生可以从职业环境的角度出发进行职业探索。社会环境、行业环境、学校环境和家庭环境等因素共同构成了职业环境，大学生需要对各种因素进行探索。

职业环境无疑是个人职业生涯发展的外部约束条件，只有充分认识到外部条件的影响，个人的职业定位才会更加合理和现实，否则，脱离现实的规划和定位只会给求职者带来打击和失望。

二、职业环境分析的主要内容

（一）探索社会环境

个体的生活、工作都处在社会这一大环境中，因此个体的任何行为都会受到社会环境的影响。大学生只有在认真分析并大体掌握了社会环境后，才能更好地寻求自身的发展机会。

所谓社会环境分析，就是对我们所处的社会政治环境、经济环境、法治环境、科技环境、文化环境等宏观因素进行分析。社会环境对我们职业生涯乃至人生发展都有重大影响。通过对社会大环境包括国际、国内与所在地区3个层次的分析，来了解和认清国际、国内和自己所在地区的政治、经济、科技、文化、法治建设、政策要求及发展方向，以便更好地寻求各种发展机会。

1. 政治环境

政治环境包括政治制度、政策方针和相关法律法规。大学生需要熟悉与职业生涯有关的法律法规，如《中华人民共和国民法典》《中华人民共和国就业促进法》等，以及与自身想要从事的行业、职业有关的法律法规。同时还要了解国家和地方的政策方针，了解不同省市对于人才引进和就业培养的特色政策、不同方针。

2. 经济环境

个人的职业发展离不开经济环境。经济环境包括国家经济发展的水平和阶段、经济制度、国家财政收支情况、收入水平和国际贸易等。大学生要紧跟经济环境的变化，了解经济环境对人才提出的具体的新要求，并以此作为自己日常学习的目标，努力提升自身的知识水平和技能水平，以适应经济环境变化的需要。

3. 科技环境

科学技术的发展日新月异，科技已成为社会变革的重要推动力。历史上的3次科技革命都为职业结构带来了巨大的变化和发展。而随着我国科学技术水平的不断提高，未来科技将剧烈而持续地影响职业结构和环境，大学生需要时刻关注科学技术的变化，尤其是那些与自身想要从事的行业、职业有关的科学技术的变化。

4. 文化环境

文化环境是一个国家从历史上传承下来并经过长期沉淀而形成的环境，对人们的道德观念、价值观和行为习惯等有较大的影响。文化环境切实影响着人们日常生活中的点点滴滴，包括人们的职业生涯。因此，大学生在探索职业环境时，要认清文化环境对自身的影响，要对自己的价值观有清晰的认识，做出符合自身状况的、科学合理的职业生涯规划。

（二）探索行业环境

大学生要分析自身想要从事的行业的发展阶段和未来的发展趋势，以及该行业在国民经济发展中所占的地位，建立起对该行业的整体把握。

1. 什么是行业及行业环境分析

所谓行业，是指从事国民经济中同类性质的生产或其他社会经济活动的经营单位和个体等构成的组织结构体系，如林业、汽车业、银行业、房地产业等。行业与职业不同，行业是企业的集合。从事同类产品的生产销售企业或提供类似服务的企业达到一定的数量才形成一个行业。例如，家电行业就包括生产电视机、空调、冰箱、洗衣机等不同类型具体产品的若干家企业。在同一行业内，可以从事不同的职业。例如同在保险业，既可以是保险业务员，也可以是人力资源部经理。

所谓行业环境分析，就是要分析行业本身所处的发展阶段及其在社会经济发展中的地位，分析影响行业发展的各种因素。预测行业未来的发展趋势，判断行业对人才选拔的准入条件，从而为我们的职业生涯规划提供依据。

2. 行业环境分析的内容

一般来说，大学生可以从以下 7 个方面来探索行业环境。

（1）该行业的定义。想要进入某行业，大学生首先需要全面地了解该行业的定义。值得注意的是，不同的人或组织对同一个行业的定义不尽相同，因此大学生应综合各方面的信息，加深自己对该行业的了解。

（2）该行业目前的发展阶段、前景与发展趋势。大学生要明确该行业当前是处于萌芽阶段、快速上升发展阶段、平稳阶段，还是处于衰退阶段。行业的兴衰自有其客观规律，不受个人意志的左右。对于那些正处于萌芽阶段或快速上升发展阶段的行业，大学生要分析其前景及发展趋势，结合其未来的发展来确立自身的目标和方向。对于那些处于衰退阶段的行业，大学生要考虑是否值得入行及入行之后的发展问题。

（3）该行业包括的领域。大学生可以根据政府或行业协会对该行业的分类，明确该行业包含的具体领域，如建筑行业就包括房屋和土木工程建筑、建筑安装、建筑装饰等。

（4）该行业对人才的需求量。大学生要了解该行业对人才的需求量，如哪些类型的人才需求量大，哪些类型的人才需求量已经达到饱和，这样才能更好地做出职业选择。

（5）该行业的领头企业和杰出人物。行业中的领头企业和杰出人物往往具有该行业突出的特点和优势。通过对他们的了解，大学生可以进一步加深对该行业的认识和把握。

（6）该行业的入行条件。入行条件指一个行业在发展过程中总结出的对职场新人的入门要求，如具体的职业能力、相应的从业资格证书、某项特定的专业技能等。

（7）该行业的评估结果。大学生可以查阅该行业所属领域权威人士对该行业的分析与评估报告，脱离主观视角，从另一个客观的、专业的角度来重新认识该行业，这有利于完善自己对该行业的认识。

（三）探索学校环境

1. 学校环境分析

所谓学校环境分析，是对大学生个体成长过程中所受学校教育的分析。

进入大学阶段以后，大学教育的特点是按照专业门类来培养学生适应职业需要的基本素质和能力。通过这一过程，使学生从某一专业的逻辑起点达到能够解决该专业一定问题的理论和技术修养水平，从而形成适应某类或某种职业需要的专业特长。也就是说，大学生所受的专业教育直接制约着其职业适应的范围。如果大学生所学的专业面较窄，其职业适应的范围就小；反之，职业适应的范围就宽广。所以，大学生在制订职业生涯规划时，首先要了解本专业开设什么课程，培养的是哪些方面的技能；其次要对照适应未来职业发展有关的课程设置，寻找差距，进行补课。

2. 探索学校环境分析的内容

探索学校环境时，大学生的主要考察对象是求学过程中，学校的教育环境及自身专业的特点，即校园文化和专业环境两个方面。

（1）校园文化。校园文化指校园整体的文化氛围，包括学校提倡的价值导向、宣扬的校风校纪和大学生之间自主形成的学习风气等。校园文化是一个学校的灵魂，对外可展示学校形象，对内可塑造和培养学生的价值观。每个学校都有自己独特的校园文化。因此，大学生应对校园文化进行梳理，在了解学校教育资源侧重点的同时，充分利用师资、设备等软硬件优势，努力提升自身的能力，将校园文化优势转为自身优势。

（2）专业环境。专业环境指所学专业对大学生职业发展的制约和影响。社会对不同专业的人才的需求量不同，随着目前我国经济和科学技术的快速发展，优秀的科学技术人才变得十分抢手；同时随着第三产业的发展和升级，高端服务业、咨询业的专业人才也有了更广的用武之地。

毋庸置疑，由于大学毕业生就业结构性矛盾的存在，社会对不同学科专业和不同学校的学生需求程度也不一样。就学科专业来讲，随着高新技术产业的迅猛发展和国家对基础设施投资规模的加大，计算机、通信、电子、土建、机械、自动化、医药、师范等学科的大学毕业生需求旺盛，而哲学、社会学、经济学、法学、农学、林学等学科的社会需求时有波动。另外，在院校之间，重点大学、名牌院校、名牌专业的"名牌"效应呈现出优势，社会需求增长，其就业率也较高；而一般院校、一般专业的需求相对较弱。这种情况也会直接影响大学生的职业选择与规划。

一个人所受的教育程度和水平，直接影响到他的职业选择方向和获得他喜欢的职业的概率。总体而言，所受教育程度越高，职业选择难度越低。就社会需求而言，在学历之间，社会对高层次的复合型、外向型和开拓型的人才需求日益迫切，出现了对人才结构、学历层次要求"重心"的上移。在毕业生就业中，出现了研究生就业好于本科生，本科生好于专科生的局面。大学生在进行职业生涯规划时，应当认识到自己成长的环境与受教育的条件对个性形成的影响。各种教育内容的相互交叉和渗透，可以促进个人整体素质的提高。因此，大学生应当通过主观努力，改变自身的不利因素，终身学习和接受教育，全面提高素质，为求职择业和职业发展创造更加有利的条件。

（四）探索家庭环境

1. 家庭环境对职业生涯规划的影响

职业选择与家庭背景有着非常密切的关系，比如我们常常看到艺术世家、教育世家、商业世家等社会现象，家庭是人们生活的重要场所，人们的价值观、行为模式都会受到家庭生活和家庭成员潜移默化的影响。每个人的成长环境决定他们的价值观和行为模式，而这些对他们的职业选择倾向、就业机会都大有影响。所以，我们在进行职业生涯规划时，要对家庭环境进行客观的分析。

具体来讲，应该从家庭环境的角度判断自身在社会中的位置。一个人的家庭组成、家庭经济条件、社会关系、成员的关系及健康状况等因素，都和自己的职业生涯发展有着密切的关系。对有关家庭环境及其趋势的分析也是职业生涯规划的重要基础。例如，经济条件差的大学生，不太适合毕业后将考研、留学等继续升学、深造作为自己的规划方向，而应该将就业作为首要的考虑。

此外，在进行职业生涯规划时，不应该只把目光停留在现有家庭状况之上，还应该充分考虑变化因素，家庭状况毕竟不是一成不变的。例如，现在家里需要负担的人多，而挣钱的人少，经济条件比较困难，但也许过上几年之后挣钱的人就多了，需要负担的人少了，经济状况就会大大改观。

2. 家庭环境分析的主要方面

家庭环境包括家人的职业、家庭经济情况等。家庭环境对大学生的成长和发展有着重大且持续的影响。大学生在进行职业生涯规划时，一定要结合家庭的实际情况。

（1）家庭教育。家庭教育的方式和内容会影响孩子的性格及其与家庭的关系。在民主的家庭教育下长大的孩子由于从小得到了充分的尊重，一般都有较强的思考能力，这类孩子长大后在做职业决策时，能较好地结合自身条件，充分考虑家人的意见。而从小在溺爱中长大的孩子容易盲目自大，长大后容易不切实际地进行职业生涯规划，并且很少考虑家人对自己职业发展的意见。

（2）家庭资源。家庭资源指家庭成员的人际关系网或社会资本，如就业机会、社会关系资源等，这在一定程度上将会影响大学生就业的心态和择业取向。

（3）家庭经济状况。家庭经济状况也在一定程度上影响着大学生的职业决策。经济状况较好的家庭，可以减轻子女的家庭经济压力，子女可以选择继续读书深造或自由选择职业类型。而经济状况不太好的家庭，其子女可能需要考虑职业的经济效益，以谋求减轻家庭经济负担。

（4）家庭就业观念。家中长辈的就业观念在一定程度上会影响子女的就业观念。例如，父母希望子女从事稳定的职业，子女就可能会选择成为教师、公务员等。

三、职业环境分析的方法

（一）充分利用网络资源

利用网络资源不仅仅是为了获取招聘信息，更多的是要了解职业环境，并为职业生涯规划决策服务。可以通过互联网获取很多信息，例如了解用人单位的基本概况、行业排行、单位的发展状况、用人标准等。

（二）生涯人物访谈

了解职场社会，对职场人士进行访谈，是最直接、最易操作的一种方式。大学生可以根据自己的专业或者兴趣选择不同职业人士进行访谈与调查，借鉴他们的成功经验，吸取他们的教训，避免今后自己走弯路。可以将他们的生涯规划道路与自己的进行比较，不断地调整自己的职业生涯规划。

（三）参观、实习、社会实践

1. 参观

要想深入地了解职业环境，就必须深入一线企业，获得第一手资料。如果有条件的话，大学生可以到企业所在地参观，进行现场考察。若条件不允许，展览会也是提供一线企业信息的好场所。

2. 实习

许多规模比较大的用人单位，如跨国公司、机关、高校等常常有招聘实习生的机会。能去用人单位实习是一件对双方都有利的事情。从大学生的角度来看，实习不仅是从课堂理论学习走向实际应用的必要环节，也是对职业环境进行实际了解的重要途径。通过实习，大学生不仅可以深入了解用人单位的管理体制、发展潜力等情况，还可以学习用人单位的管理经验、技术方法，为毕业设计等提供素材，为就业创造条件。如果用人单位需要招聘人员，而你在实习期间的表现又不错，那你就可能成为拟招聘的最佳人选。可以说，通过实习，大学生可以更为全面和深刻地了解职业环境、企业环境以及岗位环境的情况。

大学生选择实习单位，要结合自己的职业生涯规划目标，锁定与自己专业对口的单位范围，同时应从是否有利于实现自己的职业生涯规划目标和发挥自己的专业特长入手，而不能一味追求名气、规模和级别。

3. 社会实践

要想真正了解一个职业，最好的办法就是亲自去体会。而对于在校大学生而言，参加社会实践和各种形式的实习和兼职则是最好的选择。当然，所做的应该是经过选择之后与自己想从事的职业相符或相关的。这不同于正式就业的方式，不仅可以帮助你更清楚地认识到职业是否真的适合自己，也为自己以后真正从事该职业积累了经验和感悟。

对于大学生来说，实践的目标还是学习，那都要学习什么呢？主要是以下6个方面：做人、做事、能力、知识、规则、思维方式。做人是根本，也是一辈子的事，要向上司、有为的同事等学习，看看人家是怎样为人的。做事就是办事能力，要学习如何分析问题、解决问题以及怎样解决工作问题，还有生活中的小事。能力，泛指一切让自己有提升的能力，如使用办公设备的能力、汇报工作的表达能力等。知识，包括社会中的知识、工作上的知识、交际上的知识等，要把握一切可拓展知识面的机会。规则，只要有人的地方就有规则，规则包括明显的条文、潜藏的规则等，尤其是那些工作上的规则，了解规则才能有效遵守和使用。思维方式是很难学的，这只能在潜移默化中、在你处处留心总结中学到，尤其是积极的心态、端正的态度等。

【本章思考题】

（1）如何理解职业的含义？职业有哪些分类方式和标准？

（2）职业认知的主要内容有哪些？可采取哪些方法进行职业认知？举例说明。

（3）什么是职业选择？进行职业选择时有哪些选择策略？

（4）进行职业环境分析时，可以从哪些方面进行描述？举例说明。

【实训项目】

1. 发现"好"工作

想一想你认识的人，你认为谁的职业是最好的？为什么？

步骤一：分组讨论，每组推选出一种职业进行分享。可以围绕三方面问题进行讨论：

（1）什么是好工作？

（2）你选择好工作的标准是什么？

（3）你所看到的工作来源于哪里？

步骤二：总结。

有些人认为"好工作"能让自己摆脱艰苦的工作环境、改善生活；"好工作"可以达成父母的期望；"好工作"是搞好学习的目标、个人成功的标志。然而这些定义都没有告诉我们工作的内涵，也就无法告诉我们职业的真正意义。

在正式进入职场之前，大学生要真正了解工作，可以从观察、了解身边人的职业开始，学会系统地了解、分析及判断将来可能从事的各种职业。

2. 关于职业信息

建议每6~8人为一组进行讨论，可以通过哪些渠道了解职业信息？需要了解哪些职业信息？按下列格式填写后，小组选拔一名成员进行汇报。

（1）搜集职业信息的途径和方法。

（2）职业信息的内涵。

（3）下一步我打算，通过以下渠道搜集信息。

（　　）收集、研究与特定领域的职业有关的书面信息。

（　　）采访有关人士，对我感兴趣的职业有进一步的了解。

（　　）从职业咨询老师那里得到更多的个人帮助。

（　　）通过选修课来检测自己对某一相关领域的兴趣。

（　　）通过参加社团活动来检测自己对某一相关职业领域的兴趣。

（　　）通过兼职、实习或者志愿者活动来检测自己对某一相关领域的兴趣。

第五章　大学生学业生涯认知

【内容框架】

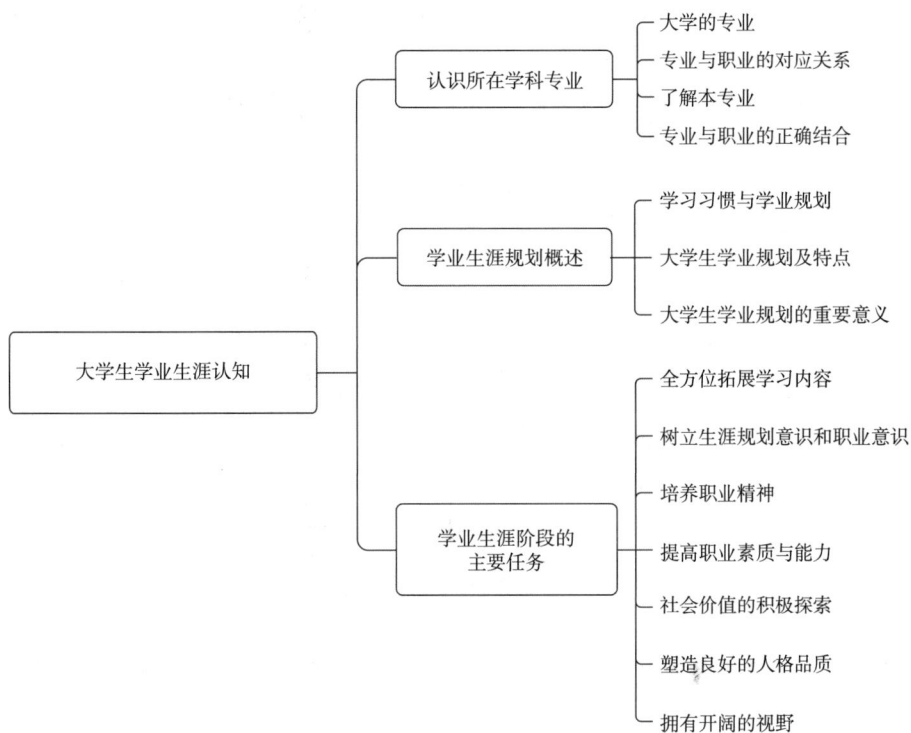

【学习目标】

（1）了解大学生活特点。

（2）了解大学的专业设置、了解本专业、掌握专业与职业的对应关系。

（3）了解大学生学业规划的内涵和特点。

（4）理解大学生涯的特点。

（5）掌握大学生学业规划的重要意义。

【本章导读】

"学非所愿"的根到底在哪儿？

日前有媒体报道了部分大学生在转专业问题上遭遇的问题和困惑。学生为什么要转专业？问题显然多出在"学非所愿"。

北京大学曾对24所在京高校部分师生发起调查，结果显示，1/3以上的学生对所学专业不感兴趣，80%的学生在填报志愿时对所填专业不是很了解。如果说"转专业"类似亡羊补牢，那么这么多学生"学非所愿"，问题出在哪了呢？

笔者从教二十余年，经常会有一些朋友和家长对孩子的专业学习进行咨询，希望对孩子如何选择专业提些建议。然而当问及孩子的爱好、兴趣时，很多家长说"孩子没什么爱好，也没什么特别的兴趣"。在笔者看来，这是比"学非所愿"更可怕的"学无所爱"的现象。如果学生不仅对所学专业不感兴趣，对其他专业也不感兴趣，这样即使转了专业也没什么作用。因为对于这些学生而言，不管选什么专业都是"学非所愿"。

深挖问题的根源，"学非所愿"虽然在高等教育阶段集中表现出来，但主要问题还是出在基础教育阶段。现在的一些中小学生，尽管学了很多课程，掌握了很多知识，考试的分数很高，但孩子们极为宝贵的爱好和兴趣，以及对世界的探索欲望却被消磨殆尽。

我们会发现，幼儿园的孩子往往好奇心很强，兴趣广泛。但上了小学后，随着课业负担的加重，个人兴趣开始慢慢减少，不少学生上了中学后就基本上没什么个人兴趣爱好了，因为他们几乎把所有精力都用在了应试教育上。虽然随着年龄的增长，人的兴趣的衰减、转移也是一种常见现象，但好的教育会维持并强化人内心的求知欲和好奇心。如果我们的基础教育违背人的成长规律、"重分轻人"，就有可能磨灭学生兴趣，透支学生未来。

再好的食物，吃多了也会伤了胃口。在一些学校和家长看来，学生知识学得越多越好、题目做得越多越好，但正是这种过度填鸭式的教育，磨没了学生的创造力和兴趣，就如同吃坏了胃口一样。

"为什么我们的学校总是培养不出杰出人才？"这句著名的"钱学森之问"，许多人都在试图破解，但有些人给出的解决之策却南辕北辙。比如，有人主张孩子在幼儿阶段就要学奥数、做习题、背古诗，认为这是培养未来杰出人才的妙招。殊不知，正是这种违背规律的学习方式，耗尽了孩子的兴趣和好奇心，这种超前、过度的教育方式，恰恰就是培养不出杰出人才的重要原因。

选专业，实际上就是在选行业、选事业。专业没有高低贵贱，行业也没有等级之分，如果一个人能够把自己的兴趣、爱好与所学专业结合起来，就能在积极的投入中充分释放潜能，就能在所从事的领域中肯于投入，表现出色。古今中外有卓越成就的人，莫不如此。

教育应该是有温度的，应该是有血有肉的。如果能够改变我们的培养方式，让孩子们摆脱应试教育的桎梏，除去功利化的束缚，采用更加多元化、开放性的教育模式，就能更好地保护、激发他们的好奇心和求知欲望，使学生对知识学习产生浓厚的兴趣与热爱，才能更好地培养他们的创造力和探究精神，基于明确的兴趣和爱好，学生在选专业时就不会无所适从。这才是解决"学非所愿""学无所爱"问题的根本所在。

资料来源：苏令. "学非所愿"的根到底在哪儿［N/OL］.（2015-04-13）［2023-01-11］. http://pgy.jyb.cn/rp/rp_ detail.html? docid＝30209.

第一节 认识所在学科专业

一、大学的专业

2023 年 4 月，教育部发布了 2023 版《普通高等学校本科专业目录》。2023 版本科专业目录包含工学、文学、管理学、医学、艺术学、法学、理学、农学、教育学、经济学、历史学、哲学 12 个学科门类、93 个专业类、703 个本科专业。本次新列入 21 个本科专业，并首次在工学门类下增设交叉工程专业类。在 93 个专业类中，外国语言文学类包含专业数量最多，合计 104 个专业，主要是小语种专业。外国语言文学类、公安学类、电子信息类、公共管理类等 4 个专业类所含本科专业数量均超过了 20 个。材料类、机械类、计算机类等 23 个专业类包含的专业数量在 10~20 个。电气类、经济类、历史学类等 66 个专业类包含不超过 10 个本科专业。民族学类、交叉工程类、天文学类、法医学类、口腔医学类、中西医结合类等 6 个专业类仅包含 1 个本科专业。

大学生要清楚自己所学的专业属于哪一学科门类和哪个一级学科，然后要对一级学科的基本特色有所了解，把握本学科与相近学科的前沿知识和发展动向，以及本专业在学科中的位置和生存发展空间。大学生还要对所在学院的专业人才培养方案有所了解。不同的院校会根据自己的学术水平、服务对象、社会影响等对培养的人才有一个基本的模式，比如这些专业人才都具备哪些能力？一般会进入哪个行业领域工作？是走研究型道路还是走应用型道路，或是走复合型道路？是去做技术工作、设计工作、管理工作，还是其他？

专业学习的过程是培养学习能力和思维能力的过程，通过专业学习培养起来的综合素质比掌握专业知识本身更重要，这些素质和能力将终身受用。因此，以"不喜欢所学的专业"和"以后肯定不做与专业对口的工作"等为理由一味地抱怨专业，为自己的懒惰、不思进取找借口都是不可取的。

二、专业与职业的对应关系

大学的专业包括专业背景和专业素养，专业背景就是你所学的专业知识，而专业素养是指你所具有的专业能力。比如一个学生，她学的不是新闻专业，但在大学里，她进入了学校的宣传部做学生助理，在校园广播站做记者，在这些活动中培养了新闻专业的素养，因此未来她很可能去传媒行业就业。这就是专业背景与专业素养的关系。专业与职业的对口更多地指专业背景的匹配，专业与职业无关更多地指专业素养的匹配。相对于专业对口来说，当今社会中大学生的跨专业就业趋势越来越明显。

大学专业与职业的对应关系有许多不同的类型，主要有以下几种类型：

（1）直接相关型。这种类型的专业与职业之间存在直接的联系和对应关系。例如，电子信息工程专业与电子工程师职业、医学专业与医生职业等。

（2）间接相关型。这种类型的专业与职业之间虽然没有直接的对应关系，但有一些相似的领域或职业与之对应，例如，计算机科学专业与程序员、互联网工程师、数据分析师等。

（3）转换型。这种类型的专业与职业之间并没有直接相对应的关系，但学生可以通过学习专业中的相关基础知识和技能，以转换为其他领域的就业机会。例如，语言学专业可以转化为翻译、编辑、教师、国际商务等职业。

（4）综合型。这种类型的专业与职业之间包含多种不同的技能和知识，可以涵盖许多不同的职业。例如，广告与公共关系专业可以涵盖广告代理人、公关经理、品牌策划师等多个职业。

（5）创新型。随着社会和科技的发展，许多新兴行业和职业不断涌现，这些职业一般都需要创新型专业人才来进行创新、探索和开拓。例如，人工智能工程师、虚拟现实设计师等。

总之，不同类型的专业与职业间的对应关系不同，大学生在选择专业时应该结合自身情况和就业需求，综合考虑不同的因素，选择与自己兴趣和能力相匹配的专业和职业。

三、了解本专业

（一）了解本专业开设情况

1. 了解自己的专业

大学专业的选择对于每位大学生来说，都是一项意义重大的决策。

首先，要了解自己所学的专业在大学是如何开设教学的。这包括专业核心课程的设置、选修课程的范围、实践性课程的开展情况等。理性地分析自己对于此专业的兴趣程度、学习能力和未来发展方向，从而判断是否符合自己的个人发展需求。例如，某些专业在课程设置上过于枯燥，难以吸引学生的兴趣，这时候可以寻找感兴趣的选修课程来补充自己的知识储备，以便更好地发挥自己的潜力。

其次，要明确自己学习的专业与未来的职业机会之间的关系。在选择专业时，需要有一个清晰的职业规划，如此才能更准确地了解自己的专业方向是否与未来的职业发展方向相符。同时，针对自己的个人优劣势，还可以思考如何结合专业学习，增强自己的竞争力。例如，一个学习计算机科学的学生，如果希望成为顶级软件工程师，他可以通过在大学期间积极参与实验室研究、参加编程比赛、参与校园创业比赛等方式来提高自己的技能。

最后，要考虑自己学习的专业与未来人生规划的长远性。例如，某些新兴的专业在大学时期可能比较受欢迎，但是其未来的就业市场并不稳定，这就需要仔细权衡。可以通过调查未来人才市场的需求趋势和行业的就业前景，来获得更全面的信息和对未来人生规划的指导。

总之，了解自己学习的专业，需要从多个方面入手，包括专业开设情况、与未来职业机会的关系以及长远性人生规划等。只有对这些方面有一个全面的了解，才能做出更好的决策。

此外，在当今高度信息化和知识化的时代，专业之间的个性差异越来越小，知识综合化程度越来越高。在求职择业时，用人单位越来越看重求职者的道德修养、知识结构和能力。倘若具备较强的学习能力，能够不断吸取、学习新知识，具有专业的拓展能力，职业的适应能力就强，将来无论从事哪种职业都是较容易取得成功的。所以，未来的发展趋向也并不完全取决于大学时期的专业选择。

2. 专业探索的方法

（1）了解哪些学校开设这个专业，以及各高校在培养特色和优势研究方向上的侧重点差异。通常某一个专业会有多所高校开设，比如计算机专业在我国有500多所高校开设，而各高校的课程设置情况也不尽相同，但该专业的主干课程在这些高校中都会开设。

（2）了解本专业在本校的开设情况、地位、优势。行业专业之间具备一定的关联性，充分了解专业在本校的开设情况，比如与所在学（院）部的其他专业之间的横向关联性、发展交叉情况等。

（3）了解学校、专业的地理位置的区域优势、资源等。在地区区域优势方面，发达地区与欠发达地区的就业形势差别很大，更多的毕业生选择在大城市就业，而较少毕业生选择在小城市就业，但无论是在大城市还是在小城市都有一定的优势和弊端，必须要科学合理地考虑就业的问题。

在地区资源优势方面，要了解地区是否具备跟专业相关的资源优势。比如该区域是否有产业园或有相应的产业等。

（二）了解本专业所需知识体系

职场岗位的底层能力需求是基本一致的：扎实的职业基本技能、优秀的专业知识、职业素养及品德等。其核心就是专业技能、专业知识。专业技能、专业知识必须通过扎实的专业学习来取得。

通常来讲，一定要了解本专业的优势和特点。不考虑行业性，每个专业都会有一套核心知识体系，这套核心知识体系能够提供指导并帮助建立特定专业范围的人才培养方案。人才培养方案是把学生的德、智、体全面发展，知识、能力、素质教育纳入本科教育的全过程的方案（计划），包括第一课堂与第二课堂、课内与课外的统筹安排，以及相应的教学进程安排（教学计划）。

进入专业学习后，首先要做的就是了解、吃透人才培养方案。初步了解本专业要求的学习体系，哪些是专业核心课程，哪些是专业选修课程，通识必修课的组成是怎样的，学校提供了哪些非限制性选修课可以学习拓展丰富自己的知识体系，专业的学分要求、绩点要求等。

（三）了解本专业发展方向

专业发展方向可以从三个方面考虑：第一，这个专业的发展前景如何？第二，就业前景如何？第三，提升空间如何？

1. 发展前景

随着时代的不断发展进步，各行各业也在迅速更新换代。作为专业认知的重要组成部分，我们需要清楚本专（行）业的发展前景，是"夕阳产业"还是"朝阳产业"。

有些传统行业技术已经成熟，连续创新趋于枯竭，市场饱和，产品趋于同质性，竞争激烈等，如现在的 PC 业务，一定程度上可称为夕阳产业。IBM 觉得 PC 业务没什么利润，只能占用大量资金，甚至可能带来亏损，于是将 PC 业务出让给联想，转而将资金投向笔记本、服务器和电子商务解决方案等项目中，提高投资利润率。有些专业发展前景可通过教育部每年发布的各高校削减专业统计情况进行了解，尽快调整方向。

新兴产业可以认为是朝阳产业，具有强大生命力，是技术的突破创新带动企业的产业，市场前景广阔，代表未来发展的趋势，一定条件下可演变为主导产业甚至支柱产业。新兴产业对专业要求比较高，需要学习最新的专业知识，更需要知识创新，才能有好的专业发展。

2. 就业前景

一般来说，理工类岗位就业需求多、较稳定。计算机、微电子、通信等电子信息专业人才社会需求巨大，毕业生供不应求。特别是在计算机及其配套产品、移动通信、电子消费品生产方面，以及一些新的研究领域如网络通信、网络保密研究、可视电话、图像传输等领域，人才的需求量很大。

近年来，我国民航业迅速发展，而民航业却存在着巨大的人才缺口，许多民营航空公司为此展开人才大战，高薪挖角。这使民航管理专业的毕业生就业的薪资待遇更好。

随着医疗体制改革的不断深化，将会有更多的私立医院出现。由于人们工作、生活的压力不断增大，患病率也在不断增长，现有的医疗系统不能完全满足社会的需要，而形成了医疗行业的卖方市场。这使医学类专业的学生更为抢手。据相关部门分析，将来从事老人医学的人才需求会持续增长，保健医师、家庭护士必将成为热门的人才。这些就业前景或就业统计可以从国家相关就业统计报告中得出，要及时关注。

3. 提升空间

除了就业前景之外，从长远来讲，在学生阶段还需要考虑专业的提升空间，包括专业的深入学习前景如何，考研甚至考博的吸引力如何。比如一些应用性很强的制造类专业，应用实践是它的特点，对于需要深层次提高的同学来说提升范围比较窄。

从职业角度来看，大学生们需探索考虑专业的国际拓展性如何，专业技能培训、国际交流提升的机会大不大，多不多。这些内容可以从专业导师的培训交流或者参加相关行业的实习实训中了解获取。

拓展阅读：

专业与职业的动态链接

常言道"干一行，爱一行""三百六十行，行行出状元"，看似枯燥乏味的本专业，实际上有着自身存在的内在合理性，只是作为刚刚入学的新生，还未能有深入的体会。兴趣是可以后天培养，后天习得的，如何才能培养对本专业的兴趣呢？这就需要对兴趣进行发散，把已有的兴趣与本专业相联系，从而培养对本专业的热爱。举一个简单的例子，某同学 A 对经济学感兴趣，然而高考时服从专业调剂，不慎调剂进了就业前景不甚乐观的历史学，但是 A 同学并不气馁，也不放弃固有的兴趣，而是将兴趣与历史专业相联系，定下了研究经济史的目标，成功考入华中师范大学近代史研究所，专攻中国近代经济史。

资料来源：史言. 专业与职业的动态链接 [EB/OL]. (2019-06-29)[2023-01-21].

四、专业与职业的正确结合

对于刚进入大学校园的大一新生来说，之前报志愿选专业是一件最为纠结的事。一方面要考虑专业的就业前景，另一方面要考虑到自己的学习兴趣。然而，最普遍的情况就是二者不能合二为一。

在这里，有两种观点需要纠正。一种是认为专业不重要，大学主要是对综合素质和学习能力的培养，所以专业的选择对个人发展并无大的影响，只要综合素质强，随便什么专业都可以成功。但是如果抱着这样的态度，忽视对自己兴趣的考量，那么在这条路上有可能会走不下去。另一种观点是对热门专业从一而终，认为只要选择了好专业，将来能投身于热门行业，也就别无所求，失去了奋斗目标和人生理想，整日沉湎于琐碎而庸俗的现实生活。这两种态度都是片面的，而且非常危险。

一切职业都要求从业者具有相应的知识、能力和技能。知识是人类认识的成果，是培养能力和提高技能的基础，也是大学生就业的基础条件。所以，无论你选择了哪个专业，是喜欢或者不喜欢，既然选择了这条路，在短时间内没有办法更改专业的情况下，我们需要静下心来，做好眼前的事，对本专业重新找到自己的突破点，端正自己的态度，学好当下的专业知识，努力提升自我的能力，等到机会来临的时候才能抓住它。

另外，我们要培养自己的能力。大学里的知识不仅仅是在课堂上学到的，课外生活的阅历或许无意中会帮我们学到很多东西。能力可分为一般能力和专业能力。一般能力包括自学能力，如阅读、使用工具书、利用文献信息资料、独立思考等方面的能力；表达能力，主要有口头的和书面的表达能力；环境适应能力，如独立生活、人际交往、应对挫折、独立工作等能力；创造能力，如从事科研活动、提出新见解、新发明等。在学校你可以尝试着参加一个社团，竞选一个部门的部长，由于在某些活动的组织过程中需要你运用不同的能力，这样就在实践活动中提升了自己的能力。学校不只是来学习知识的地方，也是培养自己能力的地方。如果有充裕的时间，也可以走出校门找个兼职或者是实习，并结合自己的专业，使自己的专业知识得以发挥作用。

专业能力因专业的不同，有不同的内容和要求。但无论是什么专业的大学生，都要具有一定的专业能力，在就业准备期应该做到：学好专业知识；参加有关的科技活动和科研活动；结合专业参加社会实践活动；认真进行专业实习；认真做好毕业论文等。这是大学生为四年之后的就业做好准备的关键。

第二节　学业生涯规划概述

职业发展是人生全面发展的重要组成部分，大学阶段是从学习到工作的过渡阶段，是职业生涯规划的关键时期。职业生涯目标是个人职业生涯规划的重要内容。但是目标该如何确定，很多人对此感到茫然，尤其是尚不成熟的大学生，往往是看到别人这样做成功了，自己也就跟着盲目模仿，今天学这个，明天学那个，自己没有经过深思熟虑，没有主见，结果消耗了时间，错失了良机。大学阶段需要先对学业生涯目标做出规划，这是未来职业目标实现的基础和前提，而学业生涯目标的实现离不开一个好的学习习惯的养成。

一、学习习惯与学业规划

我们可以养成的习惯很多，但是我们不能否认培养一个习惯是很耗能的。所以，我们不能随意地确定一堆习惯让自己建立，那样效果往往是适得其反的。那么如何确定什么是自己想要养成的习惯呢？问问自己，希望生活发生怎样的改变？或者希望自己的学习发生什么样的改变呢？

当所有的工作都在有序进行时，你还会发现自己在建立习惯的过程中会有一些抗拒心理。有时候，你可能觉得建立习惯性行为会限制自身的主动性和创造性，比如安排固定的时间看书等。事实上，如果不把活动变为习惯和规律，我们通常永远不会再去尝试它们，结果往往不是顺其自然，而是让我们被动地生活，任凭自己的精力和时间被他人的需要所占用。

在一个有规划、有规律的生活中，我们可以妥善地安排时间，为更好地发展自主性和创造性提供时间保证。更重要的是，我们可以把自主性和创造性与这种习惯性行为完美地结合起来，并可以更好地发挥自主性。

（一）学习习惯的养成

不同于高中学习，大学学习有充裕的时间让同学们自由支配，这就为发展自己个性化的学习提供了基本条件。大学期间知识技能的提升不仅可以通过课堂来实现，而且可以通过充分利用图书馆的资源来实现。有时间去图书馆四处走走，熟悉那里的氛围，去不同的教室看看，总结自己在哪里学习效果会最好。

想要顺利完成学业目标，必须了解什么样的学习方法最适合自己。每个人都有适合自己的学习方法，想象你的老师要教你一个很生僻的知识点。你比较喜欢你的老师使用下列哪一种方法开展教学？是告诉你所有的细节让你背出来，是让你自己自学书本上关于这个知识点的所有细节，是让你去看跟这个知识点有关的视频资料，还是要求你自己利用网络资源和图书馆资料去研究这个主题？

这里向同学们推荐 CREAM 学习法，这是一种开放式的学习方法，即创造力（creative）、反思（reflection）、有效（effective）、积极（active）、动力（motivated）。

1. 在学习过程中发掘自己的创造力

随机选择两件物品，尽量多想一些可以把两者联系起来的方法，比如大小、颜色、破碎的方式、有没有冲突、如何旋转、什么时候买的等，这是在训练横向思考的能力。或者在屋里找三件圆形的东西，找三件能打开的东西，你很可能会发现屋子里很多这样的东西。类似的，如果你想找做事的新方法或者问题的新答案，也会找到很多。

其他培养创造力的办法有：告诉自己正确答案不止一个，想出一个答案后，再继续思考第二个答案。第二个答案可能更好，或者可以完善第一个答案，学会把两个答案结合起来。也可以把一种动物的上半身和另一种动物的下半身结合起来，你创造出了什么新动物？发明创造的精髓就是把不同的观点或背景结合起来，创造出一种全新的类型。还可以运用比喻，即用一种事物代表另一种事物。试着从不同角度看待一件事或一个学习难题。把问题变成视觉图像，从学习的背景中抽离出来，看看它像什么具体的物品。

2. 反思性学习

作为一名大学生，要为自己的进步负责。除了老师对你进行的考核，要通过一系列的自我分析和反思，独立思考自己擅长什么，需要改善什么，有哪些要优先完成的任务。定期花点时间思考自己是怎样学习的，如果能养成反思的习惯，你的学习成绩会大大提高。如果能觉察到学习动机、态度和想法上的变化，思考目前的学习策略适不适合当前的任务，时常反思学习的障碍、自己不足的知识或技能，你的学习效率会大大提高。

3. 高效学习

有时候我们把每一本书都从头读到尾，但实际上并不是每一本书的每一页都很重要，应该采取有效的阅读策略。有时候我们把笔记记得非常详细，但可能没有时间好好思考自己记下来的内容。有时候我们连续学习很长时间之后，很容易疲劳，思路不清晰或者觉得乏味而走神。

高效学习体现为尽早着手。不要等拿到所有的书才开始，只需要一张纸和一支笔就可以开始。如果不想学习，先强迫自己学 10 分钟，快速记下自己的问题，帮助自己集中精力，列一份要完成的任务清单，尽快开始着手工作，这样能帮助我们高效学习，因为接到任务之后，即使去做其他的事情，你的大脑还会在想刚才的问题。

4. 积极学习

积极学习是对应于消极学习来讲的，采用积极的学习方法，学习效果会更好。参考积极学习的特征，梳理积极学习的好处。

5. 保持学习的动力

首先，要强化学习动机。思考自己要学习这门课程的原因，并完成自我训练里面的题目，定期做一次，以此强化学习动机。其次，要设定目标，就是把任务分解成若干小目标，通过实现具体的小目标，以鼓励自己争取获得更高的目标。通过设定一些容易实现的目标和期限，增加成功的机会，每实现一个短期目标，就给自己一些鼓励，并找一个日记本，记录下自己取得的成绩。最后，找一个鼓励自己、对自己有信心的人谈一谈自己的目标，寻找他的支持。

对学习习惯的实施，必须进行自我管理，也就是对于目标时间内的目标任务完成情况进行自我检查，养成一种担当的精神、品质与能力。

（二）学业规划的概念及内涵

学业规划是一个大工程，它是个人人生规划的一部分，又是一个立足于大学各个环节的具体规划，以学业规划来帮助大学生明确学业目标，建立自主学习观念，改善学习方法，提高学习效率。以人生规划来为大学生的未来发展进行策划与设计，实现从学业生涯到社会生涯的顺利过渡，实现学业规划与人生规划的相互协调与结合。学业规划以人生规划为基础，人生规划要以学业规划为着力点。

学业规划是一个整体的概念，具体到实践，就需要把学业目标分解到各个学业阶段里。有调查显示，不少高校毕业生缺少对人生发展方向的清楚认识和明确的学业规划，不注重专业学习，导致学业收效甚微，就业优势不足，以致很难找到满意的工作，或在工作后频繁跳槽，给自己和用人单位都带来损失。在这些问题背后，其实质是大学生在学业规划和人生规划方面存在着问题。

大学生的学业是指大学生在高等教育阶段所进行的以学为主的一切活动，是广义的学习阶段，它不仅包括科学文化知识和专业相关技能知识的学习，还包括思想道德、社会实践能力、组织管理能力、科研及创新能力等的学习。大学生的学业规划，就是大学生根据自身情况，结合现有的条件和制约因素，为自己确立整个大学期间的学业目标，并为实现学业目标而确定行动方向、行动时间和行动方案的过程。具体来讲，是指大学生通过对自身特点和社会未来需要的深入分析和正确认识，确定自己的职业目标，进而确定学业发展方向，然后结合自己的实际情况制订学业发展计划，并拟定实现目标的步骤和具体实施方法的过程。换言之，学业规划就是大学生通过解决学什么、怎么学、用什么学、什么时候学等问题，确保自身顺利完成学业，为成功实现就业打好基础。

二、大学生学业规划及特点

（一）大学四年的学业规划

对于刚进校的大一学生来说，如果被问到为什么参加高考，你会觉得这是理所当然的过程，因为身边的同学都是这样做的。进入大学之后，情况似乎不是想象中那么简单了，没有规划好的路，没有做同样事的同学，这时候该怎么办？你为什么要读大学？你想如何去读大学？这些似乎成了不得不思考的问题，紧随而来的，思考各种各样的目标就成了你生活中很重要的一件大事。

当你开始思考目标问题的时候，规划和行动也就逐渐变得水到渠成了。因为目标先于规划，规划先于行动。行动是检验目标和规划的重要标准，目标和规划是行动的指导思想，是指路灯。因此，大学生要有意识地培养自己的目标意识，在目标的基础上做好自己的学业规划。

1. 专业学习认知与专业发展认知

一般情况下，专业学习认知可以通过认真学习专业导论课（专业基础课）和积极参加与专业相关的校园文化活动来实现。专业导论课是一门系统认识所学专业的基础课程，可以加深同学们对本专业的自豪感和认同感。与专业相关的校园文化活动，包括课外科技竞赛、学科竞赛、与专业相关的学习沙龙、学长经验交流会、学生专业论坛等多种活动形式。

专业发展认知可以通过职业规划与专业实习实践来实现。同学们需要通过大学生职业生涯规划课学习并确认本专业的职业发展方向和职业素质能力，专业实习实践一般在大学的寒暑假进行，低年级同学可以通过参观企业、调查研究和兼职打工等社会实践的方式走进工作世界，而高年级同学可以直接在意向的公司、企业参加实习，从而对专业领域有进一步的认识。

2. 通识课不可忽视

在大学期间，大学生不仅要学好专业课程，更要学好通识课程，加强自己在人文、社会和自然科学方面的素质培养，通过通识课程的学习，大学生还可以培养自己转换专业、发展专业的能力，而这种能力，可以使我们适应瞬息万变的社会。

接下来就是根据未来目标思考现在应该怎么做。在此之前，需要对自己进行自我定向，自我定向又分为宏观定向和微观定向两个方面。宏观的自我定向，即自我确定今后的人生发展方向，比如你的大范围是从政、从学、从商，还是从事社会服务等。微观的自我定向，即确定大学四年后自己应该做什么，是保研、考研、出国、就业、创业、当兵、加入国家政策性就业队伍还是参加志愿服务等。

无论你将人生发展定位在哪个领域，落实到毕业后应该干什么这个问题上，都会存在几种选择方式：就业→创业、就业→深造→创业、深造→就业→创业、出国→深造→创业、出国→深造→就业、就业→深造→再就业。到底哪一种方式适合自己，要根据自己的实际情况，也要考虑个性特征。

（二）大学生学业规划特点

1. 独特性

学业规划需要学生根据自己的理想规划自己的学习，并为此付出奋斗，这个过程对每个人来说都是不一样的。从人格心理学的角度上讲，每个人都是独一无二、不可替代的存在，有着自己独特的人格特质和成长过程中的文化背景。每个大学生都是一个独特的个体，他们的个人特质、职业能力、职业素质都是不一样的。

2. 发展性

大学生的学业是一个动态的发展历程，每名学生都是自己学业生活的主体。当自我的学习经历不断前进，认识不断深入的时候，个体相应的需求也会发生变化；不同的学业阶段，个体对自我、对社会和所学专业的看法也会发生改变。这源于大学生主体自身的"创造性"，也来自社会与教育环境的不断变化发展。

3. 综合性

大学生学业规划是以学生角色的发展为主题，但是相应的思想道德修养、社会适应能力、个人身心素质、创新意识等综合素质的提升也必不可少。大学生的发展可以简单概括为：第一，全面发展，指的是每个大学生的各个方面都能得到均衡协调发展，而不是仅仅在专业技术或某一方面得到发展；第二，共同发展，指的是大学生学业规划面对的是全体学生，而非仅仅是其中一部分，根本追求是每个大学生都能实现自身发展目标；第三，科学发展，要求大学生发展目标的确定、发展路径的选择、发展规划的实施都必须适应大学生的兴趣，符合社会发展要求，适应市场经济的要求；第四，和谐发展，是大学生学业规划的最高境界，它从客观上要求大学生的发展是充分的、全面的、科学的，同时也要求大学生发展的各环节、各阶段、各关系是协调的、统一的、可持续的。

三、大学生学业规划的重要意义

基于生涯发展理论，大学生所处的阶段为探索阶段，并且此阶段最重要的生命角色是学生，故大学生应该在此阶段通过不断地探索尝试，以建构自我概念并实现其自我价值。大学生应将过去、现在、未来都考虑在内，将生命角色的观念融入，进行生涯选择和生涯规划，而此阶段的生涯规划细致体现在大学生的学业规划上，大学生的学业规划不应局限于大学四年的学业，还应包含对未来社会生活的准备，以及个人生涯的自我概念的建构。成功的人生需要正确的规划，合理规划自己的学业生涯，是每一名学生迈向成功人生的第一步。

（一）学业规划增强大学生的自我约束力和自我管理能力

大学生学业规划对大学生的日常学习具有指导作用，让大学生增强自我约束力。同时让大学生重视现在、把握现在，集中时间、精力和资源于自己选定的学业，进而提高大学生自我管理能力。大学生在整个大学学习生活中就知道自己应该做什么，该怎么去做，并通过努力不断去实现规划的目标，为未来的社会生活打下良好基础。

（二）学业规划有利于增强大学生学习的主动性

一份有效的大学生学业规划，能够引导大学生认识自己的个性特质、现有的和潜在的资源优势，帮助他们重新认识自身的价值并使其持续增值。基于生涯发展理论的大学生学业规划即自我概念的建构，是不断自我了解的过程。通过学业规划，引导他们对自己的综合优势与劣势进行对比分析；引导他们树立明确的学业发展目标与未来职业理想；引导他们评估个人目标与现状之间的距离；引导他们学会如何运用科学有效的方法，采取切实可行的步骤和措施不断增强自己的就业竞争力，来实现自己的学业目标等。学业规划增强大学生学习成才的热情，增强大学生的主动性，把外部动力内化为内在动力，让大学真正发挥好培养人才的平台作用。

（三）学业规划促进大学生自我完善和提高综合素质

基于生涯发展理论的大学生学业规划是大学生努力的依据，也是对大学生的鞭策。由于大学生学业规划向大学生提供了完成学业的清晰图画，使大学生对自己的学业实现过程有了清晰透彻的认识，进而产生信心，达到自我完善。大学生进行学业规划，除了构建合理的知识结构外，还帮助培养自己满足社会需要的决策能力、创造能力、社交能力、实际操作能力、组织管理能力和自我发展的终身学习能力、心理调适能力、随机应变能力、对环境的适应能力、对文化的整合能力等，全面提高自己的综合素质。大学生只有将合理的知识结构和适应社会需要的各种能力统一起来，才能更好地适应未来社会生活。

（四）学业规划有助于帮助大学生进行自我定位、自我认识

生涯发展理论中的自我建构即不断认识自己、了解自己并努力实现自己价值观念的过程。所谓自我定位，就是在很好地认识和了解自己的基础上确立自己将来在社会上大概的行动方向。大学生要不断地了解自己，发掘自己的特点，找出自己的感兴趣的领域，确定自己的优势所在。

（五）学业规划有利于大学生更好地完成学业，提高就业竞争力

通过学业规划，大学生能够认清自己，认识到自己的兴趣爱好和潜力，并根据自己的特点，结合社会实际需要规划好自己努力的方向，为择业和就业奠定良好的基础。通过制订学业规划，学生能清楚自己现在应该做什么，接下来需要达到什么样的目标。它相当于一个约束与激励机制，由一个个阶段性目标组成，能指引学生前进，从而更好地完成学业，对就业竞争力的提高具有积极的作用。

第三节　学业生涯阶段的主要任务

大学阶段是我们人生中的一个重要阶段，也是我们职业生涯的重要准备期，有很多任务需要我们完成。具体有哪些任务是我们在大学阶段必须完成的呢？尽管大学生专业各异，今后从事的职业也可能不同，每个人在大学阶段的具体任务会有所差异，但结合社会对人才的需要及对其能力素质的要求，可以明确的是，培养职业精神、树立生涯规划意识和职业意识、塑造良好的人格、提高职业素质和职业能力、具备开阔的视野，是每名大学生在大学阶段必须完成的任务，这些任务的完成将使我们终身受益。

一、全方位拓展学习内容

首先是专业的学习。专业知识、专业技能的掌握程度，可能直接影响大学生未来职业生涯发展初期的表现，提高专业成绩仍然是大学生最主要的任务。不同专业与未来职业的衔接程度是不一样的，有些衔接程度高的学科，比如法学、医学和工程科学，专业学习中要非常注意专业能力的提升，而一些衔接程度较低的专业，比如管理学、文学等，则应该注重专业知识的拓展，增强适应性。

其次是独立人格和人文素养的培养。大学是培养独立人格的地方，大学里不再有老师和父母为你安排学习任务，而是要依赖自己独立地为自己的学习和生活进行规划设计，自己独立地执行，遇到了学习和生活中的困难，更多的也是要依靠自己独立地解决。大学会提供各种各样人文知识传播的途径，如博雅课程、人文讲座、各类图书资料等，而大学深厚的文化氛围也会陶冶大学生的情操，提升人文素养。

最后是个人综合素质的发展。在大学里，我们除了需要专业的学习、修为和素养的提升，还要学会很多通用的技能，如信息收集能力、理财能力、沟通交流能力、组织协调能力、计算机操作能力等在以后的工作生活中需常用到的技能；还要加强运动，提高身体素质；维持心理健康，调适心理压力，保持良好心理状态；还要提高抗挫折和打击的能力，使自己在面对逆境时能够拥有坚韧的意志以及克服困难的决心和信念。

二、树立生涯规划意识和职业意识

（一）生涯规划意识

有句话说得好，"有原则不乱，有计划不忙，有预算不穷"。这句话的意思是：一个人如果有了明确的信念与原则，便可以始终如一，立场就会坚定；一个人如果有了明确的计划，在面对多变的外在环境时，就不会手忙脚乱；一个人如果事先做好预算，生活就不会落魄。在我们的一生中，有许许多多的事情需要我们去完成，然而每个人的时间又是如此的有限。面对多变的外在环境、有限的时间、无限多的事情，为了充分发挥人的潜力，实现人生价值，就必须能够未雨绸缪，事先做好规划。

（二）树立职业意识

职业意识是指人们对自己所从事的职业所持有的认识和理解，是个人的世界观、人生观和价值观的有机构成要素。虽然大学生身处校园，但提前培养职业意识很重要。譬如，利用网络收集一些目标职业的信息，通过分析形成自己对职业的看法；参加学术活动，及时了解行业的发展变化，利于职业选择；通过参加各种职业训练活动，提前感受职场氛围。实际上，职业意识的培养过程本身也是一个自身成长的过程，通过此过程，不断提高自己分析和解决问题的能力，为将来在职场的发展打好基础。

（三）培养自立意识

自立是指个体从自己过去依赖的事物里独立出来，自己行动、自己做主、自己判断、对自己的承诺和行为负起责任的过程。自立贯穿我们整个人生，其中心理自立、经济自主与社会自立最为重要。心理自立是指个体能独立思考，独立判断，自己做决定；经济自立是指不依赖父母或他人的经济援助而能独立生存；社会自立是指能够按照社会所规定的行为规范、责任和义务而行动。学会自立是我们实现人格独立、开创事业的前提条件。因此，在大学阶段，我们应该树立自立意识，培养自立能力。不能自立的人，不仅会成为家庭的负担，而且会成为社会的累赘。一个成年人，不管家庭经济情况如何，从入校开始就要树立自立意识。一个人只有学会了自立，才有可能赢得职业生涯的发展与成功；只有具备了自立精神，才有可能在将来开创自己的事业。

三、培养职业精神

职业精神是人们在从事工作时所表现出来的一种态度或精神风貌，对一个人的职业发展非常重要。目前，大学生虽然还没有进入职场，但是一个人在大学里养成的行为习惯，会被带到职场中。因此，培养"勿以善小而不为，勿以恶小而为之"的良好做事习惯尤为重要，要从身边小事做起，在做小事的过程中，培养自己的责任意识、主动精神和诚实守信的职业精神。

（一）责任意识

责任意识是一个人成才的重要支柱，也是衡量一个人成熟与否的重要标准。责任心是个人职业化素质的重要组成部分，只有一个具有强烈责任感的人才能踏实工作，把本职工作做好。如今用人单位在招聘人才时，非常强调敬业精神。其实，敬业精神的深层次来源于一个人对其工作的强烈责任心。一个缺乏责任心的人，在学习、工作、生活中的习惯性行为就是寻找借口，告诉别人自己做不了某事或做不好某事的理由。一个没有责任心的人很难会有敬业精神。

（二）主动精神

从一出生直至上大学，在我们的生活和学习中，总是会有人不断地告诉我们应该做什么，不应该做什么，由此造成了我们的被动性思维。当需要我们自己做决定的时候，总是寄希望于父母或老师告诉我们应该怎样做。而激烈竞争的社会不需要被动做事的人，这种人就像牙膏一样，挤一点出一点。大学阶段是我们青年人社会化的重要时期，我们要由他人导向型转变为自我导向型。

四、提高职业素质与能力

（一）学会学习的方法，培养学习的能力

学会学习其实就是培养自学的能力，也就是举一反三或无师自通的能力。在知识大爆炸的时代，学校不可能保证教给学生今后需要的所有知识。但是在大学里，学生可以学会独立思考并掌握学习的方法，它会让学生不论面对怎样的知识变更和激烈竞争，都能游刃有余，得心应手。大学不是"职业培训场"，而是一个让学生学会独立思考、学会解决问题的场所，只有掌握自修之道，大学毕业生才能跟上瞬息万变的未来世界。有些同学总是抱怨老师教得不好、懂得不多、学校的课程安排也不合理。"与其诅咒黑暗，不如点亮蜡烛"。大学生不应该只会跟在老师的身后亦步亦趋，而应当主动培养自己的自学能力。

（二）注重知识积累，提高职业基本素质

大学阶段，还有一个非常重要的任务就是要充分利用大学里的优质资源，培养我们的职业胜任能力。在大学阶段，完成以下几件事情，会有助于培养胜任职业的本领。

（1）培养专业能力。专业能力是从事专门工作所必须要具备的能力，专业能力的获得主要靠专业学习。在培养专业能力的问题上应该注意以下两个问题："学什么"与"学成什么"。

"学什么"指的是专业名称的问题，而"学成什么"指的是专业能力的问题。有的同学可能会错误地认为在一个就业前景好的专业里学习，将来肯定能找到一份出色的工作。心存这种想法的同学简单地将专业名称与专业能力等同起来，在一个专业里学习并不会让学生自动拥有从事与该专业相关工作的能力。现实社会中，我们也常常听到非专业的毕业生"抢"走了专业毕业生的工作岗位。其原因就在于，用人单位更注重的是专业名称背后的专业能力。

基础知识要扎实，知识不等于能力，但知识是能力构成的重要因素，能力是以知识为基础的。在大学期间，一定要学好本专业要求的基础课程，把基础打牢。因为，在科技发展日新月异的今天，在应用领域里很多看似高深的技术在几年后就会被新的技术或工具取代，只有对专业基础知识的学习才可以受用终身。而且，如果没有打下好的基础，也很难真正理解高深的应用技术。然而，有的同学可能因为没有机会进入自己感兴趣的专业学习，就怨天尤人、自怨自艾，甚至自暴自弃。其实，培养专业能力的途径是多样的。除了进入自己感兴趣的专业进行系统的学习之外，还有很多其他的选择，如辅修、有目的地选修感兴趣的专业课程和自学等。

（2）学会使用办公软件。如今，随着计算机的普及，以计算机为核心的办公自动化在工作中被广泛使用，办公自动化可大大提高我们的工作效率。因此，无论是对于计算机专业的学生还是非计算机专业的学生来说，学会使用办公软件都是必要的。

（3）学会收集信息。现代社会是一个信息社会，没有信息就无法顺利地开展学习和工作。因此，学会如何收集自己想要的信息对任何学习和工作而言都是至关重要的。一位企业家认为，信息是谋求发展的关键。他这样写道："要么去狩猎，要么被猎取。我大部分的成就都源自我拥有别人需要的信息。第一步，要了解别人需要什么。第二步，要拥有足够的资源，以便知道去哪里迅速地获取这些信息。"作为一个处在信息社会的大学生来说，要懂得到正确的地方去获取正确的信息。在大学阶段，学会收集信息对我们做出合理的学习或职业生涯决定，自主地开展学习活动，培养自学能力也是非常有帮助的。学会如何使用图书馆、电子数据库、互联网搜索、问卷调查等都有助于提高信息收集的能力。

（4）培养语言表达与写作能力。语言表达能力是现代人才必备的基本素质之一。在现代社会，由于经济的迅猛发展，人们之间的交往日益频繁，语言表达能力的重要性也日益增强，好口才越来越被认为是现代人所应具有的必备能力。作为大学生，不仅要有新的思想和见解，还要在别人面前很好地表达出来；不仅要用自己的行为对社会做贡献，还要学会用自己的语言去感染、说服别人。

随着科技的进步和工作节奏的加快，书面沟通在当今社会中的作用也越来越明显，任何行业都需要运用书面沟通来进行公务往来。对个人而言，随着职务级别的上升，书面沟通也变得越来越重要。要形成良好的书面沟通习惯，沟通者必须具备良好的写作能力。为了培养和提高自己的写作能力，在大学期间，应该尽可能地选修一些要求学生写日志、计划书和评估报告等以论文形式完成的课程，认认真真地完成这些课程，有助于提高自己的写作能力。

（三）主动实践，提升职业能力

职业能力是指人们从事不同职业活动所必备的共有能力。特殊职业能力是指人们从事某一特定职业所必备的特殊的或较强的能力。

社会实践是一种很好的真正了解自己的方式。大学生应该通过不同的工作环境、不同的工作经历形成清晰的自我形象，同时注意自己的感受和反应；尽可能多地寻找和获得不同的生活经历，并把这些生活事件和经历结合起来，找到价值观、兴趣和技能之间的联系，用更复杂的方式思考自我。

社会实践的另一个作用是帮助大学生不断改造自我，更快地社会化。大学与高中的不同在于，大学是进入社会的过渡期，是进入社会的预演。学校与社会的不同在于，衡量人才的参照系不同。学校教育以知识积累为主要目的，而职业领域更看重能力和素质。职业除满足现实的生存和发展需要外，还有一个重要功能就是通过和别人共事来克服以自我为中心的意识，换句话说，职业化的过程就是社会化的过程，而克服以自我为中心，为职业做准备是大学生阶段重要的人生课题。

影响和制约职业素质与职业能力的因素很多，主要包括受教育程度、实践经验、社会环境、工作经历等。一般说来，劳动者能否顺利就业并取得成就，在很大程度上取决于本人的职业素质和职业能力。

职业素质和职业能力越高的人，获得成功的机会就越大。目前，虽然在校大学生不能依靠实际就业来提高这方面的能力，但努力学习专业文化知识、增强现代科技意识、加强专业技能训练、进行社会实践和锻炼，是提高职业素质和职业能力的有效途径，并且是优势所在。通过分析自身的职业素质，分析自己的一般能力和特殊能力状况，挖掘潜能、发挥优势，就能够不断提高职业素质和职业能力。

拓展阅读：

大学生应该具备哪些素质?

从对大学生普适性的角度出发，华南理工大学学生就业指导中心曾经从大学生和用人单位两方面对学生能力与素质的重要性评价进行了对比研究（评价采用5点量表，1分代表非常不重要，5分代表非常重要）。结果如表5.1所示。

表5.1　大学生和用人单位对学生能力与素质的重要性评价结果对比

评价项目	重要程度评价		差值
	大学生评价	用人单位评价	
知识和基本技能			
1. 专业知识理论	4.09	4.55	−0.46
2. 英文水平	3.99	3.9	0.09
3. 计算机应用能力	4.01	4.09	−0.08
4. 写作能力	3.76	3.7	0.06
5. 动手和操作能力	4.51	4.51	0
思维能力			
6. 学习能力	4.68	4.72	−0.04
7. 解决问题能力	4.78	4.71	0.07
8. 创新能力	4.39	4.59	−0.2
组织管理能力			
9. 沟通能力	4.79	4.56	0.23
10. 团队协作能力	4.6	4.57	0.03
11. 领导决策能力	4.2	3.98	0.22
12. 时间及资源管理能力	4.4	4.24	0.16

续表

评价项目	重要程度评价		差值
	大学生评价	用人单位评价	
品质方面			
13. 诚实正直	4.41	4.67	-0.26
14. 敬业精神	4.46	4.68	-0.22
15. 主动性	4.59	4.62	-0.03
16. 抗挫能力	4.54	4.42	0.12
其他			
17. 人文素养	4.1	4.18	-0.08
18. 全球视野	3.88	3.94	-0.06
19. 身体素质	4.42	4.34	0.08
20. 有明确的职业目标	4.26	4.3	-0.04

从表5.1中数据可以看出，大学生和用人单位对重要的能力和素质指标评价基本一致。对于解决问题能力、学习能力、沟通能力、团队协作能力等能力的重要性均给出了很高的评价。但用人单位和大学生在专业知识理论、诚实正直和敬业精神几个重要指标的重要性看法上存在一定差异，大学生的评价低于用人单位的评价。这显示出用人单位对于个人品质与一些基本能力看重程度相一致，它们处于同等重要地位，需要引起大学生重视。

资料来源：雷育胜，张振刚. 大学生学习与职业生涯规划 [M]. 2版. 北京：清华大学出版社，2020.

五、社会价值的积极探索

对于多数学生来说，中学生活基本是学校、家里两点一线，而到了大学，则需要接触更多的同学、老师甚至社会人士。简单来讲，就是社会交往面扩大，大学生要学会积极去维护和发展社会交往。此外，大学是培养服务社会和为社会创造价值人才的地方，大学生也需要在大学里逐渐探寻自己之于国家与社会的责任与价值。

人际关系的发展方面，在大学之前，我们的社会交往更多来自家里的长辈以及班上熟知的任课教师，受到的呵护比较多，人际交往关系处理比较简单。到了大学则不一样，因为要更多地处理与平辈之间的关系，学习、生活、工作中不免要大量接触他人，关系的处理将变得更加复杂。比如与同学之间，不再只是简单的学习伙伴，更是生活上的伙伴，这种关系既容易产生深厚感情，又容易产生矛盾，此时不仅要在学习上互相帮助，更要在生活中互相包容、理解。除了自己专业和班级的同学，还要积极建立新的人际关系，大学生可能还会通过社团、社会实践、兼职实习等多种途径认识到新的朋友，在与他们的交往中要学会取长补短、相互促进。大学期间还可能会谈恋爱，恋爱关系的处理也是人际关系维护中重要的一方面，处理得好坏都可能直接影响两个人人格的塑造和未来的发展。

另外，大学的一项重要职能是培养人才，大学生要积极利用大学这个平台学会做一个对他人和社会有价值、有意义的真正的人才。大学生可以通过社会实践或者其他途径亲身参与社会问题的探索与解决，如支教、关注留守儿童、孤寡老人、残障人士等，在这个过程中，不仅能锻炼自己分析问题、解决问题的能力，更能从中深刻体会到这个社会的方方面面，培养自己的时代使命感和社会责任感。

六、塑造良好的人格品质

(一) 学会做人——重视自身修为

著名教育家孙云晓在《教育的秘诀是真爱》一书中指出"教育的核心是学会做人"。做人是人们在人际交往中所表现出来的对人、对自己的原则和态度。职场成功定律告诉我们：做人比做事更重要。职场上，真正成功之士，必是人品好的人。

作为受过高等教育的大学生，在大学学习的过程中首先应该学会做人。"学会做人"是一个既现实又深奥的话题，学校里没有"如何做人"的教材，也没有开设"如何做人"的课程。如何学会做人，是我们应该长期用心思考的问题。在日常的学习和生活中，我们应该做一个有心人，从老师、同学、朋友的言行中去分析、去体会。在面对同一件事情时，别人为什么处理得比我好？从中我应该吸取什么？"学会做人"是逐渐积累的过程，它既是大学阶段的主要任务，也是整个职业生涯发展过程中的重要方面。

(二) 学会做事——树立正确的态度

学会做事是指用一种善始善终的态度认真地对待和处理各种事务，坚持不懈并力求完善。学会做事必须从三个方面做起：从小事做起，用心做事，诚信做事。

第一，从小事做起。东汉陈蕃的"一屋不扫，何以扫天下"的典故众所周知，这则典故告诉我们，从一点一滴中可以体现出一个人的整体素质和涵养，从一点一滴中还可以看到未来工作、生活的模样。所以做每一件事时，即便是再微小也要脚踏实地地去对待和处理。在一件小事上能做到合情合理、尽善尽美，那么在做大事的时候这种为人处世的优点也会被体现。

第二，用心做事。老子说："天下难事，必做于易；天下大事，必做于细。"天地生人，生一日当尽一日之勤。认真做事只是把事情做对，用心做事才能把事情做好。用心思考，追求卓越，认真做事，追求完美，只有这样才能及早抵达成功的彼岸。

第三，诚信做事。诚信教育重在实践，重在体验。唯有诚信之人，才能做出诚信之事；唯有诚信之人，才能追求科学，探索真理。

七、拥有开阔的视野

大学校园文化作为社会文化的一种亚文化形态，对生活在其中的大学生具有潜移默化的文化熏陶和文化育人的功能。可以说具有什么样的校园文化，就会培养出什么样的人才。因此，大学生作为校园文化活动的主体，需要具有正确的国际视角，能提出自己的独立见解。为此，大学生需要做出以下几个方面的努力。

第一，具有坚定的政治立场。放眼全球，当前世界正处在一个思想大活跃、观念大碰撞、文化大交融的时代，先进文化、有益文化和落后文化、腐朽文化并存，正确思想和错误思想、主流意识形态和非主流意识形态相互交织。在国际视野下，大学生尤其要保持清醒头脑，认清形势，以社会主义核心价值观构筑自己的精神支柱，坚决抵制各种西化、分化思想的侵扰，坚定地跟党走，坚持走中国特色社会主义道路，做坚定的青年马克思主义者。

第二，具有自觉的开放意识。青年大学生朝气蓬勃，接受能力强，接受新信息快，求知欲望强，要发挥自身的优势，自觉提高思想认识，积极主动面向世界，让自身走向世界。

第三，具有开阔的国际眼界。思路决定出路，眼界决定世界。面对五彩缤纷的大千世界，大学生要努力学习，广泛涉猎，开阔和丰富自己的眼界，开创和成就自己的梦想。要放眼全球，批判地吸收当今世界各国的先进文化，尽可能通过广泛涉猎和熟悉世界各国历史、文化、艺术、风俗等来开阔自己的国际眼界。

第四，具有过硬的综合素质。首先，要掌握现代科学技术知识，做到既"专"又"博"。要在学好专业知识的同时努力扩大自己的知识面。其次，要具有良好的国民心态和涵养。要有胸怀天下的非凡气度和风范，要宽容、理性、务实、开放、文明、诚信，展现新时期大学生良好的文明素养。

第五，要具有对各种信息的良好的分析和辨别能力。要善于从世界文明发展史中汲取智慧和经验，做到为我所用，以人为鉴，以史为鉴，在历史长河的滚滚洪流中找准自己的定位。要善于分析当前国际形势大调整、大变革的错综复杂局势，树立全局观和国际化大视野，把握和平和发展的世界主题。

【本章思考题】

（1）你所在的大学专业有哪些？你是否清晰了解自己所学的专业？

（2）专业和职业有哪些对应关系？如何处理两者的关系？

（3）什么是大学生学业规划？它有什么特点？

（4）大学生涯阶段应该完成哪些主要任务？

【实训项目】

进入大学，你是不是面临许多迷茫与困惑。和高中相比，大学的课堂学习也许很自由，成绩和分数也许已经变得不那么重要。社团、学生会、交朋友、去兼职等多种丰富的大学生活需要你认真考虑，大学应该怎么过？大学生涯九宫格，通过九个格子可以帮助你明确大学生活的重要方面，请在你的九宫格中放入你的目标和美好的想法。请按照以下项目，将自己的大学生涯填写在表5.2、表5.3中。

表5.2　我的大学生涯九宫格

学习进修	职业发展	人际交往
1. 你的学习任务有哪些？ 2. 基于未来的就业要求，你还需要学习什么？ 3. 你的学习习惯怎样？ 4. 今年你有哪些学习计划？	1. 你理想的工作是什么？ 2. 具体有哪些用人要求？ 3. 你需要为此做哪些准备？ 4. 你的行动计划是什么？	1. 你如何看待人际关系的重要性？ 2. 你的人际交往能力怎样？ 3. 你还需要在哪些方面进行提高？ 4. 你感觉难以应对的人有哪些？ 5. 哪些场合让你感觉不自在？ 6. 为了将来更好地适应社会，你打算与哪些人开始交往？

续表

个人情感	身心健康	休闲娱乐
1. 你如何看待亲密关系？ 2. 友情、爱情等对你来说意味着什么？ 3. 你是如何建立并维护亲密关系的？	1. 你有没有坚持运动的习惯？ 2. 适合你的运动方式有哪些？ 3. 你如何保持自己心情愉悦？ 4. 你如何处理焦虑、压力、沮丧等不良情绪？	1. 你有哪些兴趣爱好？ 2. 你业余时间会做哪些事情让自己感受创造性和成就感？ 3. 除了学习、工作之外，你做什么来愉悦自己？
经济财富	家庭生活	社会服务
1. 你每个月的生活费是如何管理的？ 2. 你是否有了解过一些个人理财的知识？ 3. 你是否有尝试过为自己增加一些收入？ 4. 财富在你未来的生涯发展中比重如何？	1. 你和家人的关系怎样？ 2. 未来你期待的家庭生活是什么样的？ 3. 你如何看待家庭环境对你个人发展的影响？	1. 你是否参加过一些公益活动？ 2. 你如何看待一个大学生的社会责任？ 3. 未来你希望为社会做出哪些贡献？

表 5.3　实训：我的大学生涯九宫格

学习进修	职业发展	人际交往
个人情感	身心健康	休闲娱乐
经济财富	家庭生活	社会服务

第六章 大学生职业生涯目标的设立

【内容框架】

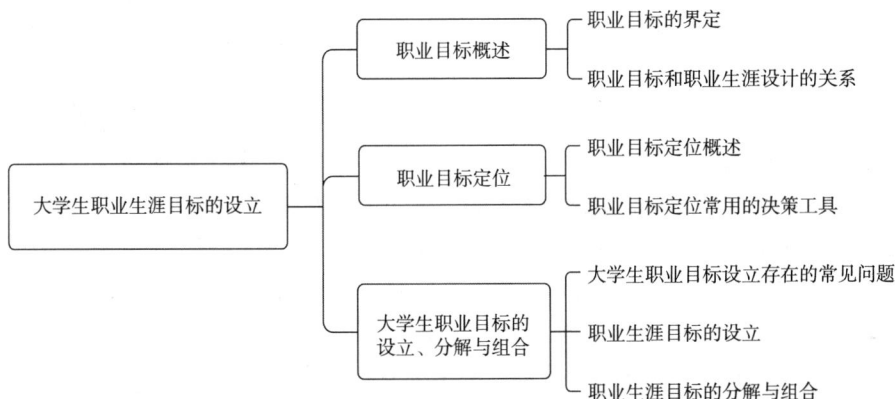

【学习目标】

(1) 了解职业目标的界定、职业目标和职业生涯设计的关系。

(2) 掌握职业目标定位常用的决策工具。

(3) 掌握确定职业生涯目标的方法。

(4) 掌握职业目标的设立、分解和组合。

【本章导读】

你规划过 15 年后自己的生活吗？

当代青少年担负着重要的"青春责任"，对于 15 年后的生活，他们有着怎样的想象？为此，中国青年报社社会调查中心在 2020 年进行的一项"你心目中 15 年后的中国什么样"青少年调查显示，72.4% 的受访青少年规划过 15 年后自己的生活。想到 15 年后的自己，憧憬期待（63.4%）是受访青少年普遍的感受，其他还有淡然平静（38.8%）、自信笃定（37.5%）等，积极态度的获选率远高于迷茫焦虑、畏惧逃避等消极态度。数据显示，父母康健（64.4%）排在首位，其次是身心健康（63.2%）。接下来是：事业有成（59.5%）、学业有成（59.2%）、有份好工作（59.0%）、家庭和睦（57.7%）、财务自由（53.1%）和掌握一技之长（51.0%）等。对于到 2035 年实现人生目标的信心度，受访青少年平均打出了 8.1分，更有 31.8% 的受访青少年打出了满分 10 分。在这份调查报告中，涉及有关大学生职业生涯规划的长期目标的设定，给出了几个有意思的案例。

2000年出生的琳琳（化名）正在读大三，从小就对中国传统文化感兴趣，高考填志愿时，她选择了汉语国际教育专业。她说："未来15年，我给自己订的计划是去山区做支教，去其他国家做汉语国际教师。"琳琳知道要实现计划目标，需要坚持和付出。虽然这个过程中会有不少压力，但更是前进的动力。"只有现在非常努力，未来才有更多的选择。""我希望15年后的自己可以仍然走在汉语国际教学这条路上。"琳琳喜欢中国文化，她希望未来可以在提升我国文化软实力上贡献一分力量。"希望可以通过努力，让更多人看到中国文化、艺术的美妙。"

北京某高校法学博士生刘鹏（化名）对未来15年的生活，有着比较清晰的规划，"首先要读完博士顺利毕业，然后回老家河南当一名高校老师。在生活上，父母年纪大了，希望能把他们照顾好，同时也要教育好下一代"。

来自广西壮族自治区的莫雅洁（化名），去年毕业后，参加了大学生志愿服务西部计划项目，在都安瑶族自治县从事志愿服务。说到对未来生活的规划，莫雅洁希望可以成为工作上的骨干和家庭的主心骨，"15年后，我就38岁了，那时候孩子应该都上小学了，要多些陪伴，父母也70多岁了，希望可以让他们颐养天年"。"买套大房子，方便照顾长辈，每年至少全家旅游一次。"莫雅洁给自己定下了"小目标"，虽然想到15年后，会面临工作、生活的双重压力，心中难免有些忐忑，但她更加坚定的是走好脚下的每一步，"一步步完成这些'小目标'，才能收获稳稳的幸福"。在西部计划服务满一年后，莫雅洁考上了家乡基层公务员，她想扎根基层，继续为社会发展贡献自己的一分力。"在西部计划做志愿者的时候，接触了很多政府部门的工作人员，看到了他们的辛苦，感觉他们的工作也非常有意义，很想成为其中的一员。"

通过此次调查还发现，青少年更倾向在新兴领域就业。受访青少年未来最想就业的领域依次是：文化（34.4%）、信息技术（33.4%）、人工智能（31%）、互联网（27.9%）、大数据（23.0%）、绿色环保（22.5%）、科研机构（21.7%）、新能源（21.1%）和生物科技（21.0%）等。有关对未来的职业领域的设想，也给出了参考结论，即受访青少年未来最想就业的领域是文化、信息技术和人工智能。

刘淳（化名）是大数据专业的大二学生，之所以选择这个专业，是因为她觉得大数据是新兴领域，未来发展前景比较好，"希望可以在这个专业学有所成，成为数据分析师、架构师等"。"眼下需要不断地提升专业能力，关注市场的变化和需求。"刘淳感觉在未来，大数据的应用领域非常多，如何找到适合自己的领域非常重要。"希望所学可以和国家发展相结合，为我国的大数据发展贡献自己的力量。"

对于我国2035年的远景目标，青少年们希望在哪些地方大显身手？调查中，提升经济实力、科技实力、综合国力获选率过半（53.8%）。接下来是：提升国家文化软实力（49.8%），突破关键核心技术、建设创新型国家（45.4%），绿色生产生活方式、实现美丽中国（44.0%）以及全体人民共同富裕（43.2%）等。

第一节　职业目标概述

关于职业目标，是不是就是想一想自己未来要成为什么样的人呢？是也不是，职业目标不仅要思考自己未来一段时间内要成为什么样的人，还需要有规划地把这个目标进行拆分，尽可能去实现它。

一、职业目标的界定

（一）职业目标及其划分

所谓职业目标是指一个人渴望获得的与职业相关的结果，是个人在选定的职业领域的某一节点或某一时期要取得的成绩或要达到的高度。个人职业目标是职业生涯设计的关键与核心，职业目标是个人在考虑内因和外因的基础上确立的职业上要到达的成就。内因主要包括价值观、兴趣、能力、知识等，外因主要包括人脉关系、经济状况、父母期望、劳动力供求关系、岗位能力和素质要求、工作地点、企业文化等。

1. 按照职业所涵盖的内容划分

可以将职业目标划分成外职业目标和内职业目标。外职业目标是指生涯过程中外显的，具有能见性的标记，通常包括以下内容：职务目标、技术等级目标、经济收入目标、社会影响目标、工作内容目标等。内职业目标是指在整个职业生涯过程中个人自身得到了长足的发展，收获了知识、积累了经验、提高了职业技能、转变了陈旧观念、内心得到了丰富与升华。内职业生涯的目标具体包括个人工作能力目标、工作成果目标、心理素质成长目标等观念目标。

职业生涯的内目标与外目标之间相互促进，具有十分密切的关系，二者表现出相辅相成的关系，内职业目标的长足发展能够带动外职业目标的发展，外职业目标的成功实现可以促进内职业目标的到达。要特别注意的是，内职业目标的实现不同于外职业目标，要实现内职业目标，必须通过个人的不懈努力，而这些东西一旦获得，就成为真正意义上属于自己的无价之宝，别人再也无法从自己身上拿走，这是与外职业目标所不同的。

2. 按照时间对个人职业目标进行划分

可以将职业目标分为短期目标、中期目标、长期目标和人生目标。对职业目标进行这样的界定，可以发现：短期目标是在一到两年内实现的职业目标，是中期目标和长期目标的细化和具体化，它具有的特点是现实性和可操作性，是所有职业目标中最清楚的行动目标。中期目标在整个职业目标体系中的作用是承前启后，能否实现个人职业生涯的目标，中期目标的作用非常关键，一般时间界定为三到五年可以实现的职业目标，它相较于长期目标要具体得多。长期目标规划得不能具体，一般要比较粗略，以便于随着各种主客观情况的变化而进行调整，在制订长期目标时一般是以画轮廓为主。通常的时间界定在五年以后。人生目标则是指整个人生发展历程中要实现的目标，它的实现时间一般界定在四十年左右。

（二）职业目标确立的影响因素

通常来说，职业目标确立的影响因素主要有以下几点：

1. 人的个性特征

个人的年龄、性别、文化程度、兴趣、爱好、性格等，都会对职业目标产生不同的影响。

2. 组织内部工作信息

组织内部的晋升机会、承诺、特性和环境等，对个人确定职业目标具有很大的参考价值。

3. 外部工作环境

来自不同单位的工作机遇、非本单位的工作岗位、外单位从事的事业等，外部环境会影响职业目标的树立。

4. 非工作的需要

个人的职业愿望与来自非工作（如家庭、身体）压力之间的冲突，也会对职业目标的最终确立造成影响。

5. 做出决策的考量和忧虑

指在确定职业目标的过程中，不确信自己能做出合适的选择，因此感到害怕或忧虑而不敢做出决策，不决绝的忧虑妨碍对职业目标的设定。

前三个原因——人的个性特征、组织内部工作信息、外部工作环境，是对职业目标确定中自我认知的职业环境分析的一种支持，表明这是对职业目标进行决策的重要一步。非工作的需要，一般都会和目标愿望相反，会影响和妨碍生涯目标的设立，产生失望感，最终使职业目标可能成为不确定而不能实现。对做出决策的考量和忧虑更多地反映了深层次的个性错位和心理状况。

（三）明确的职业目标是成就事业的起点

目标是一切行动的指南。有了目标就有了行动的方向。具体来说，目标主要有以下几方面意义：

（1）首先能够使自己有方向感。只有设定好目标，你才能明确自己奋斗的方向，目标是我们职业生涯旅途中的灯塔，指引你避开危险的暗礁，带领你走向成功，让我们可以主宰自己的命运，而不是随波逐流、枉度一生。

（2）目标明确后，我们就能够保持积极的人生态度，不断激发成就动机，遇到挫折不气馁。

（3）设定目标使我们能够着眼于未来，更有远见，从而更愿意为现在的事负责。

（4）根据目标，我们可以努力缩小理想与现实的差距，使自己不至于眼高手低、好高骛远。

（5）有了目标，可以使我们专注于目标，根据目标调动和整合自己的资源，能够在资源有限的情况下，集中精力完成有丰富资源但没有目标的人所无法完成的事情。

总之，目标是一切行动的指南。有了目标，就有了行动的方向，但更重要的是督促自己去采取行动实现自己的目标，或者在实践中逐步调整并找到真正适合自己的目标。从中学到大学，不只有学习内容、方法的变化，还有生活方式等诸多方面的改变。在初步适应了远离家乡和父母的独立生活之后，大学新生面临的首要问题是学习目标的调整。可以说，适应大学生活、重新找到奋斗目标是同学们进入大学后的首要任务。

二、职业目标和职业生涯设计的关系

（一）职业目标的确定是职业生涯设计的前提和核心

职业生涯设计通常是在设定职业目标的过程中产生的，职业目标的确定是职业生涯设计中的一个前提步骤，只有确立了职业目标，才能选择走哪种职业发展路线，进而进行职业生涯的设计。职业生涯设计有五个步骤：知己、知彼、决策、目标、行动，职业目标的确立是极为关键的一环，没有职业目标，职业生涯设计将无法进行。职业目标会对职业生涯设计的内容和方向起到重要的决定作用，职业目标不同，职业生涯设计关注的重点就不同，那么职业生涯设计的具体内容也就会有较大差异。

（二）职业生涯设计细化职业目标

职业目标是一个总括性的方向，特别是长期目标一旦确定下来，一般就不会再轻易进行变动。要实现宏大的目标，就必须有具体的计划，将大目标细化为小目标，按照具体的小目标逐个去实现，使行动有具体可以着手的地方，当小目标都实现时，大目标自然也会实现。职业生涯设计能够使职业目标具体化和细致化，使职业目标的实现有了具体可行的路径。

（三）职业生涯设计是职业目标落实的保证

空有目标而无具体计划，目标永远都是奢望。职业生涯设计使职业目标精细化，同时职业生涯设计最终落脚点在于"行动"，即职业生涯设计要能够得到较好的执行，职业目标才有可能得到实现。职业生涯设计能够得到较好的落实与实施，职业目标的实现可能性就越大，反之不好好落实职业生涯设计，将其束之高阁，那么职业目标的实现就会成为永远都不可能实现的目标。

（四）职业目标与职业生涯设计辩证统一

职业目标与职业生涯设计相互影响、相互促进，辩证统一。职业目标的确定使职业生涯设计得以进行，职业生涯设计使职业目标具体化，通过实践，我们得对职业目标有更深的思考，及时调整不合适的职业目标，确立更加符合实际的目标，修正后按新的职业生涯设计进行实践，不断循环，直到实现所确定的职业目标，进一步实现人生的终极目标。

第二节　职业目标定位

一、职业目标定位概述

（一）职业目标定位的内涵

职业目标定位，就是明确一个人在职业上的发展方向，是人在整个职业生涯发展历程中的战略性问题。具体而言，职业目标定位是自我与现实不断碰撞、调节，最终尽可能使自我与职业达到匹配状态的一个过程。它一般包括职业定向、职业定岗两个方面。职业定向，是指个体根据职业发展趋势、社会需要和个人心理素质特点来确定职业的方向与目标，包括职业的专业定向和社会层次定向。职业定岗，是继职业定向之后产生的一种对具体工作内容的选择。职业定位，从长远上看是找准一个人的职业类别，就阶段性而言是明确所处阶段的对应的行业和职能，即在职场中自己应该处于什么样的位置。通过职业目标定位，找到每个人的独特竞争优势，确定最适合自己发展的独特职业领域，从而实现与他人的差异化发展。职业目标是职业规划及职业发展的第一步，也是最基础、最重要的一步，是职业规划的核心问题。

（二）职业目标定位的分类

职业目标定位大致可以分为五类。

1. 技术型

持有这种职业目标定位思想的人出于自身个性与爱好的考虑，往往并不愿意从事管理工作，而是希望在自己擅长的专业技术领域发展。在从前不培养专业经理的时候，经常将技术拔尖的员工提拔到领导岗位，但他们本人往往并不喜欢这样，而是更希望能继续研究自己的专业。

2. 管理型

这类人有强烈的愿望做管理人员，并努力达到高层领导岗位。因此，他们将职业目标定为有相当大职责的管理岗位。成为高层管理人员需要的能力主要包括三方面：

（1）分析能力，即在信息不充分或情况不确定时，判断、分析、解决问题的能力。

（2）人际能力，即影响、监督、领导、应对与控制各级人员的能力。

（3）情绪控制力，即在面对危急事件时，不沮丧、不气馁，并且有能力承担重大的责任，而不被其拖垮的能力。

3. 创造型

这类人往往会建立完全属于自己的东西，或是以自己名字命名的产品或工艺，或是自己的公司，或是能反映个人价值的私人财产。他们认为只有这些实实在在的事物才能体现自己的才干和成功。

4. 自由独立型

首先，这些人喜欢独来独往，不愿像在大公司里那样彼此依赖，很多有这种职业目标定位的人同时也有相当高的技术型职业目标定位。但是，他们不同于那些简单的技术型人才，他们不愿意在组织中发展，而是宁愿做一名咨询人员，或是独立从业，或是与他人合伙创业。其次，自由独立型的人才往往会成为自由撰稿人，或是开一家小店。

5. 安全型

有相当一部分人最关心的是职业的长期稳定性和安全性。他们为了安定的工作、稳定的收入、优越的福利与养老制度等付出努力。目前传统观念中的职业目标定位比较倾向于这种类型。相信随着社会的进步，人们的职业目标定位将会发生更多的改变。

（三）职业目标定位的原则

职业目标定位是大学生生涯规划与发展的起点，也是生涯规划的落脚点，是我国现阶段高校人才培养过程中急需解决的一个主要问题。著名的"哈佛实验"表明，大学生未来的成功与其在校期间职业目标的明确程度高度相关。然而，国内外关于大学生职业目标和生涯规划的大量调查研究都表明：随着时代的发展变化，就业对大学毕业生造成的压力越来越大，越来越多的大学生因目标不确定而产生了茫然无措感。

《中国青年报》与新浪网的一项调查结果显示：50%的大学生没有职业目标；41.7%的大学生没有明确的考虑；只有8.3%的学生对未来有明确的目标并且充满信心。王乾丰等学者的研究还发现：大学生不仅普遍缺少职业目标、缺乏职业规划，即使部分有选择职业目标的大学生，他们也因为不能准确地进行职业目标定位，导致其职业满意度不高。

大学生职业目标定位是个复杂的过程，职业目标定位不仅要满足大学生的职业需求，同时要清晰地了解大学生自我的条件以及环境的限制，还要考虑目标职业的声誉、收入待遇、工作环境、未来的发展空间以及团队文化等方面的因素。

从大学生的人生经历和教育经历看，多数人缺乏足够的社会阅历，特别是没有通过正规的职业规划教育获得系统科学的职业生涯规划方法。因此大学生不能通过科学的职业目标定位，把个人的职业发展与社会发展有机结合起来，准确地定位适合自己的职业发展方向。行为经济学和其他领域的实证研究显示，也许我们永远都无法彻底摆脱个人职业目标定位中的偏见，但是如果想减少这些偏见，"需求性"选择是一个基本的解决思路，即通过技术手段，减少对不准确且过度自信的职业目标定位的需求。

总的来说，职业目标定位可以遵循一定的原则，该原则可以概括为十六个字：择己所爱，择己所长，择世所需，择己所利。

1. 择己所爱

择己所爱即选择你喜欢的职业。职业目标定位首先要想到自己喜欢哪种职业，或者对哪种职业比较感兴趣。一般来说，只有从事自己喜爱的、感兴趣的工作，工作本身才能给你一种满足感。兴趣是最好的老师，职业兴趣是一种很强的精神力量，也是激励人取得职业成功的重要因素。各项调查表明：兴趣与成功的概率有着明显的正相关性。因此，择己所爱是做好未来职业目标定位的首要原则。在职业选择时，一定要倾听内心的声音，珍惜自己的兴趣，择己所爱，爱我所选。

2. 择己所长

择己所长即选择你有竞争优势的职业。任何职业都要求从业者掌握一定的技能，具备一定的能力条件，而每个人的天赋和能力水平是不同的。一个人一生中不可能将所有技能都全部掌握，在人才市场的就业竞争中，大学生必须善于从与竞争者的比较中来认清自己的长处和短处，即竞争的优势和劣势，在此基础上按照"择己所长、扬长避短"的原则，在职业定位时尽量择己所长，充分发挥自己的优势，充分分析自己与他人的差距，尽量选择你能做得比别人好的优势行业。大学生应特别注意要尽可能学以致用，发挥自己的专业特长，把未来的职业目标定位在与自己所学有较密切联系的行业领域。当然，如果专业并不是自己擅长的领域，也可以按照自己的专长选择相应的领域谋求发展。

3. 择世所需

择世所需即选择社会需求大的职业。任何职业的兴起、发展、衰落及消亡均是由社会需求的变化引起的，旧的需求不断消失，新的需求不断产生，新的职业也不断产生。所以选择职业时一定要观察行业发展趋势，分析社会需求变化，择世所需。更重要的是，目标要放长远，不仅仅是有社会需求，并且这个需求要长久。因此，在进行职业目标定位时，大学生不仅要了解当前的社会职业需求状况，还要善于预测职业随社会需求而变化的发展方向，再做出符合趋势的选择。否则，一味死盯在眼前热门的职业上可能导致长远的选择失误。例如，在过去，财务人员供不应求，可是现在的人才市场上，一个财务岗位往往会有几十个人来应聘，竞争异常激烈。人们通常所说的"选择大于努力"，就是指选对行业、选对平台，赶上大趋势，抓住市场红利，不用很费力就能获得丰厚回报和快速发展。

4. 择己所利

择己所利即选择有发展空间，能实现个人幸福最大化的职业。我们每个人都不得不承认，职业是我们谋生的手段，其目的在于追求个人幸福。当我们在寻求个人的职业时，谋求个人的幸福生活成为我们的首要动机，所以在择业时，首先要考虑的是自己的预期收益，即能否实现个人幸福最大化。明智的选择是在收入、社会地位、成就感和工作付出等变量中找到一个最优选项。

以上就是职业规划中，职业决策公认的四个原则。需要注意的是，在实际运用中很难有这四个原则都同时满足的工作，那这时要怎么选呢？哪个选择更优先呢？

给同学们的建议是：在你的兴趣还不能满足生存所需时，择己所长>择己所爱，当然所长即是所爱最为完美。

同时，在能发挥所长的情况下，择世所需>择己所利。长远看来，社会有需求，才可以保证自己获得期望的收益。

二、职业目标定位常用的决策工具

职业目标定位决策是决策者针对个人职业的发展问题，结合自身的兴趣、性格、技能、价值观，在充分分析职业环境的基础上，全面分析自己可能选择的各种专业方向及发展前景，并通过对自己的就业方向和工作岗位类别的比较、挑选，从而做出的职业目标选择。

做职业目标决策是人生道路的关键环节之一，是个人成为社会活动主体，承担社会即将赋予的责任，实现自身人生价值的开始。在职业目标决策过程中既有挑战，又有风险。决策结果关联未来的程度越大，这种决策所面临的风险和挑战就越大。

拓展阅读：

决策的纠结与迷茫

王文："求职"这个词一直给我一种陌生感。求职是什么？无非就是人们穿着西装，打扮整齐，然后不断地在一个又一个公司之间投递简历、参加面试的过程。在我心中，这仿佛是一件只会发生在电视剧和都市小说当中的故事。然而，没有想到这件曾经以为遥不可及的事情也会闯入我的生活。就业、考研、出国……面对如此多的选择，哪一个是适合我的？这是我现在正在纠结的问题。如果是就业，现在本科生就业很困难。新闻里说，全国高校每年毕业数百万人，一想到这儿我就头疼，家里也没什么人脉能帮助我介绍好一点的工作。如果是考研，我学的这个专业有一半的同学都想考研，不然将来想当老师的话，只有本科学历真是不够。出国是个挺好的选择，但是费用太高，家里也不放心我自己去。真不知道自己的出路在哪里……

刘佳：我很早就开始准备找工作了，也做了很多准备，目前我已经收到了几家公司的面试通知，但是我觉得难以取舍。有一家公司离家比较近，企业规模不太大，员工只有60人左右，据说总加班，工资每个月4 500元；第二家公司在北京，工资每个月7 000元，但是家人不太同意我去，说离家远，生活成本高；第三家公司要对我们进行培训，工资每个月5 000元，地点在家乡的省会济南，公司规模比较大，属于全国连锁机构。我该去哪个好呢？

这两个学生反映出来的正是他们对未来职业选择中职业发展的决策问题的纠结与迷茫，两者选择的矛盾点看似不同，但目标一致，都是思考如何选择出适合自己性格特点，符合自己兴趣，适用自己专长，能满足个人长远发展需求的理想工作。这也是绝大多数大学生临近毕业时都面临的重大问题。如何规避和减少风险，增加决策的准确性、科学性呢？下面将向同学们介绍4种常用的决策工具，来帮助大家拨开择业的迷雾，坚定信心，做出正确的决策。

1. CASVE 循环

CASVE 循环是由桑普森、皮特乘和里尔顿于 1991 年提出的一种职业生涯规划决策技术，包括沟通（communication）、分析（analysis）、综合（synthesis）、评估（value）和执行（execution）5 个阶段（图 6.1），被用来为个人或团体提供职业生涯决策帮助。CASVE 循环清晰地概括了人脑对这些信息的加工过程会经历哪些步骤。

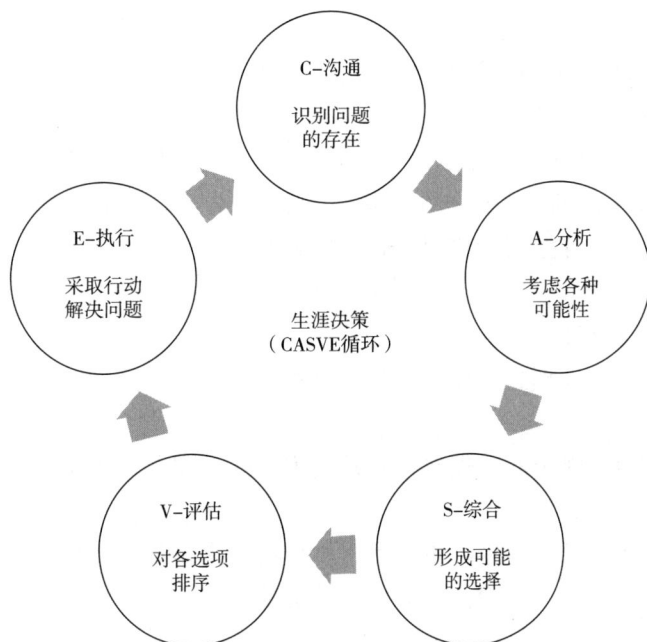

图 6.1　CASVE 循环

（1）沟通。在沟通阶段，同学们首先要了解自己的职业理想，同时要找到职业理想与现实之间存在的差距，随后要明确做出决策的时间，给自己一个明确的时间底线。这是自我意识觉醒，明确现在是需要自己做出选择的重要阶段。在这个阶段，同学们要通过各种办法充分接触问题，广泛收集和掌握各类与自己职业生涯决策相关的信息，去识别存在的各类问题。

这些信息可能通过内部或外部交流途径传达给我们。内部沟通包括个人情绪和身体反映出来的对职业问题思考时的各种积极或消极的信号。外部沟通包括父母对你的职业规划的询问，朋友及各类社会关系对你的职业评价，或者是各类媒体对你的专业所处行业发展前景的分析文章等。

练习 1：回答下列问题。

①关于你未来的职业，你有何设想？你希望自己未来的职业能满足你哪些需求？哪种需求是你的核心需求？

②有哪些自身优势或外界因素你觉得可以利用？

③你觉得自身及外部世界有哪些因素对你实现职业理想会有阻碍？

④考虑到职业发展，你现在感到担忧的问题有哪些？原因是什么？

⑤你需要在什么时间前做出决策？把它写下来吧！

在沟通阶段，你可能会感到自己在决策前积累的各种压力或痛苦，不过不要紧，要认识到，只有勇于面对问题才能有希望去解决问题。任何负面、冲动、回避的行为都对解决实际问题毫无益处，甚至可能因拖延而贻误良机。

在职业生涯决策过程中，我们通过回答以上问题明确了自己需要了解哪些方面，需要了解哪些环境，需要做些什么去解决问题，这样就迈出了成功的第一步。

（2）分析。在分析阶段，同学们需要将沟通阶段提出的问题的答案相互联系起来，通过审慎思考和研究，对自己的现状进行评估，从而更充分了解职业理想和现实之间的差距，分析自己和自己可能做出的多种选择。

在这一阶段，同学们将逐步改善自我认知，不断了解职业世界、自己和家庭需求，尽可能找出在沟通阶段发现的差距的产生原因。我们在分析阶段还需要把各种因素和相关知识联系起来，例如，把自我知识和职业选择联系起来；把家庭和个人生活的需要融入职业选择中。

练习2：回答下列问题。

①如果要实现你的职业理想，你将需要跨越哪些困难（按照你职业理想的数量一一列举出来）？

②分析上面的困难，哪个职业理想较容易实现？哪个职业理想实现过程中面临的困难比较多、比较大？

③周围对你影响力大的人对你的职业理想所持的观点是什么？把你的目标和困难与你的家人、朋友或师长分享一下，看看他们支持你继续前行的办法有哪些？你觉得这些办法是否有用？

④你希望未来的职业帮你实现的终极目标是什么？你的目标是不是慢慢清晰起来了呢？

（3）综合。在综合阶段，同学们需要综合和加工上一阶段提供的信息，从而制订实现目标、消除差距的行动方案。核心任务是找到"我可以做什么来解决问题"。这是一个先扩大后缩小选择清单的过程。首先，同学们需要尽可能多地找到消除差距的方法，发散地思考每一种办法，甚至采用"头脑风暴"进行创造，不断增加你的选择清单。然后，去除干扰项，慢慢缩减有效方法的数量，通常缩减到3~5个选项，因为我们头脑中最有效的记忆和工作容量就是这个数目。

练习3：回答下列问题。

①针对你选择的多个职业方向，你的解决方案分别是什么？

②发散你的思维，给你的解决方案列个选择清单吧，数量越多越好。

③从你长长的选择清单里选择3~5项最优的方法作为你落实行动的指南。

当你绞尽脑汁列出 N 种选择清单的时候，你会觉得自己的未来豁然开朗，原来你还有这么多可以去尝试的途径，这会帮助你树立信心，增强自我认同感；而当你通过排除干扰项，把选择清单缩小到3~5个的时候，你的头脑会更加冷静、清晰。在此过程中，你一条条排除了干扰项，最终剩下最佳选择，未来就不会因为没有正确择业而耿耿于怀了。

（4）评估。在评估阶段，你可以对职业、工作或大学专业选择中的某一个来进行分析。

第一步，评估每一种选择对自己和他人的影响。例如，如果选择了服兵役，这一选择将会给自己、伴侣、父母等重要的人带来什么影响？每一种选择都要从对自己和对他人的代价（挑战）和益处（价值）两方面进行评价，并综合分析物质上和精神上的因素。

第二步，对综合阶段得出的选择进行排序，把你认为最好的选择排在第一位，次好的排在第二位，以此类推。此时，你会发现一个最佳选择，并且需要做出承诺去实施这一选择。

练习4：回答下列问题。

①如果你选择……，会给你和你的家人带来什么样的收获和益处？

②如果你选择……，需要你付出什么样的代价？你的家人呢？你是否愿意付出这些代价？

当你把每一个可能的选择都列举并排序（从最容易实现或益处最多的到最难实现或代价最大的）后，你的目标是否进一步清晰了？所有的利弊都摆在了你的面前，你选择的标准是什么？请你认真思考一下。

（5）执行。根据自己最终的选择制订相应的计划，这是实施选择的阶段，是把思考转换为行动，把蓝图变为现实的操作过程。计划的制订要讲究科学，要分短期目标、中期目标、长期目标。同学们的计划要切实可行，小目标能够在有一定挑战的情况下实现，然后不断用一个个小目标实现时的成就感激励自己，促进自己的中期和长远目标的实现。在执行阶段，制订行动计划是整个循环中最令人兴奋和有价值的环节，作为决策者的你终于可以开始采取积极行动去解决问题了。

练习5：回答下列问题。

①针对你选择的职业方向，你计划在什么时间实现？

②你的计划是什么？你的长期目标、中期目标、短期目标是什么？

③为了实现你的各项目标，你将做出何种努力？

④如果你的短期目标、中期目标实现了，你打算如何犒劳自己？

⑤如果在执行计划中受挫，你将如何调整你的计划？

值得注意的是，CASVE循环是一个不断重复的过程。在执行阶段之后，生涯决策者需要对自己的选择和结果进行阶段性评估，由此可能会修正和调整自己的长远目标。这样，同学们将开启新一轮的循环，去逐步靠近自己的梦想。CASVE决策技术无论是对解决个人职业规划问题，还是解决团体问题都非常有用。CASVE决策技术能够为同学们的决策提供一个有用的工具，使自己成为一个更有决策力的人。

2. 头脑风暴法

头脑风暴法主要以小组讨论的形式，给全体成员创造一个自由、轻松、开放的心理环境，让小组成员可以自由发言、交流想法，不断地让所有成员自由提问的观点得以碰撞，以激发所有成员的大脑潜能，提升整个团队的创造性思维能力与水平。

大学生职业生涯规划教育中运用头脑风暴法的主要方式也是建立课堂讨论小组，在组织讨论时要注意创设自由愉快、畅所欲言的交流氛围，激发学生的思维灵感，鼓励不同的观点、不同的信息源在学生的相互交流中激起大脑的"思想风暴"，从一开始就注重和鼓励学生努力克服自身对职业的偏见来改善职业目标定位的质量。

在确定职业目标的起始环节，实施头脑风暴法可以具体分为三个步骤：

第一，经过小组口头讨论或个人的努力思考，每个小组成员说出自己想要从事的各种职业，可以详细地介绍自己对不同职业的想法和感受、自己了解的相关职业的信息、相关职业从业人员的案例等，使每个人在不同思想的交流与碰撞中呈现各种职业的属性和特点，实现"思维共振"，生成不同职业目标的观念。这一过程用时 20~30 分钟，依据现场讨论情况而定。

第二，采用列清单的方式，把头脑风暴后呈现出来的不同职业的所有信息逐一列在清单上，不分先后次序，无须修改和评价。

第三，每位大学生对清单上列出的所有职业目标的有关内容进行粗略的审核，根据自己的思路和意愿，删去自己不感兴趣或明显不具备可行性的部分职业，并在此基础上将清单上剩余的职业目标按照自己兴趣的强烈程度高低排序，保留 5~10 个最符合自己意愿的职业目标，作为备选职业目标群。经过头脑风暴法之后，每个大学生都会列出几个自己喜欢或可能从事的职业岗位。

运用头脑风暴法必须有长期的积累和坚持。灵感的出现并不是凭空产生的，需要个体对相关的事物有一定程度的把握和了解，或是对某些问题和现象有自己长期的思考。只有做好大量的前期积累和铺垫，才可能在思维的瞬间爆发出有创造价值的想法和观点。如果没有长期的、大量的信息积累，也很难进行头脑风暴，难以激发出理想的职业目标。

3. SWOT 分析法

SWOT 分析法又称态势分析法，它是 20 世纪 80 年代由旧金山大学管理学教授韦里克提出的一种战略分析方法。其中，S 是优势（strength），W 是劣势（weakness），O 是机会（opportunity），T 是威胁（threat）。优势和劣势是个体内部因素，机会和威胁是外部环境因素。这种分析技术能让决策者直面自身发展所面临的外部环境影响和内部条件制约，实现扬长避短，有备而战。

大学生在职业目标定位过程中通过运用 SWOT 分析法，可以全面评估自己的长处与短处，分析职业机会与威胁，发挥自我的优势，把握成功的机会，从而选择好自己未来职业发展的方向。

如表 6.1 所示，通过 SWOT 分析，同学们可以一一列出自己擅长做的事情或具备的优势以及不擅长做的事情或自己存在的劣势，以使自己明确对比出自己的内部因素情况，再针对不同的行业或同一行业的不同公司，列举出所面临的外部环境带来的机会和威胁。

表 6.1　SWOT 分析（示例一）

| 内部 | 优势（S，能力与个性中的优点）：
1. 有较强的学习、模仿能力、社会适应能力，责任感强
2. 做事认真踏实，具备较强的逻辑思考能力与书面表达能力
3. 诚实稳重、为人正直、待人诚恳、喜欢与人交往 | 劣势（W，能力与个性中的不足）：
1. 社会经验不足，知识面过窄
2. 执行能力不足，制订的很多计划没能得到很好的实施
3. 表达沟通能力较差
4. 专业知识技能尚待完善 |

续表

	机会（O，有利于就业的外部环境）：	威胁（T，不利于就业的外部环境）：
外部	1. 信息时代，有许多可以被利用的资源，包括学校、学院及图书馆的各种资源 2. 在学校有很多学习机会，有构建良好的人际关系的条件 3. 国家对于复合型人才需求量较大	1. 目前我国就业形势严峻，各用人单位对人才素质提出了更高的要求，更加看重工作经历而非学历 2. 毕业生数量剧增，就业机会不均等 3. 市场变化快，对个人发现机会、展示自己并把握机会能力有很大考验

通过 SWOT 分析，同学们可以组合成职业生涯发展的 4 种策略：SO——优势和机会、ST——优势和威胁、WO——劣势和机会、WT——劣势和威胁。

（1）SO——优势和机会。这是最理想状态的发展策略模式。在这种模式下，同学们应善于发展和培养与职业相关的自身内部特长和优势，同时充分发掘和利用外部环境中能够促进个人优势成长的各类机遇和条件，从而达到迅速成长，适应市场需求，实现个人职业发展目标的作用。

（2）ST——优势和威胁。这是最具挑战要求的发展策略模式。在这种模式下，同学们需要开动脑筋，想办法利用自身优势去努力弥补、回避或减轻外部世界的不利因素，争取把威胁的影响力降到最低。

（3）WO——劣势和机会。这是转变求进的发展策略模式。在这种模式下，同学们应该冷静判断外部世界带来的机会与条件，搞清楚自己的弱势或不足，及时转变观念，调整个人发展策略，以机遇和条件来调动自己去不断弥补自身弱项，才能逐步把自己的劣势转变成自身的优势，达到职业发展的需求。

（4）WT——劣势和威胁。这是最难实现的发展模式。在这种模式下，同学们应正视自身劣势，努力减少自身不利因素，尽量回避和减轻环境威胁对自己的影响，甚至有时需要调整和适度降低自己的预期值来改变劣势。以下案例可以帮助同学们理解如何使用 SWOT 分析解决我们在职业决策中的问题。这是一个想当软件工程师的本科学生对自己进行的 SWOT 分析，如表 6.2 所示。

表 6.2　SWOT 分析（示例二）

	优势（S，能力与个性中的优点）：	劣势（W，能力与个性中的不足）：
内部	1. 对编程有浓厚的兴趣，计算机科学知识基础扎实，成绩较好 2. 具有快速学习能力 3. 有很好的团队合作精神 4. 不断学习与回顾，持之以恒	1. 目前掌握的专业知识不够，还需继续系统地学习 2. 缺乏实践和工作经验，招聘机构对实践和工作经验有要求的情况下没有竞争优势 3. 专业知识技能尚待完善
外部	机会（O，有利于就业的外部环境）： 1. 所在的学校师资力量雄厚，能受到良好的专业教育 2. 学校、学院及图书馆有许多可以利用的资源 3. 软件专业毕业生的就业市场前景广阔，用人单位积极提供实践机会以提前考察人才素质	威胁（T，不利于就业的外部环境）： 1. 目前我国就业形势严峻，各用人单位对人才素质提出了更高的要求，更加看重工作经验 2. 毕业生数量剧增，就业机会不均等 3. 与其他高校同专业毕业生存在竞争

在表 6.2 中，该学生分别剖析出自己内部因素中的优势和劣势以及外部因素中的机会和威胁。通过分析，她发现自己劣势中的三点问题完全既可以通过自己拥有的外部机会去发展和弥补；外部威胁中的三点也可以通过发挥自己的优势和充分利用外部机会去逐一解决或缩小差距。比如她的劣势有"目前掌握的专业知识不够，还需继续系统地学习"，这个问题在她拥有的外部机会"所在的学校师资力量雄厚，能受到良好的专业教育"条件下就能很好地解决；她面临的威胁"目前我国就业形势严峻，各用人单位对人才素质提出了更高的要求，更加看重工作经验"在外部机会"软件专业毕业生的就业市场前景广阔，用人单位积极提供实践机会以提前考查人才素质"条件下就能获得弥补。

通过这样的表格式分析，学生可以进一步理清未来要努力的方向，树立成功实现自身职业理想的信心，为下一步做出适合自己职业生涯发展的长短期目标奠定基础。

综上，大学生在运用 SWOT 分析法对职业目标进行定位时，一般需要遵循以下三个步骤。

第一，对影响职业目标实现的自我内部因素进行分析，即 S-W 分析。通过头脑风暴，大学生已经罗列出自己喜欢的职业目标，而判断这些目标是否具有可行性，必须对影响职业目标实现的各种因素进行分析，其中最关键的就是大学生自身的优势和不足。每个大学生的优势都可以分为个人优势和资源优势两部分。个人优势包括自己的知识、能力特长、兴趣爱好、人格魅力、意志品质、情商水平等，这与大学生个人素质高度相关，并且是个人通过努力可以获得的优势。资源优势则包括自己所拥有的社会关系资源、家庭经济富有程度以及品牌、声望等精神财富等。在认识自己的能力和优势的同时，需要同时了解自己的劣势和不足，比如要清楚地知道自己是什么气质类型的人，这种气质类型不适合做哪一类工作，从事这类职业可能会遇到什么问题和矛盾；要能清楚地认识自己的短板在哪里，客观地剖析自己的短处，如实践经验欠缺、动手能力比较差、新环境的适应成长能力弱等。分析劣势的目的是要了解如何避开自身短板，在职业目标的选择上做出更加科学的决策。通过对自己喜欢的职业目标的第一轮 S-W 分析，使大学生清楚认识自己能做的职业有哪些，让大学生认识到自己喜欢的不一定都能做。

第二，对影响职业目标实现的外部环境因素进行分析，即 O-T 分析。SWOT 分析的另一部分就是有关职业环境中机会与威胁的分析。机会可以分为宏观和微观两个层次，宏观机会主要包括国家机关制订出台的、跟自己的职业目标相关的一些经济、政治、法律法规等政策性因素，微观机会主要是在国家大政策下面配套实施和执行的一些来自相关企事业单位、各级机关部门以及人才市场等家庭、学校、社会所提供的有利信息。威胁主要包括越来越激烈的人才竞争，老龄化带来的岗位需求不足，大学专业知识的陈旧与滞缓，潜在的环境威胁以及政策的变动等外部因素；还包括自己的身体健康隐患、家庭中的不和谐关系、经济方面的不稳定因素等。对影响职业目标定位的大小环境因素进行分析，可以帮助大学生找准职业机会并发现威胁所在。

第三，建立 SWOT 分析法矩阵，把前述两步分析出来的优势与不足、机会和威胁写进矩阵中，再将矩阵中的各项因素加以整合，进行动态调整。一般意义上的 SWOT 分析法是一种静态分析法，决策者只是根据过去的经验和认识，汇总分析现实中存在的优势、劣势、机会和威胁。然而，大学生职业生涯规划的目标是动态变化的，因此，将决策的眼光停留在现实层面是远远不够的，大学生必须在确立职业目标时立足未来，用发展的眼光，充分发挥主观能动性，对自我和外部环境的变化做出科学的预估，在此基础上对职业目标的 SWOT 分析才是科学有效的。在对职业目标进行 SWOT 分析，构建 SWOT 矩阵时，需根据各因素对目标实现的影响程度大小对矩阵中的各项因素进行排序，影响程度最大的因素排在最前面，依次排列。如果矩阵中劣势和威胁中的某些因素影响力巨大，而且在目标期限内无法改变或不可避免，则首先排除被这些因素影响的相关职业目标。通过 SWOT 分析之后，自己喜欢的、能做的、环境又支持做的职业目标就已经清晰地呈现出来。

经过上述几个环节的筛选之后，可能会存在两个甚至多个可行的职业目标，也可能最初喜欢的职业一个都不剩地被否决。如果经过 SWOT 分析之后，没有一个可行目标，则重新启动上述环节，用更深一层的头脑风暴和 SWOT 分析来定位自己的职业目标。

4. 决策平衡单

在大学生职业目标定位的最后一个环节，当同学们需要对多种选择进行评估排序时，理性思维者可能会感受到不同决定所涉及的影响因素所占的重要程度有所区别，需要用权重计算来比较，才能更好地体现出来。推荐同学们使用"职业生涯决策平衡单"来进行评估排序。

职业生涯决策平衡单将重大事件的决策思考通过个人物质方面的得失、他人物质方面的得失、个人精神方面的得失、他人精神方面的得失 4 个方面来考量。各方面具体考虑方向如表 6.3 所示。

表 6.3　职业生涯决策平衡单明细

个人物质方面的得失	他人物质方面的得失	个人精神方面的得失	他人精神方面的得失
经济收入	家庭经济收入	生活方式的改变	父母
工作难易程度	家庭社会地位	成就感	师长
晋升机会	与家人相处的时间	自我实现的程度	配偶
工作环境的安全	家庭的环境	兴趣的满足	孩子
工作自由度	其他	挑战性和创新性	朋友
休闲时间		社会声望	邻里
生活变化		符合自我道德标准程度	其他
对健康的影响		达成长远生活目标机会	
就业机会		其他	
其他			

职业生涯决策平衡单明细中的 4 个主题，反映了我们在做职业生涯决策时要考虑的价值需求。同学们可以利用决策平衡单将这些价值需求按照自己心目中的重要程度进行权重（1~5）赋分，并将它作为评判标准，逐项对所有项目加权计分，最后按照选项总分排序。分数高的，就是最佳选择。

（1）职业生涯决策平衡单。职业生涯决策平衡单样式如表 6.4 所示。

表6.4 职业生涯决策平衡单

考虑因素		权重分数 (1~5)	选项					
			选择一 ( ) (−10~+10)		选择二 ( ) (−10~+10)		选择三 ( ) (−10~+10)	
			+	−	+	−	+	−
个人物质方面的得失	经济收入							
	工作难易程度							
	晋升机会							
	工作环境的安全							
	工作自由度							
	休闲时间							
	生活变化							
	对健康的影响							
	就业机会							
	其他							
他人物质方面的得失	家庭经济收入							
	家庭社会地位							
	与家人相处的时间							
	家庭的环境							
	其他							
个人精神方面的得失	生活方式的改变							
	成就感							
	自我实现的程度							
	兴趣的满足							
	挑战性和创新性							
	社会声望							
	符合自我道德标准程度							
	达成长远生活目标机会							
	其他							
他人精神方面的得失	父母							
	师长							
	配偶							
	孩子							
	朋友							
	邻里							
	其他							
合计								
正负相加的总分								

（2）职业生涯决策平衡单的使用方法。

①在选择一、选择二、选择三的括号里，依次填写困扰自己的选择方向，有几个就填几个，选项格可以根据自己的需要来增减。

②在考虑因素里写下你正在思考的得失问题。

③在权重分数空格里，按照从1~5，设定不同考虑因素在你自己心目中所占的分值。重要的因素分值高，次要的因素分值低一些，但都要求是整数值。

④对每一种选择项里对应的考虑因素，按照你评估和了解的情况依次打分，分数为-10~+10的整数值。如果这个职业选择带给你的价值多，就打高分，价值少就打低分，没有价值的地方可以是0分，有不良阻碍和影响的可以打负分。如果是正值，就写在"+"所在列，如果是负值，就写在"-"所在列。

⑤用权重分数分别乘以"+""-"所在列的分数，可以计算出合计分值。

⑥将同一选项合计里面的正负分相加，得到的总分就是这一选项的最终得分。根据最终得分就获得了多种选项的排序。可以依据此理性的计算方式，获得客观判断的结论，从而摆脱难以取舍的局面。

下面通过一具体示例帮助大家理解职业生涯决策平衡单的使用方法。

拓展阅读：

学生王征正在找工作，他的面前有3个选择：第一，到某大学当行政管理人员；第二，当公务员；第三，应聘到企业做运营工作。他的职业生涯决策平衡单如表6.5所示。

表6.5　王征的职业生涯决策平衡单

考虑因素		权重分数(1~5)	选择一（大学行政人员）(-10~+10)		选择二（公务员）(-10~+10)		选择三（企业运营）(-10~+10)	
			+	-	+	-	+	-
个人物质方面的得失	收入令人满意	4	8		7		6	
	工作难易程度适合个人能力	3	6		4		8	
	有很好的晋升机会	5	7		5		8	
	工作环境的安全舒适	3	10		10		8	
	工作自由度比较大	4	3		3		8	
	休闲时间多	3	5		5		3	
	生活变化不大	1	7		7		3	
	对健康有无影响	4	5		5			-3
	未来跳槽或寻求其他就业机会	2	4		4		8	

续表

考虑因素		权重分数 (1~5)	选项					
			选择一 (大学行政人员) (-10~+10)		选择二 (公务员) (-10~+10)		选择三 (企业运营) (-10~+10)	
			+	−	+	−	+	−
他人物质方面的得失	家庭经济收入增加	5	4		5		8	
	家庭社会地位提升	2	9		10		4	
	与家人相处的时间充足	3	7		3		3	
	可能促使家庭搬到工作地	3	3		8		6	
	孩子上学落户有优惠政策	3	8		9			−2
个人精神方面的得失	生活方式发生改变	3	5		6		9	
	成就感	4	7		4		9	
	自我实现的程度	5	8		6		8	
	工作内容符合个人兴趣	4	6		3		8	
	工作有挑战性和创新性	5	7		4		10	
	社会声望较好	4	10		8		7	
	符合自我道德标准	2	10		10		10	
	有达成长远生活目标机会	5	8		5		8	
他人精神方面的得失	父母满意放心	3	6		9		5	
	师长觉得有前途、有发展	1	6		8		5	
	女朋友觉得满意放心	4	8		8		5	
合计			567	0	502	0	560	−18
正负相加的总分			567		502		542	

通过运用职业生涯决策平衡单，王征根据每个选择的岗位具体情况，将自己考量的权重和每个需要比较的因素列举出来，经过数学运算结果比较，最终得出：到大学做行政管理人员目前是最适合自己的选择。由此，他终于不再纠结，做出了自己的职业目标决策。

第三节　大学生职业目标的设立、分解与组合

　　职业发展是人生全面发展的重要组成部分，大学阶段是从学习到工作的过渡阶段，是职业生涯规划的关键时期。职业生涯目标是个人职业生涯规划的重要内容，是人生的龙头。但是目标该如何确定，很多人是茫然的，尤其是对于尚不成熟的大学生，往往是看到别人这样做成功了，自己也就跟着盲目模仿，今天学这个，明天学那个，没有主见，结果消耗了时间，错失了良机。

一、大学生职业目标设立存在的常见问题

（一）兴趣、能力等与职业之间缺乏匹配

职业生涯目标的确定主要取决于个人的价值观。树立正确的职业生涯目标，就必须有正确的价值观。理想的职业生涯目标的设立是基于对自己的清醒认识。树立职业生涯目标前，应问自己几个问题：我的人生目标是什么？为什么设定这个目标？设定这个目标能否实现我的人生价值？职业生涯目标的设立需要考虑自身的职业兴趣、性格特点、能力倾向以及自身所学的专业知识技能等因素，同时考虑到外部环境因素，综合权衡考虑，把自己定位在一个最能发挥自己长处的位置，以便最大限度地实现自己的社会价值。

职业生涯目标既要符合自己的性格，又要让目标有一定的弹性，能适应环境的变化。一般来说，由于每个人的自身条件、基础素质不同，职业生涯发展路线也不同，有的人适合搞研究，能够在专业领域求得突破；有的人适合做管理，能够成为优秀的管理人才等等。

（二）职业生涯目标的确定缺乏章法

职业生涯目标的确定要综合考虑自己的性格、能力、爱好、长处、短处及所处环境的优势和劣势，以及人生中可能会遇到哪些机遇，职业生涯中可能会存在哪些威胁，将自身的条件和需求与外部的环境结合起来制订自己的职业生涯规划目标。

第一，大部分同学在学校学习期间对很多事情不做总结，例如，从专业学习中获取什么收益，接受过什么培训，自学过什么，有什么独到的想法和专长，参加过什么社会实践活动，提高和升华了哪方面知识，获得何种证书，不知道参加这些活动的目的和意义，只是随波逐流，别人这样做我也这样做。

第二，对自己已有的人生经历和体验，如在大学期间担任学生干部，曾经参与或组织的实践活动、取得的成就及积累的经验、获得的奖励等，不仔细地做总结和梳理。在自我分析时，要善于利用过去的经验选择，来推断未来的工作方向。

第三，对自己的劣势没有认真地分析。劣势分析主要是分析经验与经历中所欠缺的方面，尤其是落后于竞争对手的方面。金无足赤，人无完人。由于经历的不同，环境的局限，每个人都无法避免一些经验上的欠缺。欠缺并不可怕，可怕的是自己还没有认识到或即使认识到而一味地不懂装懂。正确的态度是：认真对待，善于发现，并努力克服和提高。

大学生应以自己的最佳才能、最优性格、最大兴趣为依据，将职业目标与所学专业相结合，充分发挥自己的优势，扬长避短，体现"人尽其才、物尽其用"的要求。大学生都有自己的专业，每个专业都有一定的培养目标和就业方向，大学生在培养目标下经过一定的专业训练，从而具备了某一专业的知识和技能，这是每个大学生的优势所在。

（三）职业生涯目标的制订与社会需要脱节

任何人选择职业的自由都是相对的、有条件的。因为职业选择作为一种社会活动，必定会受到一定的社会现实环境的制约，大学生只有将个人的发展与社会需求紧密结合起来，满足社会需求，才能成为受社会欢迎的人。如果职业脱离社会需求，大学生将很难被社会接纳。所以，大学生在确定职业目标时应积极把握社会人才需求的动向，把社会需求作为出发点和归宿点，把社会需求与个人利益统一起来，将社会需求与个人愿望有机结合起来，这样目标才更加容易实现。

（四）职业生涯目标制订重点不突出

职业生涯目标确立时，应突出重点，避免出现面面俱到的求全情况。目标过多而没有重点，往往会在不知不觉中消耗你的精力，不但会使效率变低，还会使自己变得犹豫不决。如果每个目标都是重点，那么每个目标就都不是重点。因此，为了突出重点，就需要严格控制职业生涯目标的数量。这如同用放大镜将太阳光聚焦到一个明确的点上，光线的集中会很快将几张纸烤出一个洞来。如果没有集中到一个点上，即使时间再长，也不会把这些纸烤出一个洞来。可见，这个明确的点就是一个重点，就像我们职业生涯目标当中的一个发力点，需要我们集中力量投入到关键性目标上，从而顺利实现既定的目标。但是，集中目标，并不是说你不能设立多个目标，而是一个时期一个重点目标，分开设置。具体来说，就是拉开时间差距，实现一个目标后，再去实现另一个目标。

二、职业生涯目标的设立

（一）确定职业生涯目标的方法

1. 先定向后定位法

定向，就是根据你现在所学的专业来确定自己未来的职业方向。如果对自己所学的专业感兴趣，毕业后选择到专业对口的单位就业，那就可以根据目前所学的专业来确定职业生涯目标；如果对自己所学的专业不感兴趣，毕业后不会选择到专业对口的单位就业，那么首先必须找到自己感兴趣的专业，通过辅修双学位，选修或攻读其他专业的研究生来调整和确定自己的职业方向。

从高考填志愿开始，大多数家长和学生才开始第一次思考"专业、职业与人生"之间的关系。但大部分家长更关心的是一个学校最好的专业是什么，什么专业比较好就业之类的问题。而学生到了大学毕业，才开始问"我这个专业可以做点什么"？

这种现象源于我们的学生选择大学专业考虑的不是"自己喜欢什么""自己能学到什么""这个专业是学什么的""学了这个专业后将来能干什么"这些问题，而是更多考虑自己的高考成绩能进什么大学，能进什么样的专业，什么专业是热门专业等，所以往往第一选择是进入一个相对好的大学，学什么专业不在考虑之列。而且绝大部分学生进入大学后，都认为自己所学的专业将是自己四年后要从事的职业方向。然而现实并非如此。国内大学生就业情况调查专业机构麦可思研究院发布的《2023年中国本科生就业报告》数据显示，本科生脱产备考公务员和编制的比例五年翻番，择业求稳心态加剧。这些学生最终的职业与自己大学所学专业没多少关联。所以，在国内，选择一个和自己专业不相干的职业是完全可能的。造成这一现象的原因，有人总结为三点：第一，国内大学以学术研究而非以市场需求为导向，很多专业并不是为哪个特定的工作和生涯方向准备的。第二，一个专业同时对应着多种职业领域，有很多职业方向。第三，部分专业的人才数量明显供大于求，意味着选择一个与自身专业不相干的职业领域也是无奈之举。但无论如何，专业还是为我们职业生涯的开端和发展提供了重要的基础。确立自己的职业生涯目标，还是要首先从自己的专业出发来考虑。但如果通过自我了解及对职业的社会探索，发现自己并不适合从事专业方向的工作，那么就要提前做好改变职业目标方向的准备。如一个重点院校化工专业的学生在学习过程中发现自己并不喜欢化工专业，而是喜欢与人打交道的工作，于是她在大学时辅修了第二专业——人力资源管理，毕业时拿到了化工和人力资源管理这两个专业的学士学位，在就业时选择到一家公司从事人力资源管理的工作。

　　定下职业方向后，我们就要做好职业定位的工作。我们需要先对自己已定向的职业群进行更加深入的探索和研究，通过社会实践、招聘会、实习、兼职、职业生涯人物访谈等渠道感受意向职业，了解这些职业的基本要求，检查是否与自身的兴趣、价值观、性格等相符。定向阶段要尽可能扩大自己可选择的职业范围，而定位阶段则需要逐步缩小职业的选择面。但要注意的是，定位的职业目标不宜仅有一两个，应有可选择的区间，避免出现锁定的单一目标失败，为择业带来风险。大学学习期间，同学们应在大一、大二学年确定职业方向，在大三、大四学年做好定位的工作。

　　2. 综合考量法

　　通过将个人的职业锚、能力、职业期望综合考虑的方法找到自己未来的职业目标。首先，要找出职业锚的大致方向——自己内心一直以来想要做的事情，并且这件事情是自己从来不曾放弃过的，是自己的兴趣所在。其次，审查自身所具备的专业知识、经验经历、思维方式、能力素质等能够从事什么职业。再次，思考一下自己的职业期望是什么，将来想做什么事。最后，将三者综合起来考虑，找出未来的职业目标。

　　（二）制订目标的 SMART 原则

　　大学生在制订职业生涯目标的过程中，应当利用 SMART 原则进行分析评价，以便更快、更好地实现目标（图 6.2）。

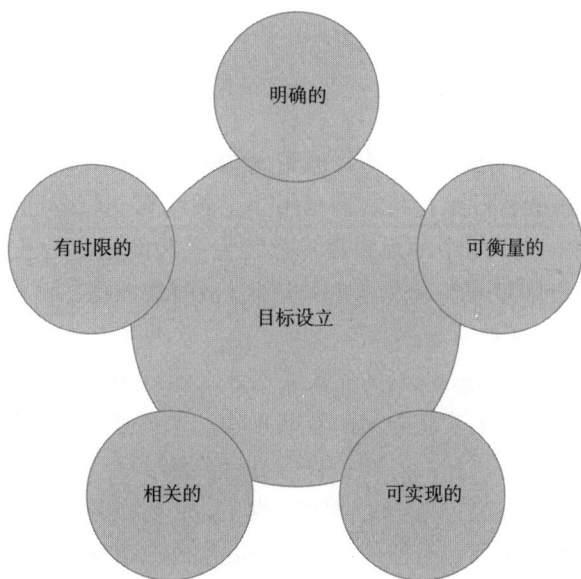

图 6.2　目标设立的 SMART 原则

　　（1）明确的（specific）。指用明确具体的语言将目标表达清楚。目标越明确具体，我们越清楚应该付出何种努力，越有利于目标的实现。如工程师这个职业生涯目标的描述就不太明确，因为工程师还可分为电气工程师、软件工程师、机械工程师等。

　　（2）可衡量的（measurable）。指目标应该是可量化的，是否达成目标的依据应该是一组明确的数据。只有可量化的职业生涯目标才有利于行动的落实和结果的评估调整。如要提高自己的英语能力这个目标就太空泛，不知从何入手。如果将它量化为坚持每天背诵一篇英文文章和每天用英语写一篇日记，一年内能和外国人进行简单的日常生活用语对话，这样就很容易落实在行动上，最终实现提高英语能力的目标。

（3）可实现的（attainable）。指目标应当是可以实现的，而不是"空中楼阁"。我们制订目标是为了通过自身的努力，最终实现目标。如果目标没有实现的可能性，那它的存在就没有意义了。因此制订目标时必须有一定的实现难度，但是此难度可以通过努力克服，这样有利于激发我们的潜能，实现自身的飞跃。

（4）相关的（relevant）。指实现此目标与其他目标的关联情况。在目标设定之后，为达成这一目标，需要将目标进行分解，从而一步步实现最终目标。如某同学的职业生涯规划目标是30岁之前成为某大学的一名优秀的工商管理专业教师。为实现这一目标，可将其分解为多个子目标：学好工商管理的专业知识与相关知识；拿到教师资格证；在30岁之前通过大学的教师招聘；成功入职；不断丰富自己的教学经验，使自己变得优秀；受到同学们的喜爱；成为一名优秀的教师。

（5）有时限的（time-limitied）。指制订目标必须有准确的起止时间的限制。这可以帮助同学们克服惰性，激发潜能。如一位同学制订通过英语六级的目标，因为这个目标没有明确的时间限制，可以在大二通过，也可以在大三、大四通过，再加上自身的惰性，必然会觉得实现目标的时间还有很多，现在开始准备还太早。在这种想法指导下，通过英语六级的目标也就难以实现了。对比之下，如果将通过英语六级的时间限定在大二学年，可以看到由于时间有限，必然会产生紧迫感，在日常学习中加以落实，最终实现目标。

三、职业生涯目标的分解与组合

在人生发展过程中，实现远大宏伟的目标很少能够一气呵成，必须分解成若干易于达到的阶段性目标。目标分解的目的是让我们清楚每一步做什么。职业目标分解是根据观念、知识、能力差距，将职业生涯规划中的远大目标分解为有时间规定的长、中、短期的分目标，直至将目标分解为某确定日期可以采取的具体步骤，同时做以动态调整。

（一）职业生涯目标的分解

职业生涯目标的实现可以用一系列的阶段来表示。目标分解是将目标清晰化、具体化的过程，是将目标量化成可操作的实施方案的有效手段。个体要想取得职业成功，确定一个切合现实的职业目标是首要任务，然后对职业目标进行分解，将其具体细化，进而设计出合理的生涯设计规划，付诸行动、经过努力最终收获成功。目标分解就是为了将大目标细分成为小目标，是量化目标的有效手段。目标的分解帮助我们在现实环境与美好愿望之间，搭起了可以让我们拾级而上的阶梯。

1. 按照目标的性质进行分解

所谓按性质分解是针对目标而言，借鉴国内外职业生涯的相关理论，按目标性质把目标分解为外职业生涯目标和内职业生涯目标。外职业生涯目标侧重于职业过程的外在标记，主要包括工作内容、职务目标、工作环境目标、经济收入目标、工作地点等。内职业生涯目标侧重于职业生涯过程中的知识、经验的积累，观念、能力的提高和内心的体验感受。一般来说，外职业生涯的这些因素多数是别人给予的，大学生如果只是追求外职业生涯的内容，自己就会经常陷入不安，有担惊受怕的感觉；而内职业生涯目标的内容即知识、经验、能力、观念、心理素质、内心感受等，这些因素主要通过自己的努力获得，属于自身稳定的东西，一旦拥有别人就无法拿走。在分解自己的职业生涯目标时，外职业生涯目标与内职业生涯目标是同时进行的，但内职业生涯目标应该是大学生重点把握的内容。

2. 按照时间的长短进行分解

按时间长短分解主要是把职业生涯目标阶段化，对按性质分解的目标做出明确的时间限定。在职业生涯规划中要区分最终目标与阶段目标。最终目标取决于一个人的价值观念、知识能力水平，是对环境、自身条件、家庭条件等各方条件做出大量分析之后得到的结果。有的人在 30 岁已能预见自己的最终职业目标；但也有些人到退休时仍未能认清自己的最终职业目标所在。每个人能够预见自己的最终目标的能力是不一样的，个体能力差别比较大。但对阶段性目标的制订能力，个体差别则相对较小。

图 6.3 为按照时间的长短进行职业生涯目标分解。最终目标是以几十年为期限，长期目标指 5 年以上的目标，主要受个体人生目标的影响。有人认为长期目标不重要，5 年之后的事情比较遥远，考虑那么多、那么远没什么用。近年来，大学生就业困难，很多大学毕业生找不到满意的工作，可也不乏有一些大学生在毕业前就被名企高薪聘用，找到自己满意的工作。调查发现，这些顺利找到满意工作的学生几乎都是在大一、大二时早早明确了长期的职业发展目标，大学期间在这样的大志向引领下，制订并完成了自己的中期目标和短期目标，有了一个很好的职业生涯的开端，从而也确保了长期目标的实现。设定长期目标一般要考虑以下几个因素：目标要符合自己的价值观；对自己的目标有足够的兴趣；目标要具有一定的挑战性；目标是经过努力可以实现的。中期目标一般为 3~5 年的目标，也是大学学习期间应该达到的目标。中期目标要在长期目标的引领下确立，如确定毕业后直接进入职场找一份满意的工作、考取研究生、出国留学、选择创业等。中期目标相对于长期目标则更为具体，通常与长期目标保持一致，是结合自己所学专业、能力、兴趣和掌握的社会资源来确定的，有比较明确的时间，且可做适当调整。短期目标可以为一两年，而近期目标则短至每日、每周、每月、每季、半年。短期目标和近期目标还可分解为年度目标、学期目标、月度目标、周目标、

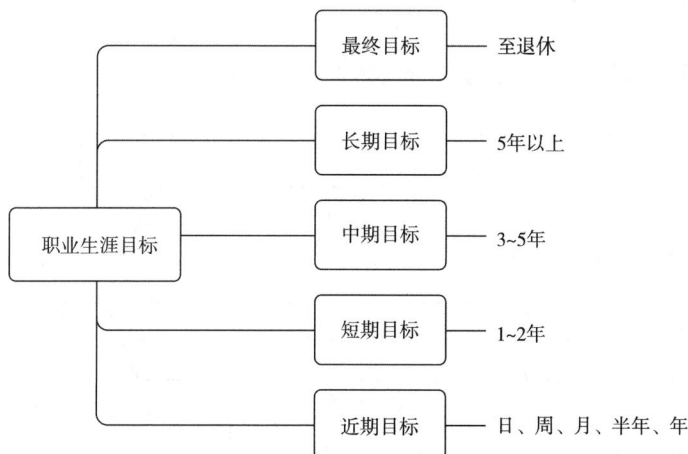

图 6.3　按时间长短对职业生涯目标分解

日目标，是中期目标和长期目标的具体化，进一步详细规定了实现的时间和明确的方法。短期目标与近期目标要切合实际，具备很强的可操作性，要有明确的完成期限，要有把握可实现，要适合环境，是实现中期目标的保证。

拓展阅读：

大学四年行动目标分解计划表

大学四年行动目标，可按表6.6进行分解。

表 6.6 大学四年行动目标分解计划表

实施时间		学业方面目标	生活方面目标	社会实践方面目标
第一学年	上学期			
	下学期			
第二学年	上学期			
	下学期			
第三学年	上学期			
	下学期			
第四学年	上学期			
	下学期			

3. 按照任务的内容进行分解

按照任务的内容进行分解比较有效的做法是采用鱼骨分解法（图 6.4）。其步骤是：

（1）在"鱼头"位置写明要实现的目标（所确定的目标应符合 SMART 原则）。

（2）在"鱼尾"位置写上对现状评估的分值。即如果完全实现目标是打 100 分，那么目前应该评多少分，分值写在鱼尾位置。

（3）分解目标，将总目标按照任务内容划分为几个子目标模块，并写在"鱼身"的框体内。

（4）在"鱼骨"位置，写上继续细化实现目标的行动。

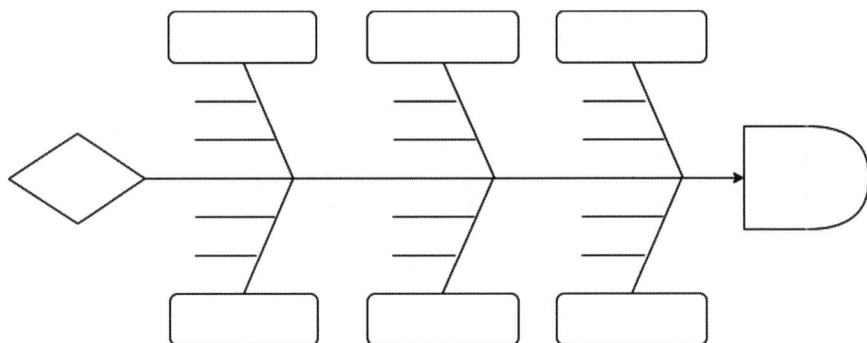

图 6.4 鱼骨分解图

拓展阅读：

考研目标鱼骨分解图示例

陈同学目前是本校应用数学专业二年级学生，大二阶段他明确了自己的毕业目标是考上某大学自动化专业研究生，采用鱼骨分解法对其考研目标进行分解，如图6.5所示。

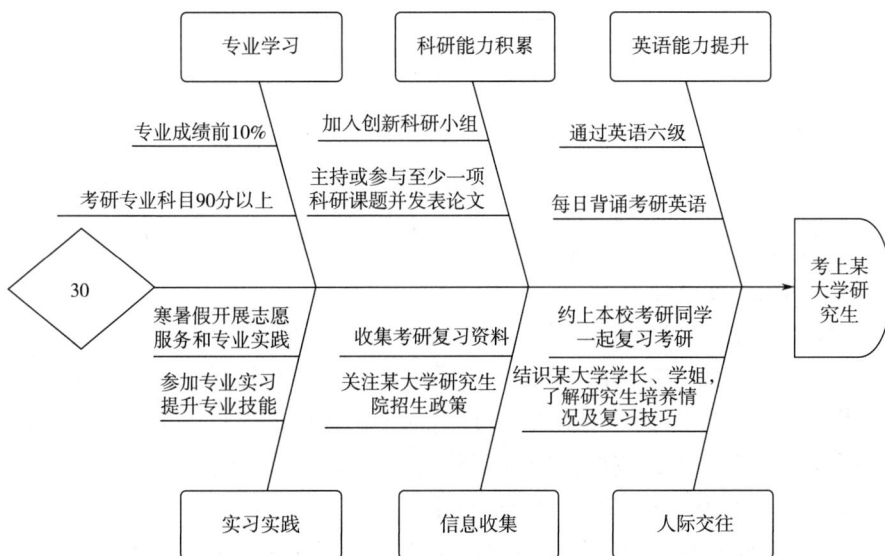

图6.5　鱼骨分解图

（二）职业生涯目标的组合

职业生涯目标之间有时可能会出现排斥性（即目标相违背），这时需要我们在出现排斥的不同目标当中做出选择，如果只看到目标之间的排斥性，就只能在不同目标之间做出排他性选择，而如果能看到目标之间的因果关系与互补性，就能够积极地进行不同目标的组合。

职业生涯目标的组合是处理不同职业生涯目标之间相互关系的有效措施。当然，在不同目标之间不仅具有排斥性，往往还具有因果性和互补性，这时我们可以积极地在不同目标之间进行组合，达到职业生涯的和谐发展。

进行职业生涯目标的组合有三种方法：目标的功能组合、目标的时间组合和目标的全方位组合，如图6.6所示。

其中，目标的全方位组合指实现个体的事务、职业生涯和家庭生活相互促进、均衡发展，其涵盖了一个人一生的全部活动。要使这一目标得以实现，我们应当在通盘考虑自己的个人发展、家庭生活及职业生涯中的各种理想的基础之上，建立职业生涯目标。全方位组合已经超出了职业规划设计的范畴，涵盖了生涯全部活动。功能组合又可以分为因果关系组合和互补关系组合，时间组合可分为并进组合和连续组合。优秀的职业生涯规划要在生活中的不同目标间建立起平衡的协调关系。

大学生职业生涯规划

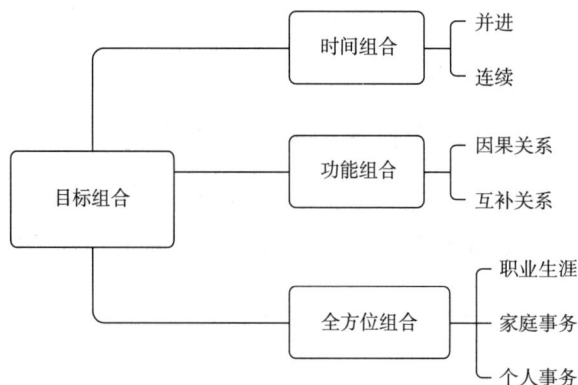

图 6.6　目标组合示意图

1. 并进

职业生涯目标的并进是指同时着手实现两个平行的工作目标，或者建立和实现与目前工作内容不相关的职业生涯目标。

有时候，外部环境给予我们的机会很多，这让我们面临多个选择，只要处理得好，又有足够的精力和能力来应对，在一定的范围内，是可以做到鱼与熊掌兼得的。这里所说的"同时着手实现两个平行的工作目标"指的是在同一时期内进行的不同性质的工作。如上级管理层兼任技术业务项目责任人，或中高级管理层的"双肩挑"的情况，就可以称作目标的并进。类似的情况在很多组织（企业）中也屡见不鲜。

而大学生建立和实现与目前工作学习内容不相关的职业生涯目标，意在居安思危、未雨绸缪。例如，大学生为了获得更大的发展空间，在做好本专业学习的同时，选修自己感兴趣的其他课程等，从而有利于开发大学生的潜能，在相同的时间内迎接更大的挑战，发挥更大的价值。

2. 连续

连续以时间坐标为节点，将多个目标前后连接起来，实现一个目标之后再进行下一个。一般来说，较短期目标是实现较长期目标的支持条件。目标的期限性也是相对的：随着时间的推移，长期目标成为中期目标，中期目标成为短期目标，短期目标成为近期目标。只有完成好每一个近期目标和短期目标，最终目标才有可能实现。对于大学生而言，可将职业生涯目标按学年划分，每个学年将目标分层递进，逐次提高，而每个学年的目标又可以划分成若干小目标，彼此互相支持促进，达到逐个实现学年目标的目的，最后为顺利进入职场，实现角色转变积蓄能量。

3. 因果关系

有些目标之间存在着明显的因果关系，如工作能力目标与职务目标和收入目标，前者是因，后者为果，表现为工作能力提高到职务提升，再到收入增加。通常情况下，内职业生涯目标是原因，外职业生涯目标是结果。一般因果排序为：观念更新目标、掌握新知识目标、提高工作能力目标、职务晋升目标、经济收入提高目标。

4. 互补关系

职业生涯目标的互补关系是显而易见的，比如，一些有能力的大学生在完成本专业正常

160

学习任务之外参与大学生创新创业训练计划，或者参加各种学科竞赛，在这个过程中既有对专业知识应用能力的检验，使其获得了升华的机会，同时也让大学生的沟通能力目标、组织能力目标、创新创业能力目标获得了提升，彼此互补并互相促进，实现综合能力再发展的目标。

（三）职业生涯目标的动态调整

在一个变化无常的世界里，不可能会有一成不变的事物，包括职业生涯目标。一切都在动态变化中，而我们在这一变化过程中却很容易迷失自我。人生在世，最紧要的不是我们现在所处的位置，而是我们未来要去的方向。因此，我们要努力去发现自己最正确的发展方向，这种方向不一定是最佳的，但却一定是最适合我们的，最能够实现自身价值的方向。我们的习惯、环境、认知能力都是在变的，然而在每一段时间内它们又是相对稳定的，这就是我们的职业定位。同时，目标是在不断动态调整着的，在生涯发展空间坐标上就出现了很多"感知点""成功点""失败点"，即我们每个人成长于"感知"，发展于"失败"，结束于"成功"的过程，而后，又是"感知—失败—成功"，这便是每个人的一个成长周期。每位刚刚进入职场的大学生，就是在这一个又一个的成长周期中成长成熟的。之所以称其为"动态目标"，是因为世间没有绝对的静止，动态的世界决定着动态发展的人。

拓展阅读：

如愿以偿成功就业

小懿和小皑目前都愉快地工作在自己曾经朝思暮想的工作岗位上。

小懿和小皑是同一所大学同一个系的学生，之前他俩并不是太熟悉，小懿是上一届的学生，因为当兵复员后才和小皑成为同一届学生。但是他们俩在择业、就业过程中的许多准备与方法上，有惊人的相似之处。

小懿和小皑都是普通人家的孩子，他们考上大学给家人都带来了莫大的喜悦，但他们自己并没有沉浸在考进大学的快乐中，进校后分别在老师的帮助下，都很快地确立了新的目标。小懿中间去部队锻炼，小皑一直在学校学习。小懿和小皑虽然在不同的环境中成长，但是他俩谁都没有松懈。后来，小懿入了党，小皑获得了奖学金。他俩发展到这一步，似乎也没有什么值得称道的。但是，在大学里，从一开始就能脚踏实地一步一个脚印前进的学生为数并不多，懂得积极主动争取老师辅导帮助的同学更是少之又少，因此，他俩的做法也为他们日后的成功就业做足了铺垫。

大学临近毕业时，他们又不约而同向就业指导中心寻求帮助。他们主动把自己写的个人简历交给老师，让老师根据经验提出修改建议，更重要的是他们把个人简历和推荐表都留给就业指导中心，便于推荐给招聘单位。他们的求职计划很有个人特色，懂得扬长避短。就业指导中心按他们的要求，向他们自己锁定的招聘单位予以推荐。因为他们平时就是有心人，一直与已经在他们心仪的岗位上工作的学长学姐们保持着密切联系，提前了解企业看重的素质及招聘条件，并按照用人单位的高标准、严要求不断努力，提升自身素质，为就业做好了充分的准备，很快他们就经过层层严格选拔，最终他们都如愿以偿成功就业。

【本章思考题】

（1）你了解职业目标吗？确定职业目标需要考虑哪些问题？它和职业生涯设计是什么关系？

（2）什么是职业定位？它有哪些常见类别？大学生进行职业定位时应遵循哪些原则？

（3）请列举你所了解的职业定位方法，并说明其用法？

（4）大学生进行职业目标设立时有哪些方法可以选择？以你自身为例，如何进行职业目标的设立、分解、组合和动态调整？

【实训项目】

下面 2 个案例是以时间为阶段进行职业目标设立和组合，请仔细阅读后，结合你的实际情况至少列出一个职业目标并进行分解。

案例 1——职业目标：著名外资企业高级管理人员。

（1）2015～2018 年：

成果目标：通过实践学习，总结出适合当代中国国情的企业管理理论。

学历目标：硕士研究生毕业，取得硕士学位；取得律师从业资格、通过 GRE 和英语高级口译考试。

职务目标：外资企业商务助理。

能力目标：具备在经济领域从事具体法律工作的理论基础，通过实习具有一定的实践经验；接触并了解涉外商务活动；英语应用能力具备权威资格认证；有一定的科研能力，发表 5 篇以上论文。

经济目标：在校期间兼职，年收入 1 万元；商务助理年薪 5 万元。

（2）2015～2021 年：

学历目标：通过注册会计师考试。

职务目标：外资企业部门经理。

能力目标：熟练处理本职工作，工作业绩在同级同事中居于突出地位；熟悉外资企业运作机制及企业文化，能与公司上层进行无阻碍的沟通。

经济目标：年薪 10 万元。

（3）2015～2021 年：

学历目标：取得博士学位。

职务目标：著名外资企业高级管理人员，大学的外聘讲师。

能力目标：科研能力突出，在国外权威刊物发表论文；形成自己的管理理念，有很高的演讲水平，具备组织、领导一个团队的能力；与公司决策层有直接流畅的沟通；具备应对突发事件的心理素质和能力；有广泛的社交范围，在业界有一定的知名度。

经济目标：年薪 25 万元。

案例 2——职业目标：优秀老师兼班主任。

（1）在校期间：2012～2016 年。

成果目标：顺利毕业，在一所中学当政治老师。

学历目标：取得毕业证书、学位证书、英语四六级证书、计算机一级证书、心理咨询师证书以及获得每年的综合奖学金等。

能力目标：从家教兼职中获得一定的实践经验。

（2）工作适应阶段：2016~2017年。

成果目标：教学顺利，并取得一定的教学成果，学生的成绩有所提高。

学历目标：准备考研，阅读相关的书籍。

能力目标：在这一年里，不断积累教学经验，为以后的升职做准备。

（3）经验积累阶段：2018~2020年。

成果目标：积累了一定的教学经验，并总结过去的经验成果。

学历目标：继续为考取硕士学位做准备。

能力目标：一方面提高自学能力，另一方面不断改善教学方式。

（4）经验巩固阶段：2021~2023年。

成果目标：从普通的政治老师升职为班主任。

学历目标：成功考取硕士学位。

能力目标：能够胜任班主任的职务。

（5）发展阶段：2024~2026年。

成果目标：成为一名优秀班主任，学生的成绩能让家长满意。

学历目标：能够获取进修深造的机会。

能力目标：既是一名优秀的教师，同时也是一名负责的班主任。

第七章　大学生职业生涯规划决策与制订

【内容框架】

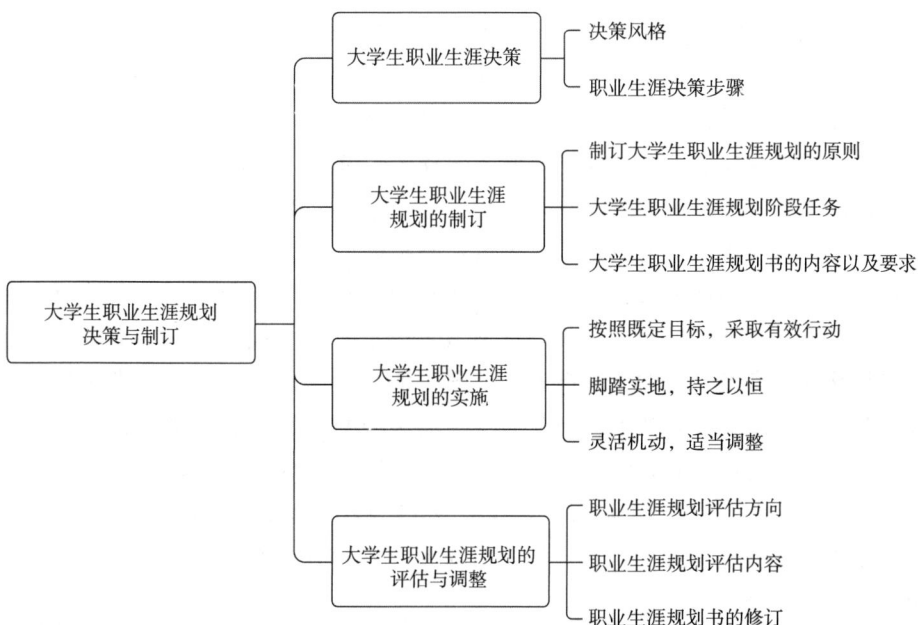

【学习目标】

（1）了解职业生涯决策步骤。

（2）深入理解大学生职业生涯规划各阶段任务。

（3）掌握制订职业生涯规划包括的内容。

（4）理解职业生涯规划如何实施。

（5）掌握大学生职业生涯规划的评估与调整。

【本章导读】

为事业而战：人生可以很精彩

"上学的时候，我就希望能进入一个大公司成为领导，如今我终于成功了。"今年32岁的于某这样谈道。她目前就任上海市一家大型企业集团的内控处处长。谈起自己的从业经历，于某表示，自己也曾经走过弯路，但由于自己的目标明确，最终还是实现了自己的理想。

于某毕业于哈尔滨一所大专院校的会计电算化专业。在校学习期间，于某在职业生涯规划中为自己定下了职业目标——到大公司成为企业高管。毕业后，她考入哈尔滨工业大学，学习会计学，并获得本科学历。读本科的时候，身边的同学都准备考研，于某也加入考研的行列，但后来她意识到，如果要从事财会这一行，学历并不重要，重要的是资质。所以，最后她放弃了考研而是考取了注册会计师和注册税务师的资格证书。有了这两个证书，她找工作没有遇到太大阻力，先后在哈尔滨市一家税务师事务所和一家会计师事务所工作。工作一段时间后，她觉得现状和自己的理想差距太大。于是，她放弃了令人羡慕的工作，只身一人来到南京。她先到一家会计师事务所工作，积累经验。一年后，应聘到上海市一家大型企业集团。由于工作业绩比较突出，升任该集团内控处处长。

为了实现"成为大企业高管"的职业目标，于某从进入大学至今用了12年的时间；从一名注册会计师到大集团内控处处长，用了4年的时间。为了实现自己的事业目标，于某放弃了年薪较高的项目经理职位，选择了暂时年薪较低的岗位。对此，有人不理解，但于某说："这是我的理想。"于某认为：自己之所以能够成功，是尽早明确了目标，通过一步步的努力，不断给自己确定前进的方向，最终实现追求的事业目标。

当我们确立了目标职业之后，这份职业在我们的眼中就变得与众不同了，为了达成自己的目标，我们可以不辞劳苦，可以忽略实际利益。这个目标为我们指明了前进的方向，让我们的人生变得更加丰富而有意义。一个人要获得事业的成功，需按照人生成功的规律来制订行动的目标和规划。没有目标的人如同航行在茫茫大海中的孤舟，没有方向，不知所终。正如希拉尔·贝洛克所说："当你做着将来的梦或者为过去而后悔时，你唯一拥有的现在却从你手中溜走了。"因此，在现实的基础上制订出来的合理目标是我们漫漫职业生涯途中的灯塔，它是努力的依据，更是对个人的鞭策。职业生涯中的目标真的有如此大的魔力吗？学完本章节的内容你就知晓了。

资料来源：宋丹，袁昌兵．大学生职业生涯规划的学思行［M］．苏州：苏州大学出版社，2021.

第一节　大学生职业生涯决策

一、决策风格

面对决策，每个人所做出的反应我们称为决策风格。决策风格是指个体在长期的决策过程中形成的比较稳定的决策倾向。决策风格对决策效果影响重大，不同决策风格的人对决策制订的方式与步骤有不同的偏好，对行动的迫切性有不同的反应，对待风险的态度与处理方法也有所差异。了解决策风格，有助于同学们扬长避短。

对于决策风格，学者丁克里奇通过广泛的访谈研究，总结了8种决策风格。

1. 冲动型（impulsive）

冲动型决策风格的人做决定非常迅速，但往往收集的信息不足，思考不周详，或不愿意投入足够的精力去研判。这种决策风格的人常常会选择最早出现的方案，但当新的方案出现时往往更改自己的决策。因此，这种决策风格的人很容易因冲动造成误判而追悔莫及。

2. 宿命型（fatalistic）

宿命型决策风格的人不愿承担风险和责任。他们常常愿意放弃自主选择的机会，对决策带来的挑战和压力甚至决策可能带来的结果都表现出无力感和无助感。当遇到困难时，他们更愿意随波逐流，听天由命，而不是迎难而上。他们认为一切都是"注定"的，无论自己如何选择，都改变不了结果。他们总是被动等待机会的降临，或是问题的自动变化和解决。

3. 顺从型（compliant）

顺从型决策风格的人总是忽略自己的真实想法。他们往往顺从于周围人的意见来做出决定，总是"你说怎么办就怎么办"，同时，在决定后他们又觉得是别人左右了自己而内心充满遗憾。

4. 延迟型（delaying）

延迟型决策风格的人做事迟缓，思考和行动较他人滞后。他们总是尽量延迟做决定的时间，往往不到最后一刻拿不出决定来，总是抱着"能拖一天是一天"的心理。

5. 烦恼型（agonizing）

烦恼型决策风格的人往往在决策过程中过度收集信息，使用信息时又过于瞻前顾后，反复迟疑，难以决断，常常表现为"我就是拿不定主意"，犹豫不决，在决断时心中充满煎熬。

6. 直觉型（intuitive）

直觉型决策风格的人总爱凭借个人的直觉感受而不是客观事实做出决定。此种类型的人所做的决定有时候会带有一定的偏见性，易出现偏差。

7. 瘫痪型（paralytic）

瘫痪型决策风格的人总是感到"想到问题就害怕，完全不知道该做什么"，自己难以承担决策的风险和后果，更无法开始决策的过程，这种类型的人会极大地影响其职业生涯的发展。

8. 计划型（planned）

计划型决策风格的人在做决策前能够全面收集有效信息，通过有步骤、讲方法地理性判断和分析，最终做出决定。当面对重要抉择时，计划型决策风格的人更可能做出理性的决定。

不同类型的决策风格之间的差距在于对自己、对环境的了解存在认知差异。其中，计划型决策风格的人能在对自己、对外部环境都做到深入了解的基础上而做出理智型决策；顺从型、宿命型决策风格的人往往对外部环境有部分了解，但对自身的潜力和综合能力认识不足，又不愿意承担责任和风险，造成个人自信缺失，从而形成依赖型决策；冲动型、直觉型决策风格的人对自身的整体认识比较客观，甚至有的时候会过于自信，但对外部世界认识不充分，对信息掌握不深入，比较容易因"一叶障目"而做出直觉冲动型决策；烦恼型、延迟型、瘫痪型决策风格的人常常既对自己不了解，也对外部世界充满未知，从而因信息的极度匮乏造成拖延犹豫型决策。

不同决策风格会影响职业的决策结果，通过决策风格分析，我们可以判断出自己决策风格的产生原因，从而学会从不同角度加强和丰富对自身、对外部世界的了解和信息积累，拓宽自己理性判断的基础，慢慢调整和改变自己的风格。

二、职业生涯决策步骤

在整体上，职业生涯决策可以分为三个步骤，即选择目标，并要确保这些目标是明确的、具体的；设定子目标，确保目标的达成是可衡量的和可实现的；制订行动计划，确保这些计划都是以行动为导向的，是可追踪、可评估、可调控的。

第一步：选择目标。

同学们可以规划很多人生目标，但最后能作为毕业时事业目标的一般只会有一个。一种好的方式就是考虑自己的梦想或者生活中对自己而言最为重要的事情，又或者是自己想改进的方面。可以从以下方面设立目标：职业生涯、社会地位、教育背景、技能、收入与存款、身体健康状况……

在设定目标的时候，必须考虑什么时候实现这些目标。如果不给目标设立一个实现期限的话，你的计划就会被拖延症所打败。时间期限可以为3种。短期的：大学四年的学习目标。中期的：工作5~10年要实现的生涯目标。长期的：工作10年以上要实现的生涯目标。

如短期目标：大二前搞清楚保送研究生的相关规定；大三前达到保送研究生的条件；大四顺利实现保送读研的目标。目标十分明确、具体。

第二步：设定子目标。

选择好目标后，同学们必须给每个目标设立子目标，以作为实现最终目标的更具体的途径。子目标最重要的特征是可衡量性。子目标是最终目标的可衡量标准，也是具体的行动方向。可以说，没有子目标，你很难知道自己如何向最终目标靠近。如短期目标中，其中一个目标是：大学毕业前英语水平达到优秀。针对这一目标，设定子目标：通过英语六级考试，并且雅思成绩达到6.5分以上。这里的"通过英语六级考试""雅思6.5分以上"就属于可衡量的。两类考试都有具体的、规定性考试时间，并且分数提供了具体的参照标准。目标可衡量、可实现。

第三步：制订行动计划。

确定的最终目标和每个子目标，都需要有具体的行动计划来予以支撑。行动计划必须是非常具体的，包括把目标变为行动的具体措施、资源支撑、时间限定等。对于短期的子目标，你的行动应该是可以马上开始着手做的事情。例如：你的最终目标：提高英语口语的水平。子目标：至少每周一次与外教或留学生交流，从而提高自己的口语水平。

行动1：在英语课间，主动向外教请教问题，或与他闲聊2分钟。

行动2：下周邀请外教一起外出活动、聊天。

行动3：每周定期参加英语角活动，用英语对话和演讲。

拓展阅读：

一步一个脚印

巩同学找到张老师，他告诉张老师，通过对自我、专业、职业的分析和人职匹配对比评估，已经大概知道自己这一生想要成为一个什么样的人，毕业后想要从事什么工作，20年后想要有什么样的成就。张老师询问他具体是怎么考虑的，他说自己毕业后打算去一家外企工作，从一名会计师做起，争取20年后做到单位高层领导的位置，实现年薪百万的目标。

张老师肯定了巩同学的想法，同时告诉他只有想法是不行的。制订生涯决策要从短期、中期、长期目标着手，制订出详细可靠的行动计划。张老师结合巩同学所学的会计学专业，帮助他从职业目标、经济目标、能力目标、健康目标、学习目标、家庭目标、其他目标等多个方面，进一步对职业目标进行了分解，明确了短期生涯目标、中期生涯目标以及长期生涯目标，并建议巩同学做出具体的行动计划以确保实现各阶段目标。

第二节　大学生职业生涯规划的制订

一、制订大学生职业生涯规划的原则

正确的职业生涯规划能使一个人走上成功之路，不正确的职业生涯规划可能使一个人误入歧途。因此在制订具体职业生涯规划前，应当明确职业生涯规划的以下原则。

（一）独特性原则

独特性原则，是指在制订职业生涯规划时，每个个体所处的具体的职业发展阶段不同，能力、性格、职业发展愿望等特点因人而异，每个人所处的组织环境也有所差异，因此在进行职业生涯规划时，不能硬搬其他人的职业生涯模式和职业规划，要因人而异。在制订职业生涯规划书时，不可能找到完全相同的路径，要综合考虑个体的实际情况量身定制。

（二）职业关联原则

职业关联原则，是指在制订职业生涯规划时，学历提升计划中前后所学的专业之间应该有关联；所学专业与确定的职业目标之间应该有关联；包括与未来要选择从事的职业应该有关联。

根据职业关联原则，面对不喜欢自己专业的大学生们，常常给出的建议是要寻找专业与兴趣的结合点，而不是鼓励大家换专业，因为毕竟能够更换专业的是少数同学。此外，职业生涯是一个不断积累的过程，这种积累包括人际关系、经验、人脉、口碑……如果常常更换行业，之前的积累就会付诸东流，一切还需要从头再来。大多数情况下，35岁之前的生存资本靠打拼，而35岁以后生存的资本则是靠积累。

（三）可操作性原则

可操作性原则，是指要求制订的职业生涯规划要具有能够实现的可能性，切合实际、不空泛，不具有可操作性的规划只是纸上谈兵。制订的职业生涯规划是否具有可操作性，可以通过以下方面做出判断。

1. 是否符合自己的实际情况

职业生涯规划的目标要符合自己的价值追求、性格、能力和兴趣。不根据自身的特点制订的职业生涯规划，将会使自己陷入痛苦之中，永远发挥不出个人的无限潜能。

2. 是否满足社会的需求

社会需求应包括职业需求、行业需求、组织需求和家庭需求等。如果你的职业生涯规划忽视了社会需求，那么它将变得空洞。

以下三个问题将会帮助你做出判断。

（1）这份规划适合我的个性、兴趣吗？我会不会反感规划中的职业？

（2）我目前和将来可能具备什么样的能力？这些能力能够支撑我完成该规划吗？

（3）我的社会环境（社会、行业、家庭）能否支持我的规划？

（四）清晰性原则

职业生涯规划越是清晰具体，越容易实现。职业生涯规划的清晰性主要表现为以下三个方面：自我探索、职业世界探索的信息充足，条理清晰；运用适合的决策方法确定职业目标；制订的行动计划要具有可操作性和可持续性，并明确时间底线。

（五）阶段性原则

阶段性原则，是指职业生涯规划的目标和行动必须划分到不同的时间段内去完成。生涯发展理论告诉我们，每个阶段的职业目标都有特定的生涯发展任务。因此，同学们可以把职业目标分解为长期目标、中期目标和短期目标。在学业生涯中，重点围绕短期目标，明确现阶段的生涯发展任务，例如，某同学在自己的职业生涯规划中将目标定为企业财务高管，他将该目标又分为若干个小目标，并且分配到自己发展的不同阶段中。每个规划目标都要有两个时间坐标：一个时间坐标是开始的时间，即什么时候开始为实现这个目标行动；另一个时间坐标是预期实现时间。如果没有明确的时间限定，就很容易使职业生涯规划陷于无限期的空谈。

（六）发展性原则

职业生涯规划是一个动态的过程，无论是个体还是环境都在发生着变化。发展性原则是指在制订职业生涯规划方案时要充分考虑变化发展的因素，及时评估，灵活调整，不断修正自己的职业生涯规划。如要考虑目标或措施是否依照环境、组织及个体的变化而做调整，调整的跨度及范围有多大，目标或措施是否有弹性或缓冲。同时对职业生涯规划的整个历程做全程考虑，将职业生涯规划实施当成一个系统工程，并纳入个人发展战略之中。

二、大学生职业生涯规划阶段任务

职业生涯规划大体分为六个步骤：知己、知彼、决策、行动、反馈与调整。根据这六个步骤，可以将大学期间的职业生涯规划的目标任务按年级做如下划分。

（一）大一年级职业生涯规划的目标任务：要知己知彼

大学生职业生涯规划中，大一年级的目标任务就是进行自我探索和初步了解所学专业。

（1）自我探索认知：通过职业倾向测试、参加校园文体活动、担任学生干部工作、参与社会实践等多种方式，了解并发展自己的爱好、兴趣、性格、能力、发现自己的优势和劣势。同时，培养自己独立的人格。

（2）适应环境、体验大学：利用新生入学教育及大学一年级上学期，完成从高中生到大学生的角色转变。对专业学习、人际交往、素质拓展、金融理财、休闲管理、职业发展与职场规则进行系统探索。

（3）专业基础知识学习：刻苦学习，尽己所能争取好成绩，至少保证不挂科，以便顺利获得毕业证书和学位证书。

（4）本专业职业发展情况与社会职位需求：了解职业生涯规划的必要性，实现生涯唤醒；收集、阅读不同行业和职业的信息，特别是与所学专业有关的行业和职业的基本认识，如该行业是否有发展前景，各种职业应该具备哪些技能、资格条件等。

（二）大二年级职业生涯规划的目标任务：初步确定职业规划

大二年级的目标任务主要包括了解职业、储备知识、初步明确职业生涯发展的方向与目标。具体如下：

（1）了解自己所学专业对应的职业发展状况。

（2）多向师长、师兄和师姐虚心请教，多了解与自己专业方向相关的职业信息。

（3）积极参加校园内外实践活动，锻炼自己，提高能力。

（4）通过知己阶段对自己的兴趣、性格、特长和价值观的认识，以及对自己所学专业及职业方向相关的信息的了解，从而根据自身的特点、外界的情况和自己所学的专业情况来明确自己的职业发展目标。

（5）整理与评估你的职业选项，初步明确就业、考研、留学或创业等职业发展目标。

（6）制订行动计划。根据自己的职业发展目标进行目标分解，确定自己的行动计划，形成自己的职业生涯规划。

（7）对规划进行阶段性总结、评估、修正。

（三）大三年级职业生涯规划的目标任务：积极行动，提升职业素质

大三年级在确定了就业目标的基础上，要根据行动计划，有目的地提升自己的职业素养，具体如下：

（1）加强专业学习的同时，考取与目标职业相关的职业资格证书。

（2）根据自己的发展规划，做好完成目标所需的相关素质准备。

（3）做好职业相关素质的提升。通过校外实践、社会兼职或专业实习，积累对应聘有利的职业实践经验，培养职业意识和职业素养；明确自己的能力与目标职位要求之间的差距；发现自己理想职业与社会可提供的职位之间的差距，并制订提升的目标及具体措施，可通过参加培训、加强学习、优化实践等方式，缩小差距。

（4）扩大校内外交际圈，加强与校友、职场人士的交往，通过报纸、网络等更深入了解自己所选职业的发展方向，并提升人际交往能力、沟通能力等职场通用能力。

（5）对所做规划再次进行针对性地评估、反馈与调整。包括对自己兴趣、能力、价值观的再次评估，了解自己的潜能，以及自己的目标选择是否合理。在实践锻炼后，进一步明确需要通过哪些渠道获取信息，具备怎样的知识结构和学历层次，以及采取怎样更有效的途径才能达到目标，从而尽可能清晰优化自己的行动计划。

（四）大四年级职业生涯规划的目标任务：落实具体行动计划，顺利就业

大四是就业前的准备阶段，也是职业生涯步入建立期的开始阶段。大学生要完成从学校学生到职业人的角色转变，需要通过校园招聘会、人才市场和网络等渠道确定自己的就业岗位，成功实现就业或通过考研、保研达成学业晋升的目标。大四期间所要做的准备如下：

（1）了解与就业岗位相关的要求、技能，抓紧时间完善补充。

（2）针对职场需求，通过自主学习或就业指导课程，提前准备好求职简历，撰写求职信，准备成绩单等。

（3）通过可利用的各种渠道获得招聘信息，寻找工作机会，并争取被推荐。

（4）仔细阅读提供就业职位的目录，参加各种校园招聘会或参加用人单位的招聘宣讲活

动。登录招聘单位网站或通过咨询、访谈等方式，利用招聘单位的人脉关系，了解招聘单位的真实情况与相关信息。

（5）积极投递简历，注意岗位要求，简历要有针对性。

拓展阅读：

简历制作贵在用心

简历是求职者向招聘单位展示自己的求职目标以及与之相关的技能、经历和成就等情况的自我推销工具，是用来展示一个人具备的素质和技能的书面材料。

在应聘中，一份简历是进入企业的个人名片，是求职者与企业进行的第一次重要信息交流。简历直接影响招聘者对面试者的第一印象，好的简历可能不会直接帮助应聘者拿下岗位，但会在招聘者第一轮的初次筛选、比较与分析中提高留下的概率，给自己争取获得第二轮进入笔试或面试的机会，简历的重要程度不言而喻。那么如何制作一份好的简历呢？

（1）用人单位 HR 的视角。一般说来，从用人单位 HR 的视角出发，他们往往更希望看到具有以下特点的简历。

①直观明了，意向明确。一份简历的大忌就是冗杂烦琐，一页纸能完成的简历就一定不要写两页纸。在有限的篇幅里，求职者要注意强调自己对于应聘岗位的优势，扬长避短，在一张 A4 纸中体现自己的总结提炼能力，而不是面面俱到地介绍自己所有的情况。

②定位清晰，逻辑顺畅。在写简历时应学会利用 STAR 法则。S 即 Situation，代表情境，T 即 Task，代表任务，A 即 Action，代表行动，R 即 Result，代表结果。运用 STAR 法则可以把一件事情丰富起来，描述条理清晰、逻辑性强，能够形象地描述出个人所具备的能力，可以让 HR 更好地通过你的经历来判断你的个人能力和工作潜质。

③能够量化。过多的修饰形容词不如客观具体的数字更为实在，具有说服力。在描述自己的经历时，使用"很多""多项""经常"等词语显得不突出也不形象，而如果转述为"曾在学生会中担任部长，协调统筹 10 人团队，负责过 6 项大型校园活动的策划举办，参加人次共计 5 000 余人次。"既可以显示自己的能力大小与潜质，也使简历更为可信。

④撰写简历的规范性。字体要规范，推荐用宋体或楷体，大小格式要统一，重点强调的部分可以加粗。多用行为动词开始每一个句子，如"组织""领导""计划""提出建议"等，用"××大学××专业（或××单位××岗位）××应聘××岗+日期"的格式。

具体内容中有以下几点需要留意：标题或文件名不要只写"简历"二字，标注要清晰醒目；采用附件发送简历的同时要在正文中附求职信，一定不要在邮件正文中留空或只注明"附件是我的简历，请查收"等；注意使用礼貌用语和标准书信格式；附件的名称要起好，便于 HR 直接下载保存和日后寻找，同时一定要提供 Word 和 PDF 两种文件格式，保证万无一失；以附件发送简历，只需要单独附上简历即可，没有特别说明，无须发送成绩单、证书等其他文件，附件要尽量小，便于面试官下载。

最后要特别强调的是：第一，简历是需要用多年的学习和实践来完成的，并不是一朝一夕得到一些指导就可以让自己的过往变得光彩夺目起来。没有积累，一个人的阅历就只能停留在一张白纸上，空洞无物。第二，每次面试之后都要反思一下简历的不足，及时补充和调整，当然还需要付出更多的努力来完善和丰富自己未来的经验。第三，要善于发现自己的优势，并准备几个小故事随时进行分享，做到有备无患。

（2）求职者的视角。从求职者的视角来说，一份简历至少需要包含以下内容。

①个人信息。你要向招聘单位告知你是谁，主要包括姓名、个人照片、联系方式、性别、邮箱等基础且重要的信息，这是招聘单位联系你的关键要素，此处的撰写要简单直观，无冗余信息。干净整洁、清晰真实的照片是每份简历的基本要求，一般选择统一背景色、仪容着装得体的上半身正面照片。在一些特定的行业中，对相貌有着较高要求，例如保险、公关、前台、乘务员等，简历照片的确可以影响到岗位匹配度，还有一些传媒、设计等职位，可根据实际情况，选择写真风格的照片体现职业形象，但务必要确保照片的真实性。

②求职意向。简单来说，要明确我希望做什么。这是整个简历中至关重要的一项，具体的求职岗位一定要在简历中得到呈现，不可不写或随意填写，这是简历的核心，通常放在简历标题上，字体可适当加粗。不少企业的 HR 建议应聘者在此处的写法为：行业＋职业。

③教育背景。一般按时间顺序倒序来写，成绩优秀的可写上自己的成绩排名；培训经历也不可或缺，将含金量高或认可度高的资格证书写在前面，挑选与目标职位匹配度高的来写。

④工作经历。这个部分能够让 HR 快速了解应聘者能够做些什么事，使 HR 判断是否与岗位需求相符合。这部分是简历的主体，占整个简历最大的篇幅。对于大学生而言，主要是个人大学期间的社会实践和实习经验，要体现与应聘岗位需求相关的经历，建议将重要的证明材料写在前面，一般 4~6 条足矣，注意应追求的是精而不是多。

（3）简历制作的注意事项。要仔细检查已成文的个人简历，绝对不能出现错别字、语法和标点符号方面的低级错误。个人简历最好用 A4 标准复印纸打印，字体最好采用常用的宋体或楷体，尽量不要用花里胡哨的艺术字体和彩色字，排版要简洁明快，切忌标新立异。当然，如果你应聘的是排版工作则是例外。

个人简历必须突出重点，它不是个人自传，与申请的工作无关的事情要尽量不写，而对你申请的工作有意义的经历和经验绝不能漏掉。

个人简历越短越好，因为招聘的人没有太多时间或者不愿意花太多的时间阅读一篇冗长空洞的个人简历。最好在一页纸之内完成，一般不要超过两页。

要尽量提供个人简历中提到的业绩和能力的证明资料，并作为附件附在个人简历的后面。一定要记住是复印件，不要寄原件给招聘单位，以防丢失。不能凭空编造经历，一个谎言可能需要更多的谎言去弥补，一旦被发现，可能更加得不偿失，没有哪个公司会喜欢说谎的员工。但也没有必要写出所有真实的经历，对求职不利的经历可忽略不写。

要组织好个人简历的结构，不要在个人简历中出现重复的内容。要让人感到你的个人简历条理清楚，结构严谨。

个人经历顺序应该从现在开始倒叙，这样可使招聘单位在最短的时间内了解你最近的经历。

在结构严谨的前提下，要使你的个人简历富有创造性，使阅读者能产生很强的阅读兴趣。图 7.1 是一份优秀简历展示。

🎓 **基本资料** ----	出生日期：×××× 所在城市：××× 联系电话：××××××××××× 邮箱：×××@qq.com	
🎓 **教育背景** ----	● 201×.09—202×.07 ××××××× 大学 工商管理 ● 主修课程：管理学、人力资源管理、物流管理、统计学、工作分析、供应链管理、采购管理、薪酬管理、运营管理、人力资源培训与开发、物流系统规划与设计	
🎓 **在校经历** ----	●201×.09至今	——班长 　全面负责班级事务的管理，协调班委之间的工作安排；及时传达院校、老师等各种渠道的信息和通知，协调班级外部关系；积极观察班级同学的思想动态和相关情况，向辅导员反映、汇报，提升班级凝聚力
	●201×.03—202×.10 学院学生会办公室	——负责人 　负责主持学院举办各类学生会议、学生会日常考勤及日常任务的人员调配。负责资料整理、会议记录；文件起草、发放；办公室布置、整理；值班安排等。传达学院的工作指示，协助安排学生会其他部门的相关工作。在学生会人手不足时，发动学院同学，招募志愿者
	●201×.09—202×.09ERP 沙盘协会	——会长 　制订协会工作目标及工作计划，社团年度工作计划完成率达100%；跟进活动主题、物料、人员、场地工作，每学期至少组织两项大型品牌活动，全校参加人数超2000人；积极组织协会同学参加省级和国家级活动，获国家级奖项超5项，省级奖项超20项
	●202×.03—202×.09 学院辩论队和宣讲团	——队长&团长 　负责团队管理工作，根据工作目标制订活动计划；每学期至少安排两次培训练习，完成宣讲活动10余项，曾获得第一名以及最佳辩手和优秀领队的荣誉称号
	●202×.11至今 学院学生第一党支部	——组织委员 　组织安排党员活动，如实记录活动流程，撰写新闻稿；严格审核积极分子材料和入党流程，确保材料准确无误；积极配合上级监察审查工作，准时准确上交审核材料
🎓 **社会实践** ----	中国移动厅	●中国移动营业厅兼职 ●推销移动相关业务和产品，锻炼了我的表达沟通能力。工作期间，门店业务跃居片区前列，得到公司负责人赞赏 ●负责打理门店基本移动业务，协助安排其他店员上班，增强了领导能力和责任心 ●工作期间，顾客评分为10分，服务态度好
	家教	●为初三学生提供家教辅导，锻炼了我的耐性。同时我不断学习，努力帮助学生提高成绩

比赛获奖	国家级	●202×年8月获第十二届"创新创业"全国管理决策模拟大赛全国三等奖 ●202×年6月获全国高校智慧物流虚拟仿真大赛三等奖
	省级	●201×年6月获辽宁省"学创杯"全国大学生创业综合模拟大赛二等奖 ●202×年6月获"精创教育杯"辽宁省大学生人力资源管理技能挑战赛三等奖 ●202×年7月获辽宁省"学创杯"大学生创业综合实践大赛一等奖 ●202×年9月获辽宁省普通高等学校本科大学生创新创业管理决策模拟大赛三等奖 ●202×年10月获辽宁省首届产教融合创新创意项目大赛一等奖和二等奖 ●202×年11月获"爱之光"精准扶贫项目大赛辽宁省三等奖 ●202×年11月获辽宁省本科大学生创业企业经营模拟沙盘大赛三等奖 ●202×年11月获第五届全国大学生人力资源管理知识技能竞赛（踏瑞杯）东北赛区三等奖 ●202×年6月获第八届"学创杯"全国大学生创业综合模拟大赛省一等奖 ●202×年9月获第二届辽宁省大学生绿色染整科技创新大赛二等奖 ●202×年10月获辽宁省第二届产教融合创新创意项目大赛两项一等奖 ●202×校大学生创新创业训练计划省级项目：幸福驿站
其他	荣誉证书	CET四级 工业和信息化应用人才测评证书 校优秀学生干部 校优秀团干部 校三好学生 国家奖学金 校奖学金 辽宁省优秀毕业生

图 7.1　毕业简历

（6）为面试做好准备。针对职业岗位的相关要求，积极了解面试求职技巧和职场礼仪，必要的时候参加有针对性的培训，以便求职面试时有所准备。

（7）在求职中保持良好的心态，不管怎样，坚信自己一定能找到适合自己的好工作。

（8）与校友联系，了解他们在工作第一年面对的挑战、困惑、感受和体会；以此帮助自己在可能遇到的多个职业选项中做出最终的职业选择。

拓展阅读：

"怕就业""慢就业""懒就业"

大学毕业生找工作，是人生选择的一个"十字路口"。此时，停一停，看一看，做一些与就业相关的调查、走访，了解过来人对就业、行业的观点，对自己的未来工作做更现实的规划，这是必须的，也是可以理解的。但如果在该就业的时候不就业，或者因为家境殷实，不用为家庭生活现状担忧，就放弃就业，毕业即失业，由于主观上的原因成为"怕就业""慢就业""懒就业"的一员，变成最新的"啃老族"，则需要采取措施加以避免。

避免以上情况的策略首先需要个人尽早开始合理的职业生涯规划，审时度势的同时也要量力而行。其次也要摆正心态。从小学开始到大学毕业，一个人在学校学习有十几年的时间。每个家庭都为孩子的教育投入了大量的精力、时间和金钱，学校和国家在教育事业中也给予了很大的支持。同时，教育工作者也为此做出了重要贡献。他们承担了培养未来人才的重任，倾注大量心血，尽职尽责，为学生提供优质的教育服务和帮助。因此，孩子毕业后能够找到一份稳定而有前途的工作是每个家庭对孩子的期待，也是学校与社会的共同期望。毕业后积极投入工作，也是对关爱自己的亲人、学校及社会的积极回报。如果漫无目的、随波逐流或一味激进地参加各种考试，不仅消耗高昂的时间和经济成本，使有限的精力分散在各种考试中，最终也很难取得理想的结果，同时也与宝贵的实习就业机会失之交臂。随着全球化的加速，各种文化、制度、技术等方面的交流和合作变得更加紧密，但也带来了更大的挑战和不确定性。在这样的背景下，先就业再择业则成为了一种非常不错的选择。通过先就业，毕业生可以在实践中了解不同的企业文化和行业特点，掌握职场技能和经验，提高自己的竞争力。对很多毕业生来说，找到一份工作是第一步，并不是最终目标。通过工作，毕业生也可以更深入地了解自己的兴趣和擅长领域，明确自己职业的未来发展方向。当然，先就业也并不意味着随便找一份工作，而是尽量根据自己的专业和兴趣选择适合自己的岗位，努力工作并学习，积累经验和成就，为未来的发展奠定基础。在这个过程中，要保持积极的心态，不断探索和思考，逐渐提升自己的职业能力和竞争力，为将来迎接更加丰富和有挑战性的工作做好准备。

资料来源：宋丹，袁昌兵. 大学生职业规划的学思行 [M]. 苏州：苏州大学出版社，2022.

三、大学生职业生涯规划书的内容以及要求

大学生职业生涯规划书是对职业生涯发展规划的一种书面化的呈现。通过撰写大学生职业生涯规划书，不仅能帮助大学生正确认识自己，而且可以让大学生对职业规划有一个宏观的把握，可以对自己的动机、已获得才干、目标职业、目标行业、社会环境、未来发展目标以及成功的标准等问题有更清楚的认识和决策。

成功又可行的职业生涯规划的主要内容反映着规划制订者对价值观念、知识、能力的自省程度以及对职业生涯发展的把握程度。

一般说来，职业生涯规划书内容主要包括：

（一）封面

封面包含制订人基本情况、职业生涯规划书制订时间等。

（二）自我探索

进行职业生涯规划首先要清清楚楚地了解自己。只有正确、全面地了解自己，才能对未来的职业生涯做出有效的规划。自我探索主要是对自己的职业兴趣、性格特征、职业价值观以及个人的能力等进行探索。在进行自我探索时，可以运用学者研究的一些成果进行测评，来了解自我如霍兰德职业兴趣测评、MBTI 职业性格测试、卡特尔 16 种人格测试、气质类型、九型人格等个性测评、舒伯的职业价值观量表测评以及对自己能力采用自评、360 度评估等方式；还可以与生涯咨询中心的老师进行一对一交流，弄清楚自己喜欢做什么，适合做什么，具备或者即将具备哪些能力，内心对工作选择最看重的一些标准和原则是什么。自我探索的每个维度都可以得到一些适合的职业，对自己的特质进行综合分析后，初步筛选出一组适合自己的职业群。

（三）职业的社会探索

"知己"的同时"知彼"，方能理性决策。职业世界探索部分包括对职业的了解，对自己所处环境的分析，包括社会环境、学校环境、家庭环境等；还包括对自己拟选定职场环境的分析，如所在城市、行业发展情况、具体单位的信息等，来了解所选职业在社会环境中的地位，社会经济发展趋势对此职业的影响程度。对自我探索部分初步得出的职业群做进一步的了解。职业的社会探索最有效的方式是去实习，其次是进行生涯人物访谈。职业世界的探索是一个比较漫长的过程，信息量大，也有一定的难度。对职业世界的探索可以提高一个人收集、整理、分析信息的能力，提高人际沟通、交往的能力。

（四）职业生涯规划中的 SWOT 分析

职业生涯规划中，同学们还要对与职业目标密切相关的各种内部主要优势、劣势和外部的机会、威胁进行分析总结，从而明确个人的优点和弱点有哪些，以扬长避短。并针对自己的优势、劣势制订有效的计划和措施，这些计划和措施也是大学生职业生涯规划书行动计划的重要组成部分。SWOT 分析具体包括的内容和步骤：

1. 列出自身的优势和劣势

在制订自己的职业生涯规划书时，如果你能根据自身长处选择职业并"顺势而为"地将自己的优势发挥得淋漓尽致，就会事半功倍，如鱼得水；如果选择与自身爱好、兴趣、特长"背道而驰"的职业，那么，即使以后再勤奋，也是事倍功半，难以补拙。所以有必要详细分析自身的优势、劣势。

（1）优势分析。可以主要针对个性、能力两大方面进行分析。具体来说，主要包括：

①你学到了什么？在几年的学习生活中，你从学校开设的课程中学到了什么有价值的东西，社会实践活动提高和升华了你哪方面的知识和能力。

②你曾经做过什么？例如，在学校期间担任的学生职务、参加过什么社会实践活动、工作经验的积累程度如何等。

③有利于职业发展的个性特质是什么？通过前面的自我探索，这里可以对个性中有利于实现职业目标的个性特质进行总结。

④最成功的事是什么？如何成功的？通过分析总结，可以发现自己的长处，如坚强的意志、创新精神等。

（2）劣势分析。同样，要分析自身的劣势。找到自己的短处，努力去改正自己常犯的错误，提高自己的技能水平，放弃那些对自己不擅长的技能要求很高的职业。具体来说，可以从以下方面列出自身的劣势。

①个性当中的弱点。人天生都有弱点，这是我们与生俱来且无法避免的。通过测评以及与他人交流，看看别人眼中的你是什么样子的，与你的自我看法是否一样，指出其中的偏差并借鉴，这将有助于自我提高。

②能力当中所欠缺的方面。一时的能力欠缺并不可怕，怕的是自己还没有认识到或认识到了而一味地不懂装懂。正确的态度是，认真对待，善于发现，努力克服和提高。

③最失败的是什么。你做过的事情中最失败的是什么？如何失败的？通过分析，避免在以后的职业中再次失败，防止在跌倒的地方再次跌倒。

自我认识一定要全面、客观、深刻，绝不能规避缺点和短处。"当局者迷，旁观者清"，尽量多参考父母、同学、朋友、师长、专业咨询机构等的意见以及测评的结果，力争对自我有一个正确、全面的认识。

2. 分析职业机遇和挑战

（1）职业机遇。职业机遇分析不仅是辅助教师对同学们做出正确指导的原始材料，同时也是判断同学们制订的规划是否可行、是否成熟、是否结合实际的主要依据。职业机遇分析要贴近社会环境，社会环境为每个人提供活动空间、发展的条件和成功的机遇。特别是近年来，社会的快速变化，科技的高速发展，市场的竞争加剧，这些都对个人的发展产生很大的影响。在这种情况下，个人的计划如果能很好地利用外部环境，就会有助于计划的实施。否则，计划的实施就会处处碰壁，寸步难行。现在我们面临各种各样的机遇，比如，经济快速发展为我们提供了发展空间，网络技术的发展使我们能了解更多的信息，出国深造的途径多了，择业的双向选择给了我们自主选择权等。这都是大学生面临的机遇。

（2）职业挑战。除了机遇，在这个社会中，同学们也会面临各种各样的挑战和威胁。这是我们无法控制的外部因素，这些因素包括：行业就业前景不明朗，有些行业就业前景变化大，例如金融行业、互联网行业等，行业的经济发展受到市场和政策环境的影响较大，稳定性差；专业和市场需求的不匹配，随着技术和社会环境的不断变化，一些行业的需求正在发生变化，有些专业过时或不符合社会的需要；同年龄组毕业生之间存在竞争，有些人可能拥有更好的背景、优秀的成绩或更全面的技能和实践经验等；现代社会对专业技能和实践经验要求越来越高，对于一些非应届生的岗位需求，毕业生可能会面对有更优的技能和更丰富的实践经验的竞争者，毕业生若缺乏相关的能力，就会失去竞争优势；人才供应过剩，基于国家高校大规模扩招等原因，毕业生人数逐年增加，导致有些岗位竞争激烈，难以获得心仪的就业机会；公司没有自己的专业的需求等，这些都是同学们分析总结中应该注意到的挑战。

（五）确立职业目标及职业发展策略

近年来屡有新闻报道大学毕业生就业后频繁跳槽的现象，有的毕业生一年多的时间里换了三四份工作，还是没有找到一份真正让自己满意的工作。这种情况目前在大学生中并非个例，造成这种现象的原因有很多：高考填报志愿时混淆职业与专业，盲目填报；大学期间不知道如何根据专业、特长和就业前景规划大学生活；就业时从众、随机，不久便因为不适合而频频跳槽。据调查显示，找到第一份工作后有50%的大学生选择在一年内更换工作；两年内大学生的流失率接近75%；有16.3%的人表示"没有太多考虑"，就"跟着感觉走"地选择了第一份工作。很多大学生在招聘会上往往是见着单位就投简历，其实并不清楚自己究竟适合什么职业，能干哪类工作。

通过以上对自我和客观环境的探索分析，以及对职业的初步了解，综合考虑兴趣与职业、性格与职业、技能与职业、价值观与职业的匹配，听取家庭主要成员、同事、导师、职业生涯规划专家等各方建议，结合自身优势和劣势对自己的职业目标进行定位，从而初步确立个人的职业发展方向及目标，如具体的行业、职业、职位、希望发展的高度等。确定好职业目标后，再围绕职业目标制订适合自己的职业发展策略，并制订行动计划。职业发展策略一般分为三种类型。

第一种，一步到位型。一步到位型策略针对的是现有条件下可以达成的职业目标。比如你希望成为机电工程师，可以利用现有资源直接进入机电方面的企业，从而快速实现职业目标。

第二种，多步趋近型。多步趋近型策略针对的是目前无法实现的职业目标。先选择一个与目标相对接近的职业，然后逐步趋近，以达成自己的理想目标。比如你想做企业老板，但目前没有足够的资本，因此可以先在同类企业中给别人工作，以积累经验和资源，最终一步步实现自己的职业理想。

第三种，从业期待型。即在自己无法直接实现理想目标，也没有相近的职业可以选择的情况下，可先选择一个职业投入工作，等待机会，以实现自己的理想目标。比如你想去一家规模及发展良好的大企业工作，但由于目前的技术和经验达不到大企业的要求，这种情况下，你可先进入任何一家企业学习技术和积累经验，等达到想去的大企业要求后再寻求发展。

（六）目标分解及行动计划

确立了职业发展定位后，要将已明确的职业目标进行分解，从时间上分解为长期目标、中期目标和短期目标，短期目标是同学们在大学期间努力的方向指引，主要结合大学生涯做出具体规划，具体来说要根据确定的职业发展方向制订学业生涯的规划，为迈进职业发展方向的门槛打下坚实的基础。可以将短期目标分解为专业知识技能、可迁移技能和自我管理技能等目标。从内容上，大学四年行动目标可按学业、生活、社会实践三个方面进行分解，如表7.1所示。

表7.1　大学四年行动目标

实施时间		学业方面		生活方面		社会实践方面	
		目标	方案	目标	方案	目标	方案
第一学年	上学期						
	下学期						
第二学年	上学期						
	下学期						
第三学年	上学期						
	下学期						
第四学年	上学期						
	下学期						

大多数人都有宏伟的目标，但是为什么经常实现不了？根据管理学的理论，没有良好的计划和执行力，目标就无法达到。因此在确定了职业目标后，就要制订实现目标的行动计划。行动计划一般为具体的、可行性较强的实施方案。

目标的实现离不开现实的行动，行动是生涯发展中最为重要的环节。如果没有方向明确、方法具体、可操作的行动方案，那么同学们在临近毕业开始做职业选择时就很容易迷失方向；没有计划，同学们就会浪费很多的时间、精力甚至金钱。有了生涯行动方案，同学们的大学生活和职业生涯就有了努力的目标和方向，同时也就能够逐步地、更有效地实现目标。

目标分解完成后，要根据分解后的目标制订具体的行动计划，职业生涯规划中的行动计划是指落实目标的具体措施，主要包括每日、每周、每月、每学期、每学年具体实施计划执行的时间、目标、具体有效行动步骤。行动计划应切合自身实际，并且能够满足长期发展的需要。行动计划包括时间目标、职务目标、能力目标、成果目标、经济目标等，规划者必须有重点、有层次地突破。行动计划一般采用 SMART 原则来制订，即行动方案必须具体明确、可衡量、可实现但有挑战性、与目标相关、有时间底限，这样的行动计划才是有效的。对于大学生来讲，实施计划主要围绕明确的职业目标，综合考虑职业目标所要求的能力素质，制订在大学期间提升职业素质的具体实施计划。一般来说，一个详细的行动计划总要包含以下要素：计划主题、计划内容、状态、执行人和完成时间，并分解到每一学年，每一学期，甚至每周，每天，并落实完成。比如，制订并坚持一日和一周的生活计划，参加各种有利于生涯规划方案实现的活动、社会实践、实习、实训等；为达成目标，在学习方面计划采取什么措施提高学习效率；在个人素质方面，计划学习哪些知识，掌握哪些技能，怎样提高综合素质和职业能力；在潜能开发方面，采取什么措施开发潜能等，都要有具体的计划与明确的措施。这些计划应具体，便于定时和不定期检查。

实施每一个详细计划的过程中，要遵循 PDCA 循环原则。P、D、C、A 四个英文字母所代表的意义如下：

P（plan）——计划。包括方针和目标的确定，以及活动计划的制订。

D（do）——执行。具体运作，实现计划中的内容。

C（check）——检查。总结执行计划的结果，分清哪些是对的，哪些是错的，明确效果，找出问题。

A（action）——行动（或处理）。对总结检查的结果进行处理，对成功的经验加以肯定，并予以标准化，便于以后工作时遵循；对于失败的教训也要总结，避免再犯。对于没有解决的问题，应在下一个 PDCA 循环中去解决。

拓展阅读：

围绕职业目标制订行动规划

一位想当汉语国际教师的英语专业本科生制订了职业发展策略及行动计划，其职业目标及职业发展策略如表7.2所示。

表 7.2　职业目标及职业发展策略

职业目标	汉语国际教师
职业发展 策略	采用多步趋近型策略： 1. 大学期间好好学习，努力进入本专业年级排名前 10，积极参与跨文化交流活动，做好考研准备 2. 考取汉语国际教育专业研究生 3. 研究生就读期间，获得在校内实习的机会，考取"汉语国际教师证书"，考取海外志愿者或进入国内相关教育机构成为一名对外汉语实习教师 4. 毕业后成为汉语国际教师

结合职业发展策略，该同学对目标按学年、学期进行了分解，并制订了具体行动计划，如表 7.3 所示。

表 7.3　行动计划

年级	学期	目标	具体行动计划
大一	上学期	1. 适应大学生活，开阔眼界 2. 锻炼人际交往能力、沟通能力和公众场合表达能力 3. 备考大学英语四级 4. 培养目标管理能力和时间管理能力 5. 养成阅读的习惯 6. 体验职场生活，了解职场运作规则 7. 掌握 PS、PPT 等基础软件	1. 报名加入学生会、班委会和社团等学生组织 2. 做好自我介绍的准备，积极参与学校和学院组织的活动以及学生会的各项工作，每月结识 3 位新朋友，参加学校组织的语言类的学习、竞赛或表演活动 3. 每天复习雅思及四级单词 25 个，完成近五年内的 12 套四级真题 4. 每天在成长计划中打卡，记录个人的学习、工作和生活情况，定期总结 5. 阅读 2~3 本专业类图书，阅读后撰写读书笔记 6. 寒假期间进行至少为期 10 天的社会实践或实习兼职 7. 寒假期间每周看 10 节如何使用 PS、PPT 的网课
	下学期	1. 提高学习成绩，进入本专业年级排名前 10，获得奖学金 2. 学习掌握并巩固锻炼综合技能 3. 锻炼团队合作能力和组织协调能力 4. 锻炼逻辑思辨能力 5. 备考大学英语四级 6. 培养目标管理能力和时间管理能力 7. 养成阅读的习惯 8. 体验职场生活，了解职场运作 9. 掌握 PR（Premiere Pro 视频编辑软件）、Excel 软件	1. 找到并优化自己的学习方法，课上认真听讲，课下及时整理和复习，认真备考期末考试 2. 参与学生会干部培训，掌握活动策划、新闻撰写、视频拍摄和剪辑、图文排版等技能 3. 认真备战学生会组织的学生干部技能大赛 4. 自主学习清华大学的《逻辑学导论》慕课 5. 每天复习雅思及四级单词 25 个，完成近五年内 12 套四级真题 6. 坚持每天在成长计划中打卡，记录学习、工作和生活并定期总结反馈 7. 阅读 5 本专业书籍，并撰写读书笔记 8. 暑假期间进行至少为期 20 天的社会实践或实习兼职 9. 暑假期间每周看 10 节如何使用 PR、Excel 的网课

续表

年级	学期	目标	具体行动计划
大二	上学期	1. 英语四级考试争取达到 600 分以上 2. 巩固和提升已掌握的管理技能，培养组织能力 3. 打磨教学细节，提高教学能力 4. 养成学术研究思维 5. 收集招聘信息，体验职场生活，了解职场运作	1. 着重复习四级单词，复习近五年内四级真题错题 2. 给学弟学妹进行技能培训，参与策划和组织学院各项活动 3. 坚持每天撰写工作日报，为日后工作积累经验 4. 阅读 5 本专业类书籍并尝试撰写专业论文 5. 寒假期间进行至少为期 20 天的社会实践或实习兼职
	下学期	1. 保持本专业年级排名前 10，获得奖学金 2. 准备英语六级和专业英语四级考试 3. 继续打磨教学细节，提高教学能力 4. 养成学术研究思维 5. 通过面试，到教育类培训机构进行实习，体验职场生活	1. 加强专业主干课程学习，多请教老师，认真完成各科论文和报告 2. 着重复习六级单词，完成近五年内 12 套六级真题；每天背诵并复习 25 个专业英语四级单词，练习专业英语四级的阅读和语法题 3. 坚持每天撰写工作日报，为日后工作积累经验 4. 阅读 5 本专业类书籍，并尝试撰写专业论文 5. 暑假期间在教育类培训机构内进行至少为期 20 天的实习；实习期间，完成 3 个生涯人物访谈工作，撰写实习报告，梳理和总结工作收获
大三	上学期	1. 顺利通过英语六级和英语专业四级水平考试 2. 备考英语专业八级水平考试 3. 准备考研 4. 备考教师资格证 5. 继续锻炼学术研究能力 6. 通过面试，到企业进行实习，体验职场生活	1. 复习英语六级和专业英语四级的词汇及以往做过的真题 2. 每天背诵 25 个专业英语八级单词，做专业英语八级习题，着重练习专业英语八级作文，初步了解专业英语八级考试信息 3. 查找各学校关于考研的信息和要求，确定考研学校（1~3 个）和专业方向 4. 查找有关教师资格证的信息，确定报考教师资格证的类型 5. 至少阅读 5 本专业类书籍，并撰写学术论文，尝试投稿 6. 暑假期间在教育类培训机构内进行至少为期 20 天的实习。实习期间，完成 3 个生涯人物访谈工作，撰写实习报告，梳理和总结工作收获
	下学期	1. 备考英语专业八级水平考试 2. 考国际汉语教师资格证 3. 准备考研 4. 争取发表一两篇论文 5. 准备雅思考试	1. 每天背诵 25 个专业英语八级单词，第一轮单词结束后进行总复习，根据专业英语八级题型进行针对练习 2. 完成国际汉语教师资格证报名和考试 3. 确定考研的学校和专业，根据其报考要求进行初步刷题 4. 阅读 5 本专业类书籍，并撰写论文，多渠道投稿 5. 复习剑桥雅思教材 5~10 本，报考雅思冲刺班

年级	学期	目标	具体行动计划
大四	上学期	1. 雅思成绩 7 分以上 2. 考研进入关键期 3. 准备毕业论文 4. 通过英语专业英语八级考试 5. 开始准备进入对外汉语教育培训机构实习	1. 复习英语六级和专业英语四级的词汇及以往做过的真题 2. 每天背诵 25 个专业英语八级单词，做专业英语八级习题，着重练习专业英语八级作文，初步了解专业英语八级考试信息 3. 查找各学校关于考研的信息和要求，确定考研学校（1~3 个）和专业方向 4. 查找有关教师资格证的信息，确定报考教师资格证的类型 5. 至少阅读 5 本专业类书籍，并撰写学术论文，尝试投稿 6. 暑假期间在教育类培训机构内进行至少为期 20 天的实习期间，完成 3 个生涯人物访谈工作，撰写实习报告，梳理和总结工作收获
	下学期	1. 考上研究生 2. 完成毕业论文和答辩 3. 通过面试，到企业进行实习，体验职场生活	1. 报考理想院校的研究生 2. 阅读 5 本专业类书籍，并撰写读书笔记，完成毕业论文，准备毕业答辩 3. 进行至少为期 1 个月的实习

资料来源：王科.大学生职业生涯规划［M］.北京：清华大学出版社，2021.

　　通过以上行动计划表，可以清晰地看出，这个同学紧密围绕成为"汉语国际教师"的职业目标，对目标进行了分解，列出了成为一名汉语国际教师所应具备的基本素质和技能：

①提升外语水平，保证未来有能力进行外语授课。

②提升授课能力，计划参加学校的相关培训和活动。

③提升演讲能力，计划参加语言类演出或活动。

④提升职场适应性，计划参加假期的社会实践。

⑤在专业技能认证方面，计划考取国际汉语教师证书和各类外语等级证书。

⑥在学术能力提升上，计划阅读专业书籍，撰写专业论文并尝试投稿。

⑦在学历提升上，计划考取研究生。

　　总体来说，这份未来职业规划中行动计划比较全面具体，下一步在实施中如果能够认真执行，会有效推动个人职业目标的实现。

　　这份规划表是这位同学长远目标下的一份中期目标的详细规划。在中期目标规划的指导下，同学们还可以建立更为细化的短期目标，把一个学期的任务再进行进一步的分解，设计出日计划、周计划、月计划，在执行的时候就会更为明确、具体，具有更强的指导性和可行性。从而能确保学期及学年计划的实现。值得一提的是，设计短期目标和计划时，要进一步明确奖惩内容，要有完成情况记录，要用具体的小行动目标来明确告诉自己应该做什么，用

"完成情况"来及时统计自己的任务是否达成,用"我的奖励/惩罚"来时刻鼓励自己坚持下去。

在制订行动计划时,同学们要根据计划的完成情况及时总结、调整并完善,注意表格任务的弹性。还需要补充的是,如果任务没有按时完成,或者在完成的过程中遇到了挫折和失败,比如考研失败,没有顺利通过英语六级考试等,那么同学们还应该有补救措施的备选行动计划方案,以确保最终目标的实现。

要相信,只要同学们肯努力,在学业生涯的每一天能有计划地做好每一件事,就会一步步实现自己的理想。

第三节 大学生职业生涯规划的实施

制订了计划,必须去落实,否则目标就无法实现。因此,必须坚定地执行自己的行动计划,用计划约束自己的行为,才能离自己的理想目标越来越近并实现最终目标。

一、按照既定目标,采取有效行动

行动要始终围绕着目标而进行,这样自己的行动才能为有效的行动。要做到这一点,就要对自己的行动加以强化和约束。为此,要做到以下几点。

(一)集中力量,为实现目标尽最大努力

集中力量,包括集中脑力、时间、精神、物力和财力等一切可以调动的"资源",千方百计地为实现目标而努力。人的力量是有限的,如果不把力量最大限度地集中到实现目标上,把过多的力量耗费在无谓的事务上,就不可能有效地实现目标。

凡是出色的成功者,都能把注意力集中到实现伟大的目标上,甚至到了废寝忘食、如痴如醉的境界。

在现实生活中,很多人之所以失败就是没有瞄准目标,没有持之以恒,而成功者则是瞄准目标,并坚持走到了最后。很多实践已经证明,只要能瞄准目标,哪怕力量微小,但只要坚持不懈,就一定能够到达胜利的彼岸。

(二)排除无益于实现目标的活动和干扰

在日常学习和工作中,会有许多无益于目标的活动和干扰,如没有多少价值的活动、无关紧要的杂事、毫无意义的扯皮、聊天、追剧、游戏的诱惑等。对于这些无益于目标实现的干扰活动要尽量避免。

(三)注意行动不要偏离目标轨道

朝着目标行动时,往往会受到某些阻力或者是受自身习惯的影响而偏离轨道,发觉以后要及时加以纠正,免得前功尽弃。检查行动是否脱离轨道的依据,主要看短期目标,特别是短期目标中的周目标和日目标是否完成。如果发现自己的行动与目标不符,就应引起注意,要立即调整自己的行动方案。

(四)行动不受他人影响

在实现目标采取行动的过程中,可能会听到一些反对声音,甚至有一些讽刺打击的意见。

有不同看法是正常的，自己确立的目标如果是科学合理的，是认准了的目标，那么就应该朝着这个目标坚定地走下去，而不要在意别人怎么想、怎么说。

二、脚踏实地，持之以恒

有许多同学在制订了规划以后就将其束之高阁，这也是导致职业生涯规划失败的最大原因。同学们要想实现自己的职业生涯目标，只有一时的行动还远远不够，还要不怕困难，持之以恒。因为，在实现职业生涯目标的过程中，可能会出现各种各样的困难，遇到各种各样的矛盾，如果没有克服困难、坚持到底的决心和勇气，职业目标很难实现。因此，要随时检查进度。把目标和行动计划放在醒目的地方，不断提醒自己要坚持不懈。为了保证规划的有效实施，一般来说，至少要每3个月检查一下自己的行动进度，甚至周期更短些。同时，还需经常审视自己的职业目标和生涯行动方案，必要时可做出调整。

（一）遇到困难不气馁

有的同学在行动当中，顺利时干得很来劲，精神百倍；一遇到困难，马上垂头丧气、意志消沉，不是去积极地寻找解决问题的方法，而是怨天尤人、牢骚满腹，埋怨命运不济、条件不好、别人不予配合等。总之，事情干不成，找的都是别人的原因。有了这些原因，也就找到了自己干不成的理由，就可以心安理得地放弃了，职业生涯目标自然也无法实现。因此，遇到困难，要有坚韧不拔的决心和毅力，才能战胜困难。

有些同学在行动当中不是没有能力解决困难，而是觉得解决困难太累，不愿为此付出努力，实际上是吃不了苦，所以也就不再坚持了。其实，世界上没有哪一件真正有价值的事情，不是通过辛勤劳动而成功的。

（二）目标行动要脚踏实地，不能急于求成

有的同学在行动中总想急于求成，所以就想着如何走捷径、找窍门，想在很短的时间内一下子把所有的问题都解决，快速实现目标。因此，这些同学一旦坚持一段时间不见成效，就会丧失信心，不再坚持。但事实上，要想干出一番事业，必须有"蚂蚁啃骨头"的精神，按照自己的生涯规划一步一步脚踏实地做，才能有所收获，而不要幻想一夜成功。

（三）要长此以往，持之以恒

有的同学在职业生涯规划的初期，能够坚持行动，但随着时间的推移，动力就逐渐减少，行动也难以坚持。特别是学习忙、活动多或遇到其他特殊情况时，按计划行动就更成了一句空话。也有人在此时就放弃了行动，终止了生涯规划的发展。

以上种种，均使行动难以维持。一个人要想获得事业成功，必须具有敢于克服困难、敢于拼搏、坚持到底的精神。科学家居里夫人曾说："我们的生活都不容易，但是那有什么关系？我们必须有恒心，尤其要有自信心！我们必须相信我们的天赋是要用来做某种事情的，无论代价多大，这种事情必须做到。"居里夫人的成功，除了她的天赋之外，就在于她的恒心。如果没有这一点，那么从数吨废渣中提取0.12g氯化镭是不可想象的。科学家成功的例子启示我们，要实现生涯目标，干成一番事业，就要经得起挫折，不能半途而废。有学者通过对大企业创立人的成功要点进行分析总结，得出其中最重要的一条就是：做一件事坚持到底最重要。

三、灵活机动，适当调整

生涯行动方案不是制订之后就一劳永逸，需要不断检查、微调，必要时还可能要全部推翻重来。为此，必须时常审视自己处在何种位置、何种职业环境，尤其是市场需求有哪些变动，以3~6个月的周期给自己的规划做一个反馈。所谓灵活机动，主要是根据内外环境的变化，及时对自己的职业生涯规划进行调整。尤其是职业目标及职业发展方向，更是要结合环境的变化，做出更为准确的定位与调整，定期修正完善。环境在变，发展方向在变，那么行动更应做出相应的调整，这样就能避免由于内外环境的变化而使规划无法实现。职业生涯目标的实现，一方面靠苦干、实干；另一方面也需要灵活机动。特别是在当今多变的时代，一切因素都处在变化之中，职业生涯规划不可能脱离现实，变是正常的，不变才是不正常的。

第四节　大学生职业生涯规划的评估与调整

职业生涯发展受到多种因素的影响，随着时间的推移，这些内外因素可能会发生一定的变化，有些因素甚至难以预料。这就需要对生涯规划的整个过程进行必要的评估与调整，以保证规划的可行性和有效性。评估与反馈的过程是个人对自己、对环境不断重新认识的过程，是使职业生涯更加有效的手段，也是完整生涯规划的组成部分。

职业生涯规划的评估和调整，即对大学生前一阶段的生涯发展情况进行总结分析，这样一方面可以通过取得的成绩收获成长，提升自我效能感，增强自信心；另一方面可以通过发现的问题汲取经验教训，进行自我修正，确保生涯发展不发生偏差。总之，职业生涯规划的评估和调整是大学生职业生涯规划的重要环节，可以使当下的行动始终朝着职业目标的方向集中能量，是职业生涯规划顺利实施的有效保障。

一、职业生涯规划评估方向

职业生涯规划书评估可以对照预期目标和实际结果来进行。评估的内容要注意以下几点。

（一）关注重点

职业生涯规划的评估不需要面面俱到，每个阶段有不同的生涯发展任务，抓住这个阶段的重点发展目标进行评估，看看行动计划是否与这个目标一致，是否有效。

（二）关注变化

总结自身的变化，哪些方面有提升、有进步，哪些方面有待改进；发现环境的变化，关注国家政策、发展趋势等，与时俱进，采取有效的策略应对变化。

（三）关注突破

挑战与机遇并存，环境的变化也会给我们带来机会和突破。有时候一个有突破性的进展会带来意想不到的改变。要善于总结分析，在上一个阶段的行动方案中思考哪一个行动对目标的达成有突破性的影响？达到效果了吗？为什么没达到？如何找到新的突破点？以帮助我们少走弯路，从而取得事半功倍的效果。

（四）关注短板

管理学中有个著名的木桶理论，职业生涯规划同样受短板的影响。因此，在评估过程中，在肯定自己取得成绩和长处的同时，更重要的是面对变化的环境，找到自己的"素质短板"，想办法进行修正，或者在职业规划中避开短板。只有这样，才有可能让自己职业生涯的道路越走越顺畅。

二、职业生涯规划评估内容

职业生涯规划是一个动态的过程，个体和环境都会随着时间的推移而变化，因此要定期进行评估和调整。职业生涯规划具体的评估对象包括规划目标、路径、行动等方面。

（一）目标评估

在职业生涯规划实施的过程中，个体如果发现自己错误地判断了个人兴趣、个人能力等要素，那么朝着原定目标努力的过程就会非常压抑痛苦。这个时候，个体就需要反思和评估当初制订的职业目标是否合理，是否需要重新选择职业。

（二）路径评估

当出现更适合自身发展和职业生涯发展的机会或选择，而原定发展方向缺少发展前景，或原定的发展方向超出了自己能力范围的时候，都可以考虑调整发展方向。

（三）行动评估

如果在向目标努力的过程中，没有收到实际的成效，则可以考虑改变行动计划。

（四）其他评估

当个人的身体状况、家庭、经济状况遇到意外时，可以考虑暂时调整一下自己在职业生涯上的规划，以达到职业、生活与家庭的平衡。

评估的方法有很多，可以通过生涯九宫格、360度评估、成就事件、学期总结等，评估时，可以根据个人的实际情况采用恰当的方法。比如，使用反思法，通过回顾自己生涯行动方案的实践过程，反思各个规划环节是否科学、合理、符合自己的情况，计划实施效果如何，还存在哪些问题等。也可以把自己的规划行动方案告诉亲朋好友，请他们从旁观者的角度审视自己的规划方案及实施的效果，主动征求别人对自己的生涯行动方案的看法，往往会受益匪浅。另外，在制订生涯行动方案时还应该多比、多思、多学，学习别人科学的方法，对别人生涯行动方案的分析观察，往往有助于自己对生涯行动方案进行适当修改。

拓展阅读：

月度复盘

制订行动计划后，在执行的过程中，可以采用复盘的方式对目标完成情况进行检验，盘点自己的执行情况。以月度复盘（图7.2）为例，将完成的饼图作为一个总目标，每一块扇形代表目标分解后的子目标（可以用扇形面积的大小代表完成情况，会更加直观）。再将执行过程中的主要困难和改进办法逐一整理思考，形成下一步执行行动的依据。

完成度60%
主要困难：……
改进办法：……

完成度20%
主要困难：……
改进办法：……

完成度30%
主要困难：……
改进办法：……

专业学习

人际交往

校园活动

休闲生活

实习实践

完成度80%
主要困难：……
改进办法：……

完成度40%
主要困难：……
改进办法：……

信息收集

完成度80%
主要困难：……
改进办法：……

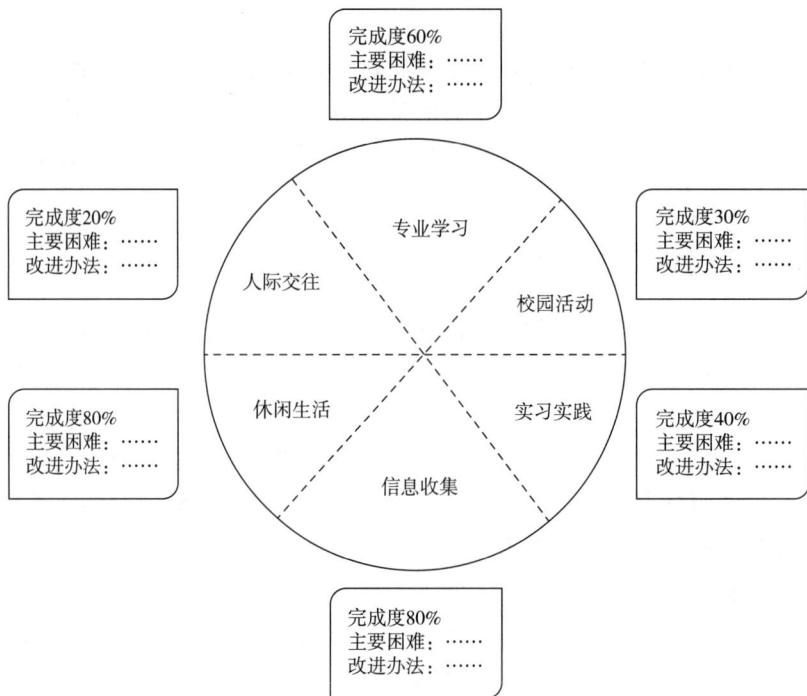

图 7.2　月度复盘

三、职业生涯规划书的修订

评估结束后，要根据评估的结果对职业生涯规划书进行修订。修订的内容包括职业方向或目标的修正、职业生涯发展路线的调整、行动计划的修订以及心理状态的调整等。

（一）职业目标的修订

职业目标是综合自身条件与分析环境后确立的，一个人最理想的职业目标应该基于"兴趣浓、能力强、社会需求旺"。随着自身和社会环境的变化，早期确定的职业目标环境很可能发生变化，失去了确立职业目标的基础。因此，同学们需要不断调整目标，使职业目标更加符合实际情况。

（二）职业生涯发展路线的调整

当出现更适合自身发展的职业机会或选择，比如原来计划走技术路线的同学面前有发展管理途径的机会，同学们要认真考量，这个机会是否也可以实现自己的人生目标和职业目标，如果适合，就需要调整发展路线。

（三）行动计划的变更

围绕职业目标制订的行动计划，在经过一段时间的实施之后，是顺利完成？还是完成得很困难？抑或是没有完成？如果完成行动计划让你越来越焦虑，那么此时我们需要停下来，修订行动计划。当改变的痛苦远远大于保持现状的痛苦，人们就会产生焦虑情绪。因此，制订行动计划要强调"能完成、可持续"。

（四）调整心理状态

目标的实现也不是一蹴而就的。生涯规划是朝向未来所做的带有不确定性的规划，即使努力准备也不一定会成功，但是在努力的过程中，生涯宽度会增加，生涯"彩虹"会更绚烂，所以，即使失败依然会有很大提高与收获。

总之，职业生涯规划是一个动态的过程，大学生要不断反省及修正自己的职业目标、发展路线和行动计划，为下一个阶段的发展做出全力以赴的准备。

希望同学们对自己的四年大学生涯、进入职场前五年以及中长期的职业生涯制订一个切实可行的生涯行动方案，在对应时间里坚持将自身条件、发展潜能、发展方向与环境给予的机遇和挑战相比较，根据环境的变化，包括国家政策、社会、市场等，结合自身成长，学会及时调试和修正自己的生涯行动方案，并坚持执行。

【本章思考题】

（1）根据 CASVE 循环分析法，职业生涯决策的过程包括哪些环节？

（2）大学四年该怎样准备？请思考并制订自己大学四年的职业生涯行动计划。

（3）职业生涯规划应该如何实施？

（4）职业生涯规划评估要注意哪些方面？

（5）如何做好职业生涯规划的评估与修订？

【实训项目】

（1）按表 7.4 要求的内容确定你职业生涯发展的长远目标及职业发展策略。在构思你的目标时，要遵循目标设立的 SMART 原则。

表 7.4　职业目标及职业发展策略

职业目标	
职业发展策略	

（2）根据职业目标及职业发展策略，请按表 7.5 所示形式制订一个月内的短期目标和具体的行动计划。

表 7.5　行动计划

时间	周次	目标	行动计划
某月	第一周		
	第二周		
	第三周		
	第四周		

第八章　大学生职业素养的培养与提升

【内容框架】

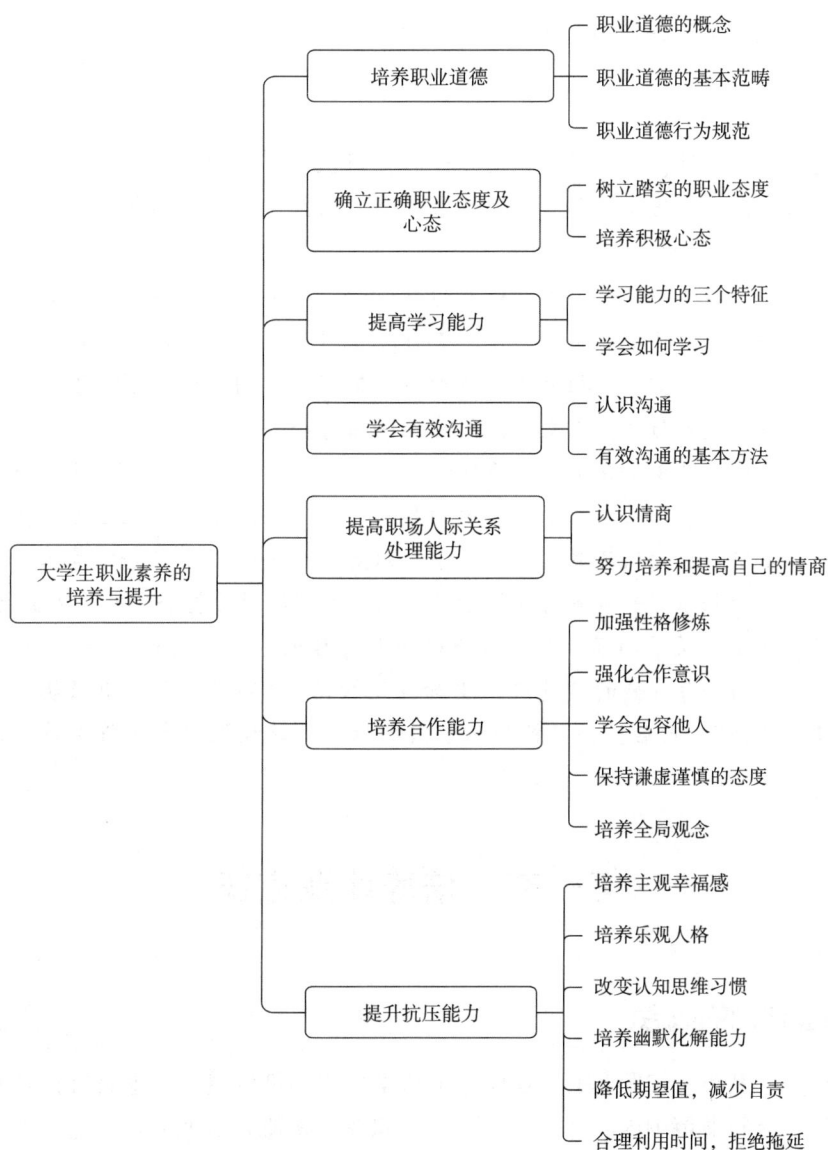

【学习目标】

(1) 理解职业道德的概念，了解职业道德的基本范畴。
(2) 掌握培养职业道德的途径和方法。
(3) 理解正确职业态度的含义，掌握如何培养积极心态。
(4) 掌握提高学习能力的方法。
(5) 掌握有效沟通的基本方法。
(6) 掌握提升情商的方法。
(7) 掌握如何培养合作能力。
(8) 学会如何提升抗压能力的方法。

【本章导读】

　　董玲经过多次的面试，终于能到自己心仪的公司上班了，但她的心里还是有些惶恐。跟她一起面试进来的同事学历高，部门经理是自己的同门师兄，特别的是，这里的薪资也超出了自己的期望值。

　　因此，她特别珍惜这份工作，不希望因为自己的一些失误而失去这个机会。董玲读的是会展策划专业，面对新的环境和生活，她的工作热情很高。每天上班时，她总是提前半个多小时赶到店里，整理办公室，打扫卫生。在老板与他们进行沟通时，董玲很少发表意见，用谦虚的口吻和灿烂的笑容与老员工交往。因为她深信每个公司都有优点和缺点，每位员工都有长处和短处，刚进企业要坚持做到多听少说。平时她虚心学习，从他们的口中了解自己想知道的事情，注意收集、积累企业经营管理的各类信息。虽然董玲是经理办公室的秘书，校友经理对她也挺器重，但她从不盛气凌人。半年以后，公司管理层在全体员工中开展征求合理化建议活动，董玲联系当前市场的实际情况，结合本部门乃至整个公司的运营和管理情况，向公司管理层提出了"关于加强和改进本公司基层管理的分析和建议"。董玲的建议引起公司高层的重视，公司领导在她的"建议"里加注了批语："符合实际、有数据、有分析，形象生动，可操作性强"。最后，公司领导还专门批示："建议人事部门将该员工调任有关管理岗位工作。"

第一节　培养职业道德

一、职业道德的概念

　　职业道德是指从事一定职业的人在职业生活中应当遵循的具有职业特征的道德要求和行为准则的总和，是行业范围内的特殊道德要求。职业道德既是从业人员在进行职业活动时应遵循的行为准则，又是从业人员对社会所应承担的道德责任和义务。不同职业的人员在特定的职业活动中形成了特殊的职业关系、职业利益、职业活动范围和方式，由此形成了不同职业人员的道德规范。

职业道德包括两层意思，一是职业道德有着突出的职业特征，人们在从事特定职业中由于有共同的活动方式、共同的职业环境、共同的职业实践，并经受着共同的职业训练，形成了共同兴趣、习惯和心理传统，产生了"应当"或"不应当"的特殊职业责任感，从而出现了调整本行业内外部关系的特殊道德要求和行为规范，即职业道德。二是职业道德是社会道德在职业生活中的具体表现。职业道德一般是道德要求和道德规范的职业化，职业道德并不是独立存在的道德类型，而是一般社会道德在职业生活中的具体表现。社会道德会通过职业道德的具体形式表现出来，职业道德体现着社会道德的要求，并受到社会道德的影响和制约。

员工的职业道德素养直接关系到企业的生存。现代企业家识人选才，重点关注个人品质。现代人才应该是德才兼备型人才，即对人才的选拔和判断，不能只局限在其专业知识结构与能力上，而是同时要对其职业素质、合作能力以及人生观、价值观等进行综合评判。具备"德"的人才，一般来说都拥有良好的职业心态与职业道德，这有助于其在现代社会充分发挥其个人的才能。对现代企业来说，人与人之间的协作由于个人独立性的加强而显得更加重要。只有具有良好职业心态与职业道德的人才，才能默契地与他人合作，在接受别人批评的同时不断提高自身水平，成为具有发展潜力的未来型人才。

二、职业道德的基本范畴

职业道德的基本范畴是职业道德体系的重要组成部分。它是反映行业之间、行业与社会之间，行业内部从业人员之间，从业人员与社会之间的最本质、最重要、最普遍的道德关系的概念。但是职业道德范畴还未形成一个完整的体系，有些概念的使用还在借助一般的道德范畴，如几乎所有的行业都在用"善""恶""义务""良心"等概念来评价职业行为。总的来说，职业道德范畴涉及以下内容。

（一）职业理想

1. 职业理想的含义

职业理想包括两层含义：一是指一定的职业所追求与向往的完善的职业道德关系，以及完美的职业道德风尚；二是指一定的职业所追求与向往的从业者的完美人格。理想作为人类精神领域的特有现象之一，是对人类及其个体奋斗目标的实现可能性所作的一种设想与构想，反映着人们的信念和追求。

2. 职业理想的基本要素

职业理想包括三个基本要素：一是社会生活发展的现实可能性；二是人们的愿望与要求；三是人们对社会生活发展前景的形象化构想。在此基础上，所谓职业理想是指在一定的职业道德意识、职业道德原则和职业道德规范在特定的职业和从业者人格上的实现，是从业者对符合自己意愿的职业工作的种类，以及所达到的成就的追求和向往。

（二）职业态度

从本质上讲，职业态度就是劳动态度。职业态度是从业者对社会、其他职业和广大社会成员履行职业义务的基础。这些因素可以分为客观的和主观的两大类。客观因素包括一般社会因素和特殊因素两种。一般社会因素有社会经济关系和国家的政治制度，如生产资料以公有制为主体、共同富裕的政策等。特殊因素有职业群体的具体职业环境和条件，如职业的性质和内容、职业群体的社会心理和价值观念体系等，其中最重要的是职业内容。影响从业者职业态度的主观因素包括从业者的心理特点（性别、年龄、能力、爱好等）和受制于社会的情况（个人素质、文化程度、技术水平等），其中从业者的价值观念对职业态度有特殊的影响。

（三）职业义务

一般来说，责任就是义务。职业义务就是企业和劳动者对社会、对人民群众所承担的职业责任。但是，职业责任、职业义务同职业道德义务并不完全相同，职业道德义务的要求高于一般的职业责任和职业义务。首先，从严格的意义来说，道德义务是在人们的内心信念的驱使下，自觉自愿履行的，道德义务不具有强制性。其次，履行道德义务不是为了得到利益，而总是以自我牺牲为前提的。许多人做好事不留名，就是履行道德义务的生动表现。

综上所述，所谓道德义务，就是人们自觉认识到的道德责任，是能够用善恶进行评价的、同道德责任感相融合的、自觉自愿履行的义务。换言之，职业义务作为一种职责，是"应该做的"。这种"应该做的"只有变成劳动者的内心需求时，才能"自觉地履行"。一个劳动者，只要认识和理解了职业和人民赋予的光荣使命，具有高尚的道德和境界，就能够在履行职业义务中获得道德自由。

（四）职业技能

职业技能是指从业者完成本职工作、承担职业责任所必须具备的科学文化知识、专业技术能力。职业技能作为职业活动的行为载体，是实现职业理想、承担职业责任的基础，职业技能是职业道德的最基本的要求。一个职业技能不过关的人，其服务和工作质量很难令人满意，爱岗敬业、服务群众、奉献社会又从何谈起？拥有高超的职业技能，可以为社会、为公众提供满意服务，人们也可以从这些职业技能中，感受到职业道德的力量。因此，加强职业道德建设，必须先强化职业技能。反过来，加强职业道德建设也可以促进职业技能的提高。从职业道德的基本内容来看，从业人员只有与时俱进，不断强化职业技能，才能做到爱岗敬业、服务群众和奉献社会。因此，职业技能与职业道德相辅相成、相得益彰。

（五）职业纪律

职业纪律是一种行为规范，限制着从业者在职业生活中应遵循的秩序（制度）、执行的命令和履行的责任，它是调整从业者与职业、社会以及职业生活中局部与全局关系的重要方式。职业纪律作为法规规范性和道德规范性的统一，是自律与他律的标准，表现为自觉遵纪和服从要求的两种因素的统一，构成社会主义职业纪律的基础。

（六）职业良心

职业良心是从业者基于职业理想的憧憬，对于遵守职业纪律、承担职业责任的自觉意识，是从业者在履行义务过程中形成的道德责任感、向善的意念和自我评价能力，是一定道德观念、道德情感、道德意志和道德信念的统一。

（七）职业荣誉

职业荣誉是对职业及职业行为的价值所做的社会客观评价和个体主观认识，是职业的社会美誉度和从业者自尊自爱的自我意识。职业荣誉包括主观和客观两个方面。从主观方面看，职业荣誉是从业者对于本职业在社会上美誉度的认识，以及基于此认识而形成对本职业荣誉的维护、提升其发展的意愿及对职业行为的影响，要求从业者敬业爱岗，努力奉献，保持尊严、信誉和人格。从客观方面看，职业荣誉是社会的一种客观评价，是社会对其正价值的肯定，这要求从业者刻苦掌握职业技能，严格遵守职业纪律，认真履行职业义务，使本职业的价值体现符合社会价值评判标准，以赢得和维护职业荣誉。

（八）职业作风

职业作风是指基于社会对职业特定的共同要求基础上，从业者在其职业实践和职业生活中所表现出来的，体现其职业特点的态度和风格。职业作风作为职业道德在从业者职业活动中的习惯性表现，是一种习惯势力，具有发展的惯性，反映到职业作风的内容上表现为具有较强的稳定性和连续性。

各行各业都有各自不同的职业作风。为了使从业人员养成良好的职业作风，各行业、各部门都根据自己的实际情况制订服务公约、员工守则等并向社会公开，接受大众监督。

三、职业道德行为规范

（一）职业道德行为规范的含义

职业道德行为规范是指从业人员在职业活动中必须遵守的符合人民根本利益的职业行为准则。它包括职业道德基本行为规范和职业道德的特殊行为规范。

（二）职业道德基本行为规范的内容

《中华人民共和国公民道德建设实施纲要》中明确指出："要大力倡导以爱岗敬业、诚实守信、办事公道、服务群众、奉献社会为主要内容的职业道德，鼓励人们在工作中做一个好建设者。"因此，我国现阶段各行各业普遍适用的职业道德的基本内容，即爱岗敬业、诚实守信、办事公道、服务群众、奉献社会。

职业道德对于当前的大学生来说，是确保其作为职业人在自身岗位上不断认识自己、超越自己并创造价值的重要因素，对大学生以后在工作岗位上的表现有最直接的影响。良好的职业道德能够为社会营造稳定有序的工作氛围，有效调节整个社会职业活动中的各种矛盾，让就业关系更加融洽，同时良好的职业道德也有利于促进就业环境良性循环，使人才各尽其用。

1. 爱岗敬业

爱岗敬业作为基本职业道德规范，是人们对工作态度的一种普遍要求。通俗地说，爱岗敬业就是"干一行、爱一行""钻一行、精一行"。爱岗和敬业总是联系在一起的，爱岗是敬业的前提，敬业是爱岗感情的进一步升华。

爱岗就是要热爱自己的工作岗位，热爱本职工作，以正确的态度对待各种职业劳动，努力培养热爱自己所从事工作的幸福感、荣誉感。一个人，一旦爱上了自己的职业，他的身心就会融入职业工作中，就能在平凡的岗位上做出不平凡的事业。进一步来讲，爱岗就是将工作当作自己的事。

敬业是对待自己职业的一种严肃态度。敬业是一种优秀的职业品质，是职场人士的基本价值观和信条。在目前我们从事的工作中，如果要想得到他人的认可和尊敬，就必须对自己所从事的职业保持敬仰之心，视职业、工作为天职。敬业就是用一种非常负责的态度来对待工作，勤勤恳恳，兢兢业业，忠于职守，尽职尽责。可以说，爱岗敬业是职业道德的首要内涵，是职业道德的具体体现。

　　一个人如果没有基本的爱岗敬业精神，就无法在职场中成为担当重任的人。谁会把重要的工作交给一个心不在焉、缺乏工作热情的人呢？同时，敬业也是一种人生的态度，是对生活和事业都充满激情和责任感的一种表现。

　　古今中外，敬业精神都得到极大的提倡和推崇。孔子称敬业精神为"执事敬"。朱熹说，"敬业"就是"专心致志，以事其业"，即用一种恭敬严肃的态度对待自己的工作，认真负责，一心一意，任劳任怨，精益求精。

　　爱岗敬业是生存的基础。好多人常常有这样的误区，工作任务和态度与薪资等价交换。但是，工作是我们生存的基础。我们是在为自己工作，如果你认为是在为别人工作，那么你就会永远为别人工作。只有你把工作当作自己的事，你才会迸发出激情和灵感，在期望值上完成任务。在工作任务之外，和工作有关联的事情也能一并做好，举手之劳甚至可以给你未来的工作锦上添花。

　　有时候，我们会心生抱怨，认为薪水不高，条件不够，以及其他一些消极的因素，进而产生怨气，消极怠工。虽然，单位都会存在这样或那样的不足，但是人需要社会的归属与认同。一个人的才华和能力只有在工作中才能发挥展示出来，进而获得成就感和满足感。如果对自己的工作环境不满意，可以通过沟通的方式去寻求改变，也可以另谋高就。如果以消极怠工的方式，只能是自毁前途。要记住，我们是在为自己工作。

　　爱岗敬业是事业的根基。任何一个单位如果没有爱岗敬业的精神作为精神支柱和企业文化，那么这个单位难以长久。如果任何一个员工缺乏爱岗敬业精神，那么这个人难以进步。因此，爱岗敬业既是一个集体或单位发展的需要，同时也是个人自我发展的需要，是事业发展的基石。敬业的人总是对自己的工作精益求精，对自己的现状不满意，从而提出更高的要求，不断改进自己的工作。这种不断进取的态度，决定了个人事业发展的高度。曾经有调查表明，如今的毕业生表示工作难找，而企业在回答人才是否难寻时，答案同样是良才难觅，那么为什么会出现如此的信息不对称呢，其中一个重要的因素就是求职者在一定程度上缺乏爱岗敬业精神。在工作中，我们如果有敬业精神就会倍加喜欢自己的工作，才会专心致志，进而迸发激情和灵感，从而使自己的事业达到一个高度，成为本行业的专家能手，成就我们自己。同样，员工的敬业精神在成就自己的同时，也会促进企业发展壮大。企业的员工越敬业，企业的发展势头就越好。而每一个企业的领导者都希望在自己的领导下，事业兴旺发达，自然需要爱岗敬业的员工。如果员工具备了这样的品质，必然会得到企业的尊重和认可，这种敬业的精神在一定程度上还会感染他人，进而形成良好的工作氛围。所以企业也好，个人也好，爱岗敬业是事业成功的基石。

　　爱岗敬业是成功的保障。敬业的最高境界就是把职业当作事业来看待。敬业是谋生的手段，事业是需要有人来继承、爱护和发展的，并且不断精益求精，推向一个新的高度。我们每个人都需要对自己的职业有一个清晰的定位，是仅仅为了生存还是成就一番事业，是仅仅职业认同还是实现自我的价值。

　　职业和事业虽只是一字之差，但会决定我们对待自己工作的态度，会有截然不同的结果。把工作当作职业的，一般会拘泥于遵守职业道德，完成相应的工作任务；而把工作当成事业的，会尽心竭力把工作做到尽善尽美，把它推到一个新的高度，实现自我的人生价值。高度的责任感和敬业精神使他即使是做再平凡的工作，也会充满热情，从中学到新的东西，并且获得某种人生价值。事业心和事业感强烈的人，他们很少计较报酬和功名，有的只是为了追求更加完美的境界。他们在追求的过程中，独享乐趣，满足幸福，从而实现自己的人生价值。

纵观古今，许多发明创造，往往都是对自身所从事的工作或者业务的一种执着，经过不断的努力，千百次的锤炼，最终达到自己想要的目标，达到人生的某种境界。每个岗位都是人生的舞台，只要我们用对待事业一样的态度来对待我们的工作，每个人都会在平凡的岗位上做出不平凡的事迹。同时，一个有事业心的人，绝不会狭隘地看待自己的工作，他会对自己所从事的工作有一个清晰的认识，进而产生深层次的理解和认同，用前瞻性的眼光看待和思考工作，进而开拓自己的事业。职业是基础，事业是发展。很多毕业生初涉职场，往往抱怨不公，得不到重用，甚至感觉没有发展的空间，究其原因，就是没有用做事业的眼光和态度做好自己的职业。职场新人应该少些抱怨和愤怒，多一些积极和努力，多一些忍耐和合作，在一次次的磨炼中，不断地超越自己，拓宽视野，增长知识和才干。

要达到爱岗敬业的职业道德要求，首先，要有献身事业的思想意识。人是为生活而工作的，也是为了工作而生活的，应当把自己的职业当成一种事业来看待。献身于事业就是要把自己的才华、能力以至于生命都投入到事业当中去，认认真真，毫不马虎。只有具备这样的思想意识，才能以从事本职工作为快乐。其次，要培养干一行爱一行的精神。只有干一行爱一行，才能认认真真"钻一行"，才能专心致志搞好工作，出成绩、出效益。随着市场经济的完善和人才的相对饱和，用人单位会倾向于选择那些踏踏实实工作、有良好工作态度的人。所以，干一行爱一行在今天仍有特别重要的意义。最后，爱岗敬业要贯穿工作的每一天。提倡爱岗敬业，并非说一个人一辈子只能在一个岗位上，而是无论他在什么岗位，只要在岗一天，就应当认真负责地工作一天。岗位、职业可能有多次变动，但工作的态度始终都应当是勤勤恳恳、尽职尽责的。

2. 诚实守信

诚实守信是指人们在职业活动中要忠诚老实，信守诺言，忠实地履行自己应承担的职业义务。诚实守信不仅是职业准则，而且是一个人做事的准则。诚实守信是中华民族的传统美德，是人与人之间相处的道德规范，更是当代大学生必须具备的品质。

一个人要想在社会上立足，干出一番事业，就必须具有诚实守信的品德。中国是礼仪之邦，有着五千年的悠久历史，诚实守信一直是我们引以为傲的品格。以诚为本、以信为天的文化也一直在熏陶我们，诚信之风也早已经融入我们的血液，成为中国文化的重要内容。然而，近年来，随着市场经济的冲击，拜金思想的滋长，使诚信缺失的现象时有发生，在这种情况下，个别学生也不可避免地受影响，经济上的急功近利、道德上的唯利是图、社会责任感的缺失、公德心的淡漠和行为方式的随意性，都无一例外地对诚实守信这种传统美德造成了冲击。

老子说："轻诺必寡信。"意思是说轻易向别人承诺的人一定很少讲信用。《论语》中，"与朋友交，言而有信""人而无信，不知其可也"，这两句话都表达了一个含义：没有信用的人，不会有朋友，也不会有事业上的成功。

（1）诚实守信的价值。诚实守信作为职业道德，作用是建立良好的信誉，树立起值得他人信赖的形象，从而更好地立足市场，占领市场。因此诚实守信的力量不可低估。

首先，诚实守信是做人的根本，它不仅是一种品行，更是一种责任，不仅是一种道义，更是一种准则。诚实守信，不仅是个人，同时也是一个单位、一个集体，乃至一个国家都是一种宝贵的精神财富。诚实守信是做人的根本，是我们在社会交往中赢得他人信赖的关键。只有做到了诚实守信，我们才会在未来的发展中拥有广阔的空间。

其次，诚实守信是立业的基石。诚实守信作为优秀的道德品质和职业道德历来很受重视，尤其对于初入职场的毕业生来说，诚实守信是自己通往职场的通行证。诚信的品质比实际技术更加可贵。因为，初入职场时，大多数毕业生都存在专业技术知识不足，缺乏专业技能等问题，因此在大家起点相差不大的情况下，优秀的道德品质和职业道德会让你脱颖而出。如果用诚实守信的优良品质打动大家，那么相当于打开了通往职场未来的大门，反之，你的职场未来将会戛然而止。

最后，诚实守信的品质胜过个人的能力。有能力的人在一个单位中能够在企业中鹤立鸡群，但是有能力的人如果缺乏良好的道德品质作支撑，那么有可能会成为一个集体中的害群之马。德才兼备是精品，有德无才是次品，无德无才是废品，有才无德是危险品。因此，越来越多的单位在挑选员工的时候会更注重员工的良好道德品质。因此德才兼备要重用，无才无德不能用，有才无德不敢用，无才有德可以用。

由此可见，社会和单位对诚信品质的考量越来越重视，即便专业能力差些，但是讲信用的人也会有更多机会得到能力的培养和锻炼。所以说，一个人的人品直接决定了这个人对于社会的价值，而与人品相关的各种因素中，诚信是其中最为重要的一点。因此，不管你的能力是强还是弱，一定要具备诚信的品质。只要你表现出足够的真诚，你就会有机会，因为你会被认为值得信赖。无论你从事什么样的工作，就都会有成功的机会。

（2）诚实守信是职业道德的必修课。近年来，社会上流传着一些错误观点：在现实生活中，讲诚信的人容易吃亏等诸如此类的言论。不可否认，社会中有这样的现象发生，但是许多现实的事例又告诉我们，缺乏诚信，只可以得一时之利，在生活中，人们还是愿意和诚信的人打交道、交朋友。诚信会伴随你，形成个人的品牌效应，助力你的人生发展。个人成功需要诚信，企业发展需要诚信，社会进步同样需要诚信，它在任何时期都是个人一笔宝贵的精神财富。

那么我们如何做到诚实守信呢？这需要首先要在思想上树立诚实守信的意识，行动上信守承诺，从身边点点滴滴的小事做起，对自己的言行负责。树立诚实守信的意识，就是把诚信作为自己为人处世的准则，真诚地与人相处。"一言既出，驷马难追"是我们每个人都知道的古训，这句话既是对诚实守信品质的浓缩，同时也是作为一个诚实守信的人所应该遵守的行为准则。人格的塑造和习惯的养成是一个渐进的过程，任何习惯都是逐步积累，伴随个体的成长逐步积淀而成的。诚信也是如此，它既是一种品格，也是一种习惯。从现代企业的用人观来看，企业在选择员工时，虽然注重个人的知识和技能，但是只有诚信和能力完美结合、德才兼备的人才是企业真正需要的人才。只有个体本身具有了诚信，才会吸引更多的人来与你合作。勿以善小而不为，勿以恶小而为之。持之以恒，坚持诚信，从信念和意志上考验和锻炼自己。我们也要郑重承诺。诚信是我们为人处世的准则，我们也要诚信有度，面对不守信，甚至是诈骗欺骗时，要合法地灵活地保护自己的合法权益。无法做到的事不要轻易承诺，如果承诺了，也要做到"言必出，行必果"。我们要在坚守自己的道德底线的同时，用智慧和诚信开启美好的人生。

3. 办事公道

办事公道是很多行业岗位必须遵守的职业道德，其含义是以国家法律、法规、纪律、规章以及公共道德准则为标准，秉公办事，公平公正地处理问题。即从业人员在办事情、处理问题时，要站在公正的立场上，按照同一标准和同一原则办事的职业道德规范。通常表现为做事秉公执法、公正无私、一视同仁等良好的品质。它是在爱岗敬业、诚实守信的基础上更高层次职业道德的要求。

要想做到公平正派，首先，要崇尚真理，追求正义。为人处世是否公平关系到衡量标准的问题。我们做事就要以科学真理为标准，要有正确的是非观、价值观，合乎公理，合乎正义。不追求真理和正义的人办事很难会公道。现实生活中，个别人是非颠倒，为人处世随波逐流，缺乏正确的是非观。他们眼中无所谓对错，只有自己喜欢与否，或者根据利害决定自己的行为，突出强调自我，缺乏起码的公平正义，也就无法做到公平正派。其次，要坚持原则，不徇私情，不谋私利。在处理事情时坚持标准，坚持原则。不为私利而抛弃原则做事。俗话说"利令智昏"。私利能使人丢弃原则，从古至今有多少人拜倒在金钱的脚下，那是无法做到办事公道的。因此，只有不谋私利，才能做到公平正义。最后，要有一定的识别能力。只有真正地具有了识别能力，才能正确地分辨是非，否则也就很难做到办事公道。所以，必须加强学习，不断提高认知能力，能明辨是非，分清善恶美丑，并有敏锐的洞察力，奠定公平正派的基础。

4. 服务群众

服务群众是为人民服务的道德要求在职业道德中的具体体现。服务群众就是要树立群众观念，关心群众疾苦，为群众谋利益。其主要内容有：第一，树立全心全意为人民服务的思想，热爱本职工作，甘当人民的勤务员；第二，文明待客，对群众热情和蔼，服务周到，说话和气，急群众之所急，想群众之所想，帮群众之所需；第三，廉洁奉公，不利用职务之便谋取私利，坚决抵制拉关系走后门等不正之风；第四，对群众一视同仁，不以外貌取人，不分年龄大小，不论职位高低，都以同样态度提供热情周到的服务；第五，自觉接受群众监督，欢迎群众批评，有错即改，不护短，不包庇，不断提高服务水平。大学生无论学的什么专业，以后从事什么职业，都应树立服务理念，端正服务态度，掌握好服务本领，踏踏实实，一步一个脚印。只有这样，未来才会有好的发展。

5. 奉献社会

奉献社会是社会主义职业道德的最高要求，是为人民服务和集体主义精神的最好体现。每个公民无论在什么行业，什么岗位，从事什么工作，只要爱岗敬业，努力工作，就是在为社会做贡献。

奉献社会要求从业人员在自己的工作岗位上树立起奉献社会的职业理想，并通过兢兢业业的工作履行对社会、对他人的义务，自觉为社会和他人做贡献，尽到自己的责任。当社会利益与局部利益、个人利益发生冲突时，要求每一个从业人员把社会利益放在首位。

奉献社会是一种人生境界，不仅需要有明确的信念，更需要有崇高的行动。奉献社会是社会主义职业道德的最高境界和最终目的。

奉献社会是要履行对社会、他人的义务，自觉地、努力地为社会、他人做出贡献。无论从事什么职业，都要树立正确的义利观，正确处理好公利与私利的关系。要有顾全大局，乐于奉献的精神，真正把国家集体和人民的利益放在首位。要杜绝斤斤计较，只讲索取不讲奉献，只讲权利不讲义务，只讲金钱不讲道德的思想观念。

（三）职业道德培养的途径和方法

职业道德修养是一个由内而外的提升和升华的过程，是从业人员不断地进行自我改造、自我完善的过程，同时也是提高职业道德品质的关键。只有具备了良好的职业道德，我们才能抵制诱惑，坚定自己的职业道德理念。因此，我们要在职业活动中时刻提醒自己提高职业道德，不断地陶冶自己的道德情操，从而形成坚定的意志，最终形成良好的职业道德习惯。

作为一名从业人员，修炼自己的职业道德是我们终身学习的内容。这种学习本身就是一种自律行为，不断地学习，加强自我锻炼和自我改造，从而达到自我提升的目的。任何一个从业人员，职业道德素质的提高，都在接受社会和他人监督，也就是他律。将提高职业道德的途径和方法了然于胸，可以更好地提升我们的职业道德水平。

1. 学习职业道德知识

职业道德知识是指在具体的职业中遇到的专业知识，以及在从业中应该恪守的行动准则及其执行意义的认识。此外，还包括文化专业知识和相关的业务技能。职业道德知识在职业道德认识的形成中意义重大。只有先知，才能后做，受到职业道德的约束，进而产生相应的道德行为。因此，要通过系统学习和体验，掌握职业道德的规范和要求，树立正确的职业理想和职业价值观。同时，通过学习文化专业知识和业务技能，增长知识，提高履行职业道德义务的能力。

2. 理论与实践结合，做到知行合一

单纯学习理论，无法真正掌握职业道德。只有在实践中磨炼，才能真正入脑入心。所以，职业道德要日臻提高，不能脱离实践的运用。只有积极参加职业活动实践，做到"知行合一"，才能在提高认识的同时，进一步将职业道德知识内化为信念，将职业道德信念外化为行动。对于大学生来讲，通过职业生涯规划大赛，可以进一步培养大学生的职业技能和创新意识。大学生要尽早规划职业人生，树立正确的职业观；通过社会实践、志愿活动，进一步提升实践动手能力，增强社会责任感；通过校企合作文化交流，更好地了解"职业人"，提升诚信、合作精神，促进职业道德素质的提升。在当今校企深度合作模式下，不但要强化大学生实习、实训，而且需要将校企文化进行融合，以培养学生形成积极、稳定、务实的工作态度，培养学生较高的职业道德和素养，在职业上获得持续的竞争力和发展力。例如，可以组织参观校友风采展览，到企业进行行业、职业认知，参加企业优秀人士访谈节目等，使学生及早感受企业、行业精英文化及职场文化，帮助学生尽快树立正确的职场理想，提升其职业归属感和自豪感。

3. 经常进行自我检查、自我反思

"一日三省吾身"是指我们需要经常审视反思自己，通过多次的自我反省，看自己是否违背了道德规范，找出不足，改正错误，修正自己的道德行为，从而提高自己的职业道德修养。

4. 提高精神境界，努力做到"慎独"

"慎独"是中国自古以来倡导的道德修养方法。"慎独"是指个人在独处无人监督时，也不会做出有违基本规范的行为。它是考验一个人职业道德觉悟、自制能力的一种修养方法。如果我们在自己的职业生涯中，能够尝试做到这一点，也就给了自己更多锻炼道德意志的机会。这不仅是从业人员应该做到的，同时也是我们每个人在生活中应该达到的精神境界。

总之，职业道德修养是知识、情感、行动的统一，它们相互衔接，相辅相成。职业道德行为受诸多因素影响，需要我们在实际的工作和生活中，不断修正自己的思想和行为，巩固和发展职业道德，从而成为一名具有较高职业素质的人！

第二节 确立正确职业态度及心态

一、树立踏实的职业态度

人们常说，态度决定高度，眼界决定境界，境界决定未来。职业人对待职业的态度，最终会决定个体在职场中是否具有发展的空间。其中，踏实是职场中一种优秀的品质，是职场人士的基本职业态度。

踏实是指切实、不浮躁、内心安定、安稳的意思。踏实是我国自古以来的文化积淀形成的一种民族精神。踏实精神排斥虚妄，拒绝空想，鄙视华而不实，追求充实有活力的人生。在今天，这种踏实的精神在各行各业中依然闪耀着光芒。社会的发展瞬息万变，各种竞争非常激烈，职场人要想在职场中取得一定的发展空间，就要学会踏实。

踏实是成功的起点。踏实就是首先要从小事做起，工作中无小事，任何惊天动地的大事都是由一件件的小事构成，聚少成多，聚小成大，凡事都有一个过程，从一点一滴做起，才能做好工作中的事情。踏实也要从细节做起，天下大事，必作于细，重视细节，体现着认真负责的态度。

如何能做个踏实的人呢？首先，要把工作当作一种快乐。我们常有这样的感受，一个人工作的时候精神愉悦，那么工作的状态就好，如果工作的时候感到束缚，那么精神状态就会感到压抑，进而影响工作状态，在工作中也很难取得成绩。所以，我们要善于在平凡的工作中发现社会价值，找到快乐。其次，不要频繁跳槽。初入职场的毕业生，都充满激情和幻想，有着做事的激情和冲动，有时也有不切合实际的理想和抱负。对初入职场的新人来说，还没有被大家所了解和认识，所以很难被委以重任，新人和单位之间都会存在一个磨合期，彼此需要足够的空间和时间去适应和认识。因此，初入职场的大学生，先别急着跳槽，需要在基层岗位上经受住锻炼，把自己打磨成"珍珠"。

二、培养积极心态

心态会控制人的头脑和行动，也决定了事业和人生。

（一）心态的主要类型

心态的分类很多，但主要分为积极心态和消极心态。积极心态表现为主动的自我意识、明确的自我价值观念、良好的自我状态及优秀的自我心理品质等。消极心态表现为被动的自我意识、模糊的自我价值观念和萎靡、自卑的自我状态及脆弱的自我心理品质等。

（二）积极心态与消极心态的特征

1. 积极心态的特征

（1）面对难题，认真思考，做出自己的选择；而不是不动脑筋，安于现状。

（2）遇到挑战，从实际出发，求变创新；而不是浑浑噩噩，回避矛盾。

（3）选取目标，计划事情，具体而明确；而不是笼而统之，模糊不清。

（4）无论是愉快还是痛苦，均应正视现实，负起责任；而不是否认、逃避现实。

（5）尊重事物规律，考虑客观可能；而非拒绝真理，不顾客观实际，只凭主观愿望办事。

（6）独立自主，积极行动；而不是依赖别人，消极等待情况变化。

（7）敢于冒险，不怕失败；而不是躲避风险，贪图安逸。

（8）坚信自己的价值和能力，坚持靠自己；而不是自我贬低，就怕别人看不起。

（9）有了错误，愿意承认并纠正；而不是文过饰非，虚荣自负。

（10）冷静从容，能控制自己的情感；而不是急躁任性，感情用事。

2. 消极心态的特征

（1）愤世嫉俗，认为人性丑恶，时常与人为忤，缺乏人和。

（2）没有目标，缺乏动力，生活浑浑噩噩。

（3）缺乏恒心，不晓自律，懒散不振，时时替自己制造借口去逃避责任。

（4）心存侥幸，空想发财，不愿付出，只求不劳而获。

（5）固执己见，不能容人，没有信誉，社会关系不佳。

（6）自卑懦弱，自我压缩，不敢信任本身潜能，不肯相信自己的智慧。

（7）挥霍无度或吝啬贪婪，对金钱没有正确的看法。

（8）自大虚荣，清高傲慢，喜欢操纵别人，嗜好权力游戏，不能与人分享。

（9）虚伪奸诈，不守信用，以欺骗他人为能事，以蒙蔽他人为嗜好。

（10）过分谨慎，恐惧失败，不敢面对挑战，稍有挫折即退缩。

如果你以积极的心态去应对你所面临的事情，并且相信成功是你的权利的话，你的信心就会使你成就所有你所制订的目标。但是如果你接受了消极思想，并且满脑子想的都是恐惧和挫折的话，那么你所得到的也都只是恐惧和失败而已。积极的心态是成功理论中最重要的一项原则，你可将此原则运用到你所做的任何工作上。

（三）培养和加强积极心态

培养和加强积极心态，建议从以下几个方面做起。

1. 言行举止像你希望成为的人

许多人总是等到自己有了一种积极的感受再去付诸行动，这是本末倒置。积极行动会导致积极思维，而积极思维会导致积极的人生心态。心态是紧跟行动的，如果个人从一种消极的心态开始，等待着感觉把自己带向行动，那他就永远成不了他想做的积极心态者。

2. 要心怀必胜、积极的想法

美国亿万富翁、工业家卡耐基说过："一个对自己的内心有完全支配能力的人，对他自己有权获得的任何其他东西也会有支配能力。"当我们开始运用积极的心态并把自己看作成功者时，我们就开始成功了。

要想收获成功的人生，决不能仅仅播下几粒积极乐观的种子，然后指望不劳而获，我们必须不断给这些种子浇水，给幼苗培土施肥。要是疏忽这些，消极心态的野草就会丛生，夺去土壤的养分，直至庄稼枯死。

3. 用美好的感觉、信心与目标去影响别人

随着你的行动与心态日渐积极，你就会慢慢获得一种美满人生的感觉，信心日增，人生中的目标感也越来越强烈。紧接着，别人会被你吸引，因为人们总是喜欢跟积极乐观者在一起。运用别人的这种积极响应来发展积极心态，同时帮助别人获得这种积极态度。

4. 使你遇到的每一个人都感到自己很重要、被需要

每个人都有一种欲望，即感觉到自己的重要性，以及别人对他的需要与感激。这是我们普通人的自我意识的核心。如果你能满足别人心中的这一欲望，别人就会对自己，也对你抱积极的态度，一种你好我好大家好的局面就将形成。使别人感到自己重要的另一个好处，就是反过来会使你自己感到被需要。

5. 心存感激

在日常生活中，那些持有消极心态的人常常充满了抱怨：父母抱怨孩子们不听话，孩子们抱怨父母不理解他们，男朋友抱怨女朋友不够温柔，女朋友抱怨男朋友不够体贴。在工作中，也常出现领导埋怨下级工作不得力、而下级埋怨上级不够理解自己，不能发挥自己的才能。他们对生活总是抱怨而不是一种感激。而现实是，如果尝试对人生、对大自然的一切美好的东西心存感激，人生就会显得美好许多。

6. 学会称赞别人

在人与人的交往中，适当地赞美对方，会增强和谐、温暖和美好的感情，一个人存在的价值也就被肯定，使人得到一种成就感。实事求是，而不是夸张的赞美，真诚的而不是虚伪的赞美，会使对方的行为增加一种规范。同时，为了不辜负别人的赞扬，会使被称赞者在受到赞扬的方面更加全力以赴。赞美具有一种不可思议的推动力量，对他人的真诚赞美，就像荒漠中的甘泉一样让人心灵滋润。因此，在生活和工作当中，应该学会以鼓励代替批评，以赞美来启迪人们内在的动力，从而自觉地克服缺点，弥补不足。这比去责怪，比去埋怨会有效得多。这样将会使人们都怀着一种积极的心态，创造出一种和谐的气氛，有利于事业的成功和生活的幸福。

7. 学会微笑

一个微笑的人，会使人会感到他的自信、友好，同时这种自信和友好也会感染他人，从而油然而生出自信和友好，使自己与对方变得亲近。微笑是一种含义深远的身体语言，微笑是在表达对对方的喜爱，与见到对方的愉快心情。微笑可以鼓励对方的信心，可以融化人们之间的陌生和隔阂。当然，这种微笑必须是真诚的，发自内心的。微笑将为我们打开通向友谊之门。想发展良好的人际关系，建立积极的心态，就要学会微笑。

8. 积极寻找新思路

有积极心态的人时刻在寻找新思路、新方法。这能增加积极心态者的成功潜力。有些人认为，只有天才才会有新思路。事实上，要找到好主意，靠的是态度。一个思想开放、有创造性的人，会时刻留心新思路。在寻找的过程中，也不会轻易扔掉一个新思路，直到他对这

个新思路可能产生的优缺点都彻底弄清楚为止。

9. 放弃鸡毛蒜皮的小事

有积极心态的人不把时间精力花在小事情上，因为小事使他们偏离主要目标和重要事项。如果一个人对一件无足轻重的小事情做出过多反应（小题大做），这种偏离就会产生。

10. 培养奉献的精神

人生的目的是服务别人，是表现出助人的激情与意愿。一个积极思维者所能做的最大贡献是给予别人。当给予别人成为一种习惯的生活方式时，它给你的人生所带来的积极结果将是无法预料的。

11. 相信可能性

永远也不要消极地认定什么事情是不可能的，要认为自己能，再去尝试，最后就会发现自己确实能。不建议从你的字典里把"不可能"这个词删掉，而是建议要从你的心中把"不可能"观念铲除掉。谈话中不提它，想法中排除它，态度中抛弃它，不再为它提供理由和借口，把这几个字和这个观念永远抛弃掉，用自信的"可能"来替代它。

12. 培养乐观精神

为了培养乐观的精神，就必须在日常生活中养成一些好的习惯。

（1）不要做一个受制于自我的困兽，要冲出自制的牢笼，做一只翱翔的飞鹰。当我们帮助朋友时，不要只想着分担他们的痛苦。如果要建立亲密的关系，就必须有共同的人生价值和目标。

（2）当情绪低落时，不妨去访问孤儿院、养老院、医院，看看世界上的不幸。如果情绪仍不能平静，就积极地去和这些人接触，和孩子们一起散步游戏，把自己的情绪转移到帮助别人身上。

（3）改变习惯用语。不要抱怨"我真累坏了"；而要说"忙了一天，现在心情真轻松"。不要抱怨"他们怎么不想想办法"；而要说"我知道我将怎么办"。不要在团体中抱怨不休；而要试着去赞扬团体中的某个人。不要抱怨"为什么偏偏找上我"；而要说"请考验我"。不要抱怨"这个世界乱七八糟"；而要说"我要先把自己家里弄好"。

（4）敢于去应对危险的状况。龙虾在某个成长的阶段里，会自行脱掉外面那层具有保护作用的硬壳，因而很容易受到敌人的伤害。这种情形将一直持续到它长出新的外壳为止。生活中的变化是很正常的，每一次发生变化，总会遭遇到陌生及预料不到的意外事件。不要躲起来，使自己变得更懦弱，要敢于去应对危险的状况、曾见过的事物，培养出信心。

（5）从事有益的娱乐与教育活动。多观看介绍自然美景、家庭健康以及文化活动的节目。挑选观看内容时，要根据它们的质量与价值进行评判，而不是注意商业吸引力。

（6）每天对自己做积极的鼓励，不要总是想着身体的一些小毛病，像伤风、头痛、抽筋、扭伤以及外伤等。如果对这些小毛病太过注意，这些毛病反而会经常来"问候"你。

（7）在你生活中的每一天里，联系现在需要帮助的某个人，向其展示你的积极心态，并把你的积极心态传给别人。

（8）把休息日变作培养"PMA"的日子，让积极向上的追求、良好的家庭关系以及高度的自尊心成为自己生活中的三大支柱。

13. 经常使用自我提示语

积极心态的自动提示语是不固定的，只要是能激励我们积极思考、积极行动的词语，都可以作为自我提示语。如"如果相信自己能够做到，你就能够做到""我生活的每一方面，都会一天天变得更好""我觉得健康快乐，我觉得好得不得了"等。

如果我们经常使用这一类自我激发性的语句，并融入自己的身心，就可以保持积极心态，抑制消极心态，形成强大的动力，达到成功的目的。一些重要的激发词还应当经常使用，并牢记于心。这样，潜意识才会闪射到意识中来，用 PMA 指导人的思想，控制感情，决定命运。

拓展学习：

PMA 黄金定律

成功人士与失败人士的差别在于成功人士有积极的心态，即 PMA（Positive Mental Attitude）。而失败人士则习惯于用消极的心态去面对人生，消极的心态，即 NMA（Negative Mental Attitude）。

成功人士运用 PMA 黄金定律支配自己的人生，他们始终用积极的思考、乐观的精神和辉煌的经验支配和控制自己的人生；失败人士是受过去的种种失败与疑虑所引导和支配的，他们空虚、悲观、失望、消极、颓废，最终走向了失败。运用 PMA 支配自己人生的人，拥有积极奋发、进取、乐观的心态，他们能乐观向上地正确处理人生遇到的各种困难、矛盾和问题。运用 NMA 支配自己人生的人，心态悲观、消极、颓废，不敢也不去积极解决人生所面对的各种问题、矛盾和困难。

有些人总喜欢说，他们现在的境况是别人造成的，环境决定了他们的人生位置。事实上，我们的境况并不是周围环境造成的。说到底，如何看待人生，是由我们自己决定的。

第三节　提高学习能力

学习能力是人类最重要、最根本的能力，这种能力会伴随并影响我们的一生。在学生时代，它直接影响我们的学习成绩。走上工作岗位以后，它又将影响我们掌握新技能的能力。所以，学习能力差会成为一生的困扰，导致自己碌碌无为。

所有的生存能力都是靠学习得到的，知识爆炸的时代是终身学习的时代，而不仅仅是学生阶段的学习。学习能力的强弱将直接影响一个人的命运。

一、学习能力的三个特征

学习能力是指由学习动力、学习毅力直接驱动而产生的接受新知识、新信息并用所接受的知识和信息分析问题、认识问题、解决问题的智力，主要包括感知力、记忆力、思维力、想象力等。学习能力是学习的方法与技巧，是所有能力的基础。学习能力有以下三个重要特征。

（1）自主性，是指个体生命自觉、自愿地去学习，而不是被迫去学习。

（2）能动性，是指个体生命积极富有创造性地去学习，而不是对知识、信息简单地吸收，同时还要会消化，要善于转化成生命所需要的物质和精神能量。

（3）创造性，学习的最终目的是推陈出新、吐故纳新、融会贯通，是为了创新和创造，而不是"死读书，读死书"。

二、学会如何学习

在我们周围，经常看到这样一种现象，有的人学习态度积极、认识正确，但缺乏有效的方法，以致浪费很多的时间，事倍功半；有的人学习态度不端正，学习的方法也不适合自己的个性或特长，得到的收获肯定微乎其微。如何才能学会学习，提升自己的职业能力呢？就需要学会学习。学会学习，应该从以下几个方面做起。

（一）端正学习态度

成功者和失败者在人生中最主要的差别就是：成功者始终都在用一种最积极的态度去学习，以最乐观的态度去思考，用思考和学习的经验去控制和支配自己的人生；而失败者则相反，他们并不把过去的失败作为一个学习的过程，而是消极地怨天尤人、不思进取。因此，不善于学习的人是很难成为成功者的。

做一个会学习的人，首先要端正学习态度，树立正确的学习意识，要认识到只有通过不断地学习才能弥补自己的不足，提升职业素质，增强竞争力。在学习中能够做到以苦为乐，主动学习，把学习当作一件快乐的事情。在逆境中能够学会生存，并能树立远大的职业理想，高标准要求自己，促使自己积极学习，增加学习动力。大凡成功者，都得益于正确的学习态度，并能持之以恒。

（二）制订学习目标

通过一个阶段的学习，要掌握哪些知识，熟知专业技能要达到什么水平等，都是在制订学习计划前要先确定的。这些目标需要明确、具体，且符合自己的实际水平。所以，在制订目标前首先要进行自我实际水平的分析。

1. 分析自己的学习现状

分析自己的学习现状，一是和同学比，确定自己的学业成绩与素质拓展成绩在班级中的位置，可以用"好、较好、中、较差、差"来评价。二是和自己过去成绩比，看自己的成绩发展趋势，可以用"进步大、有进步、照常、有退步、退步大"来评价。

2. 学习目标要适当、明确、具体

学习目标是学生学习的努力方向。正确的学习目标能催人奋进，从而产生为实现这一目标去奋斗的动力。没有学习目标，就会感到空虚和茫然，每天无所事事，是对学习时光的极大浪费。

（1）适当就是指目标不能定得过高或过低。过高，最终无法实现，容易使人丧失信心，使计划成为一纸空文；过低，无须努力就能达到，不利于进步。要根据自己的实际情况制订出必须经过努力能够达到的目标。

（2）明确就是指学习目标要便于对照和检查。如提出的目标是"今后要努力学习，争取更大进步", 这一目标就不够明确, 怎样做才算是努力呢? 应该在哪些方面取得进步? 如果目标改为 "本学期成绩平均达到优, 要获得一等奖学金", 这样目标比较明确, 完成后可以进行对照检查。

（3）具体是指目标要便于实现。如怎样才能达到 "获得拿到一等奖学金" 这一目标呢? 可以根据获得一等奖学金的要求, 将目标具体化为学业成绩排名前几, 素质拓展成绩要达到多少等, 制订出具体的目标。

（三）确定学习方法

确定学习目标之后, 还必须寻找和研究学习方法, 这样才能确保提高学习效率。学习的方法各有不同, 但总的原则是相同的, 如分析方法、记忆方法、逻辑推理方法。不同的是, 要找到适合你的学习方法, 这样才能从根本上提高学习效率。学习方法千差万别, 没有一个固定的模式, 也不是一成不变的, 需要时常更新, 根据自己的学习情况、学习需要、学习目的、学习内容, 根据不同的年龄、不同的智慧、不同的环境, 进行科学的调整, 这样才能够不断地完善和提高。

1. 学习金字塔

学习金字塔是美国缅因州的国家训练实验室研究成果, 它用数字形式形象显示了采用不同的学习方式, 学习者在两周以后还能记住内容的多少, 用学习内容平均留存率来表示。它是一种现代学习方式的理论（图 8.1）。

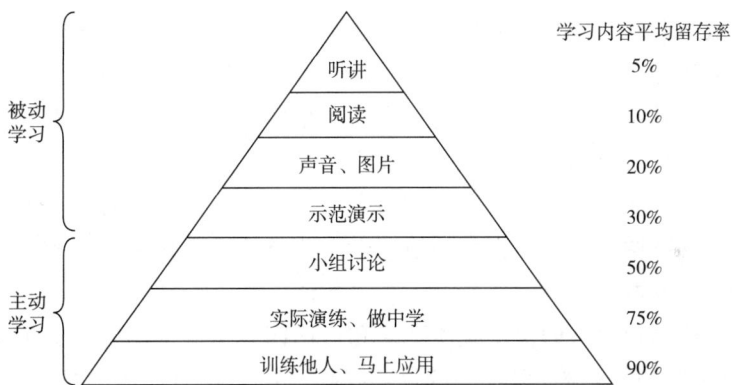

图 8.1　学习金字塔

第一种学习方式 "听讲", 也就是老师在上面讲, 学生在下面听。这是我们最熟悉、最常用的方式, 学习效果却是最低的, 两周以后学习的内容只能留下 5%。

第二种, 通过 "阅读" 方式学到的内容, 可以保留 10%。

第三种, 用 "声音" 或 "图片" 的方式学习, 可以保留 20%。

第四种, 是 "示范演示", 采用这种学习方式, 可以保留 30%。

第五种, 用 "小组讨论" 学习方式, 可以使学生记住 50% 的内容。

第六种, 用 "实际演练" 或 "做中学", 可以达到保留 75%。

第七种, 通过 "训练别人" 或 "马上应用" 学习方式, 可以记住 90% 的学习内容。

研究者埃德加·戴尔提出, 学习效果在 30% 以下的几种传统方式, 都是个人学习或被动学习；而学习效果在50%以上的，都是团队学习、主动学习和参与式学习。

2. 选择适合自己的学习方法

学习是一个复杂的系统工程，学习方法不是学习技巧的简单罗列，也没有能适合于每个人的一个具体方法，它是贯穿于整个学习、思维、实践的一系列心理活动。

"找到适合自己的学习方法"最终的落脚点在于"适合自己"。我们知道的学习方法有很多，可能每个人都有自己独到的方法，但是真正适合自己的才算是最好的学习方法。如何找到适合自己的学习方法呢？

（1）要分析清楚自己的学习特点。每个人的学习特点不一样，有的人记忆力好，学过的知识不易忘记；有的人理解力好，老师说一遍就能听懂；有的人动作快但经常出错，有的人动作慢却很仔细；有的人善于逻辑思维，推理能力很强；有的人想象力丰富，善于创新……因此，要全面分析，在了解了自己的特点之后，才有可能找到适合的学习方法并做出更适合自己的学习计划。

（2）根据智慧类型选择学习方法。哈佛大学教授霍华德·加德纳认为，人脑中至少有7个不同的智力形式。

①语言智力：既是读、写和用词语进行交流的智力，也是高效、准确地运用语言来描述事物和表达个人的思想、情感和意愿的能力。语言智力在文学家、诗人、节目主持人、演说家的身上得到高度的发展。

②逻辑-数学智力：即推理和运算的智力，包括对事物间的各种关系如因果、类比、对比等逻辑关系的敏感性。此种智力在科学家、数学家、法官、律师等身上有突出的表现。

③空间或视觉智力：既是绘画、摄影和雕塑能力，也是能够敏感地觉察、辨别线条、形状、结构、色彩及空间关系并把它们立体地表现出来的能力。这是建筑师、物理学家、化学家、雕塑家、画家、航海家和飞行员必须具备的能力。

④音乐智力：即作曲、唱歌和演奏器乐的能力，表现为觉察、辨别、改变和表达音乐的能力，包括对节奏、音调、旋律和音色的敏感性。这类智力在歌唱家、作曲家、指挥家和演奏家身上得到较好的发掘。

⑤运动和身体协调智力：即保持肢体平衡和运用四肢、躯干的能力，善于用身体来表达自己的思想、感受和情感体验，以及手的灵巧操作。这类智力在运动员、杂技和魔术演员、舞蹈家及外科医生等身上有较高的发展。

⑥人际智力：即与他人交往的智力，也即能敏感地觉察他人的情绪、动机和体验，并据此做出适当反应的能力。这是心理学家、教师、医生、市场营销员、公关及人事管理人员应该具备的能力。

⑦内省智力：即洞察、了解和认识自身的智力，表现为有精确的自我意识，对自身和他人的情绪、动机、个性、意志和愿望等有较敏感的直觉和深刻的了解，喜欢自我剖析，善于自律和自制。这是心理学家、哲学家、心理咨询与治疗工作者必备的素质和能力。

每个人可以根据个人所具有的先天智力类型，来选择学习方法：假如属于语言智力中心发达的类型，应该首先建立以语言学习为主的学习方法，且应该从你所处环境的"母语"开始；如果逻辑思维特别强，应该从建立以数学学习为主的学习方法；如果节奏、韵律、乐感非常强，那么可以从建立以音乐为主的学习方法入手。

（3）根据个人所表现出的智慧类型，来选择学习方法。

自然科学智慧：指在从事自然科学研究、学习、使用中形成的智慧类型，主要是以西方自然科学智慧为代表的智慧，包括数学、物理学、化学、机械工程、水利、医学、生物学等以实证方法为基础的科学。

社会科学智慧：指在从事社会科学研究、学习、使用中形成的智慧类型，包括哲学、政治学、经济学、法学、宗教、考古学、社会学、心理学等。

文学艺术智慧：指在从文学艺术研究、学习、创作中形成的智慧类型，包括文学、音乐、美术、电影、电视、舞蹈等以想象与创作为基础的科学。

创造型智慧：指以联想、幻想为主要特征的智慧类型，这一智慧类型的人的思维活动富有跳跃性、拓展性。他们常常将毫无关系的事物，进行不厌其烦的联想，对自己感兴趣的事物表现出惊人的耐心与持久性。他们最大的乐趣是进行创造活动，他们有打破常规的固执己见，从不愿意与别人相同。他们的兴趣广泛、思维敏捷、敢于尝试、勇于发现，表现出坚韧的意志，非凡的思维能力。他们总是愿意从事具有创新性、创造性、别出心裁、独树一帜的非常规性工作，是难得的人才。

同学们可以根据自己的实际情况，建立起适合于自己智力类型、智慧类型、个性特征、发展需求的学习方法。

3. 迁移与借鉴

当同学们已经掌握某一门功课的学习方法后，就应该以这种学习方法为基础，对相类似的东西可以联系已学的知识，不学自通，这就是学习的迁移现象。聪明的学习者能够有效地运用学习成果，主动迁移，发挥事半功倍的效果，最大限度地激发潜能，培养自己发现问题、分析问题和创造性地解决问题的能力。一个人能力的形成和发展是通过知识的广泛获得及广泛的迁移实现的。在运用学习成果主动迁移的过程中，要积极发现一种学习对另一种学习产生的积极促进作用，避免干扰，推进知识的正向迁移。

那么如何才能促进学习的正迁移呢？需要从以下几方面做起。

（1）掌握基本知识、基本技能。

（2）合理组织学习材料。

（3）提高概括水平，加强对知识的理解。

（4）培养比较或类比能力。

（5）克服思维定式。

（6）加强学习方法的指导。

（7）积极创造迁移的有利情境。

最终目的是学会学习，只要同学们能够按照上述的思路开展学习活动，并创造条件积极地实现自己学习能力的迁移，那么就会成为一个善于学习的人。

（四）制订好学习计划

确定学习目标与学习方法之后，就要通过科学地制订学习计划来实现学习目标。首先，需要你根据内外部环境的分析确定学习的具体任务，具体任务也就是你学习的具体内容，是学习目标的具体化；其次，你必须选择切实可行的措施方法，以保证任务的具体落实；最后，你还需充分考虑时间的因素，科学合理地利用和分配时间，使你的学习活动有条不索地进行。

因此，要合理地安排学习时间，以提高学习效率。对各门学科的预习、复习，阅读参考资料，参加集体活动、体育文娱活动，都要求有长期计划和短期安排。大学生的机动时间较多，可以充分利用时间，提高自学能力，制订计划，对学习加强管理。

总之，大学生培养自己的学习能力，首先，应该养成独立学习、独立思考、独立实验、独立设计的习惯，把已知的知识消化吸收，充实自己。其次，要养成读书的习惯。书籍是人类进步的阶梯，认真学好、学精专业基础课程，可以少走弯路。再次，还要注意多参加各类社会实践，获得从书本中无法获得的实践能力。最后，要在学习过程中摸索适合自己的学习方法，提高学习的效率。

第四节 学会有效沟通

一、认识沟通

沟通是信息、思想与感情的传递，并达到相互了解和理解的过程。沟通是一种信息的传递，也是一种思想的传播，还是价值观的碰撞。其目的就在于通过与他人交流来影响他人的观点、感受和价值观。

沟通的内容很多，开拓市场、服务客户需要沟通；组织生产、控制质量需要沟通；上传下达、令行禁止需要沟通；发现问题、解决问题更需要沟通。沟通每天都在进行，沟通的对象无所不在。工作上，与上司需要沟通、与同事需要沟通、与下属需要沟通、与客户需要沟通、与媒体需要沟通、与政府部门需要沟通；学习上，与老师需要沟通、与同学需要沟通；生活上，与父母需要沟通、与朋友需要沟通。

在某毕业招聘会现场，有些毕业生排了数小时的队，却在数分钟内被淘汰出局。从调查的结果来看，沟通能力差是最主要的原因之一。在调查中，有52%的用人单位认为大学生在现场招聘中沟通能力不足。

二、有效沟通的基本方法

沟通，远远不只说话这么简单。有些人会经常遇到这样的情况：和同事为了一个合作项目争执了起来，弄得双方都很不开心，而实际上，他们只是为了探讨一个也许更有效的方法。接到一个客户的投诉电话，尽管自己已经尽力耐心解决，可愤怒的客户还是摔了听筒。为什么会出现这样的情况呢？道理其实很简单，就是因为没有很好地进行沟通。也就是说，在沟通的技巧和方法上，我们还存在很多需要改进的地方。那么，我们应该如何进行沟通呢？

（一）沟通要围绕中心，并做到条理分明

许多担任企业行政管理职位的人几乎都认为：在商业场合最让人头疼的就是说话不按条理的习惯。那些信口开河、多余无聊的话题不知道浪费了多少人宝贵的时间。

即使是最浅显的交流，我们也必须保证有一个交流的中心。为更好地把握自己的每一次沟通，同学们可以按照信息的六要素，即人物、时间、地点、原因、目的、事件，来进行沟通的准备，它能很清晰地将表达条理化，并且始终紧扣中心。

（二）注意使用正确的语言

1. 尽量少使用专业术语

沟通是要更清楚地让对方了解你的意见，虽然专业术语能正确地表达一个定义完整的概念，但前提是你沟通的对象也能明确地知道专业术语的含义，否则你传达给对方的是不完整、无法让人充分了解的信息。

试想一下，如果自己是一名刚参加工作的公司销售人员，为了推广一种全新的清洁产品，要深入到零售商店去了解情况。如果你说的全是专业术语，在沟通对象完全听不懂你讲的是什么的情况下，他们还能心平气和、热情坦诚地向你提供有效信息吗？

因此，在沟通中，专业术语的使用一定要因人而异，弄清楚你的沟通对象是否是同行，对你将要表达的内容是否能毫无障碍地理解，这样你才能决定自己的表达是否应该采用专业术语，以及要用到一个什么层次。

2. 多用积极语言

中国有句古话叫"良药苦口利于病，忠言逆耳利于行"，意在告诫人们要听得进批评。但事实上，很少有人是真正能毫无心理芥蒂地接受他人批评的。所以，在不得不提出批评或指责时，如果我们能采用一种更巧妙的表达方式，让忠言在"利于行"的同时还能够"顺耳"，这样的沟通效果岂不是更好？

用积极语言来侧面含蓄地表达批评的意思，可以有效化解尴尬与抵触情绪。会使对方知道这是一枚"苦果"，但因为包裹了一层"糖衣"，也会更乐意吞下去（表8.1）。

表8.1　应该避免及比较可行的表达方式对比

应该避免	比较可行
你的错误/问题/毛病/缺陷是……	你的反馈/对此的关切说明……
我跟你说……	也许我可以建议……
你肯定弄错了	也许，你可能有些误会……请允许我澄清一下
我叫你马上……	我明天下午会找你一下……
你为什么不/你应该/你必须……	你可以……

因此，在与他人沟通中，请尽量用建议性的话语来代替的话语，用积极语言代替消极评论，这样既可以避免可能给对方造成的负面影响，同时又能达到给自己传递信息的目的。

拓展阅读：

怎样表达会更好一些？

下面的话在沟通当中不是太妥当，怎样表达会更好一些？

①我很想帮你这个忙，但我现在实在太忙了，我恐怕暂时还做不到。

②我很赞成你的这个提法，但是我不同意你的最后一句话。

③你的工作热情是大家有目共睹的，但是我觉得你应该更细致一点。

④这件事确实对你有些不公平，但是既然这是公司的规定，我也没有办法帮你。

分析：以上这些表述不恰当地运用了"但是"这个词，使意思落在了后面一句上，容易引起误解，导致原本希望表达的好意或善意走样，使对方心理上有些难以接受，不能达到很好的沟通效果。

很多时候，只要你把自己的表达顺序稍微调整一下，就可以获得令人惊喜的沟通效果。

①我现在实在太忙了，恐怕暂时还抽不出时间，如果你能稍等一等，我想我会尽快抽出时间来的，因为我确实希望自己能对你有所帮助。

②尽管我不太同意你的最后一句话，但我非常赞成你的这个提法。

③你的工作热情确实是大家有目共睹的，如果你在对待工作方面更细致一点，我想你会做得更加出色。

④虽然这是公司的规定，我没有办法可以帮你，但这确实对你有些不公平，我很能理解你此刻的心情。

（三）避免将个人意见权威化

在面对很多事情时，人们的看法和意见很难完全一致。在团队中，任何个人的意见都只能作为一种参考来加以选择，否则这个整体将难以有效地完成既定的任务。

将个人意见权威化的直接后果将是导致产生隔膜或怨气，对方勉强接受你意见，可能心里也会不服气，容易埋下矛盾的种子。如果是面对客户，那么很有可能会因此失去客户的忠诚。

任何人都不能保证自己的想法总是正确的。所以，在沟通中，多听取对方的意见，征询他人的看法和建议，将有助于自己找到最合适、最有效的解决问题的方式和途径。

对于新进员工来说，更要记住这一点，把自己的意见权威化会意味着你不够谦虚，妄自尊大，不能很好地融入并配合整个团队，尽管这并非出于你的本意。

喜欢提意见并没有错，应该注意的是提意见的态度和方式，因为在提出意见时表现得太过固执和强硬，无形中将个人的意见权威化了。

在一个团队里面，合作和统一才是最根本的，个人的意见只能作为参考，要尽量避免将个人意见权威化。

（四）要注意身体语言的使用

身体语言在沟通的中重要作用也不容小觑，要注意采用以下适当的做法。

1. 保持微笑并适时点头

自信亲切的微笑能让你在沟通中更具魅力和感染力，从而更容易打动对方。微笑，我们可以说它是"最有性价比的礼物"，它可以有效地消除彼此间的隔膜；适当地点头则能吸引别人和你继续谈话，因为你的表现会让他更有信心，而你也可以获得更多、更有效的反馈信息。

因此，在沟通中，如果你能始终保持微笑并适时点头，就能使整个沟通的气氛更轻松、更愉悦，同时也能更有效地对整个沟通进行调控，使交流更深入、更细致。

2. 身体适度前倾

在沟通中，身体微微前倾的人，往往更能给人以真诚和谦逊的感觉，这可以激发对方更大的热情来回应。在沟通中，有意识地注意将身体前倾，这一点对于新进员工来说尤为重要——它能传达出你的虚心与诚恳，从而使对方更能接受和认可你，并且乐意给你更多的指点和帮助。

3. 保持真诚有效的目光交流

在沟通中，适当地和对方目光接触并进行交流，能拉近双方在心灵上的距离，使沟通在一种更融洽、更宽容的状态下进行。否则，如果你眼睛一直盯着其他地方，对方会感觉自己被忽略，或者你是在借此来表示对他的不屑与轻慢，这样沟通就很容易陷入尴尬的僵局中。真诚地凝视对方，这是沟通中一条非常有效的目光法则。与个人沟通时，正常的目光交流应当是5~15秒；与群体沟通时，时间就应该是4~5秒。如果能把这个作为一种习惯，当在沟通中感到压力时，你就能不假思索地保持自信的眼神。

作为新员工，可能对在沟通中凝视对方还有些不太自然。但是，如果你试着用自己的真诚来对待对方，并且将这种真诚尽可能地体现在你的眼神里，你会发现原本的那份陌生和不自然，在不知不觉间已经被消融掉了。

4. 不要双手抱在胸前

双手抱在胸前，会给人一种傲慢和受排斥的感觉。因为人与人之间的交流，最被看重的就是坦诚。只有建立在坦诚的基础上，才能使沟通趋向深入和实质。而双手抱在胸前，从表面上看就是封闭了自己的心扉，很容易被人认为是有意识地排斥和拒绝。

所以，在沟通中，最好不要双手抱在胸前。如果你无意识地这样做了，也要立刻向对方表示自己的歉意，让沟通在信任和友好的气氛中进行，这种"近距离"的交流会更富有成效。

5. 注意自己的角色与肢体语言相称

肢体语言的使用一定要注意与自己的角色以及情境相适应。某名牌大学的一个毕业生，到一家公司去求职。在面试时，这位自我感觉良好的大学生一进门就坐在沙发上，跷起二郎腿，还不时地摇动。如果在家里，这是个再平常不过的姿势，而在面试的情境中，则很不合适。结果，负责面试的人连半个问题也没有问，只是客气地说："回去等消息吧。"最终的结果可想而知，他失去了一个很好的工作机会。

6. 改掉不良的肢体语言习惯

改变不良的肢体语言的意义，是消除无助于沟通反而使沟通效率下降的不良的肢体语言习惯。有人在与人谈话时，常有梳理头发、打响指等习惯，有的人还有掏耳朵、挖鼻孔的小动作，这些都会给对方留下不好的印象，有时会让人觉得很不礼貌。同时，这些无意义的肢体语言会分散对方的注意力，影响沟通的效果。

（五）学会认真聆听

好的聆听者会积极回应信息。回应对于沟通的成功是非常关键的，聆听者正是通过语言或非语言的反馈告知说话人他所听到的内容和所听到的方式。好的聆听者有强烈的愿望去达成共识。富有信心的回应可以告知说话人：一是信息被听到了；二是信息被理解了；三是信息得到了恰当的评估。当知道有人聆听时，被聆听者会表现得更为出色。

其实我们每个人都需要被人聆听，被人理解。当我们暂时抛开自我的需要，真正地聆听他人说话时，人们会很自然地放下伪装，更自然、更富有逻辑地跟我们交流。聆听者可以通过提问、表现出兴趣、表示关心、给予注意等技巧来回应对方。

第五节　提高职场人际关系处理能力

一、认识情商

情商（EQ）是情绪商数（Emotional Intelligence Quotient）的简称，是一种自我情绪控制能力的指数，表示认识、控制和调节自身情感的能力。简单地说，情商是一个人自我情况管理以及管理他人情绪的能力指数。

（一）情商（EQ）包括的内容

近年来有关情商的内容研究，普遍认同的包括以下5个方面，即自我认知能力、自我控制能力、自我激励能力、认知他人的能力、人际关系管理能力。情商所包含的5个方面内容界定如表8.2所示。

表8.2　情商所包含的5个方面内容

内容	定义
自我认知能力	能充分认识和理解自己的情感和动机，具有理解自我及心理直觉感知的基本能力，以及它们对于别人会产生什么样的影响。只有认识自己，才能成为自己生活的主宰
自我控制能力	能妥善管理、控制和转移自己破坏性的情绪或冲动，即能调控自己。这是一种能适应各种情况的能力
自我激励能力	这是为了一些超越回报和地位的原因而努力工作的激情，是充满活力和有决心追求目标的倾向，是自我发展的能力。保持高度热忱是一切成就的动力，能够自我激励的人做任何事情都具有较高的效率
认知他人的能力	认知他人的情绪，即情感归向，或称对他人感情的感知，这是与他人正常交往、实现顺利沟通的基础，是理解人们的脾气秉性，根据人们的情绪反应采取对策的技能
人际关系管理能力	人际关系管理能力，即领导和管理能力。能够处理好人际关系，善于建立和管理关系网络，能够找到共同的立场和亲善的关系并具有与他人良好交往的能力，是一种掌握自己情绪的特殊才能

（二）情商对职业发展的影响

长期以来，"智商"这个概念曾是我们评判一个人是否成功的重要标准。然而，有不少出自名校的"高材生"在职场中的表现并不尽如人意，而许多职场成功人士也并非出自名门高校。因此人们开始思考，到底是什么左右了职场的成功呢？

曾经有人用心理学方法测试了188个公司里每一名员工的智商和情商，并将测试结果和员工在工作业绩方面的影响做比较发现：情商对工作业绩的影响力是智商的两倍。此外，研究者还专门对公司的高级管理者进行了分析，发现在高级管理者中，情商对于个人成败的影响力是智商的 9 倍。现代心理学认为，个人事业的成功是以良好情商为前提的。也就是说，心态好了，创造力和潜力将得以最大的发挥，将有利于个人的进步和发展。从这个角度来讲，情商对于职业选择、职业发展有着重要的影响。

在各国职场界，人力资源主管普遍认为，"智商使人得以录用，而情商使人得以晋升"。因此，人们要努力提高个人的情商。

二、努力培养和提高自己的情商

提高情商，首先要有提高和改善的愿望、强烈的意识，并不断地学习和努力，能在反复的失败中逐渐进步。人们通过长时间的修炼，在具体环境中锻炼自己，随着年龄的增长，情商会有所提高。要树立乐观的生活态度，遇事坦然，自信自强。其次，应及时消除自己的自卑、压抑心理状态。这些都是影响个人情商的心理枷锁。一旦发现自己被这些心理枷锁套住时，应及时寻找解锁的方法，如向自己信任的长辈、朋友倾诉，听取他们的意见或建议等。最后，应宽以待人，严于律己。宽以待人意味着要有博爱的情怀，能包容他人的缺点和个性；严以律己意味着要增强自律力，凡事都能理性思维，不凭冲动行事。具体说来，可以从以下方面培养和提高自己的情商。

（一）提高情绪的自我意识

情绪的自我意识，即情绪上的"自知之明"，是指个体对自我感觉和体验到的情绪变化的敏锐认知，它是情绪智商的核心。因为某种情绪一旦被我们觉察，我们控制它的机会和力量就会得到相应加强。这种心理现象我们称为"后情绪"。"后情绪"就是人意识到自己的情绪并对情绪产生的原因进一步认知的能力。它使一个人不仅对其情绪"知其然"，而且"知其所以然"。"后情绪"是一个人对其情绪有"自知之明"的基本条件。因此，对于大学生而言，当一种情绪出现时，可以通过自我反省，从不同的角度去了解自己的情绪及情绪产生的原因，以此来提高情绪的自我意识。

实现情绪的"自知之明"还有一种特殊的方法，叫"情绪反刍"，也属"后情绪"。它是一种有强烈意志参与的情绪回溯，包括对各种无名之火、莫名之躁，甚至各种疾病痛苦或悲剧之象征意义的溯本求源。一个人在进行情绪反刍时，往往以联想为纽带，沿着自己心灵发展轨迹溯流而上，体会、咀嚼自己过去曾体验到的各种情绪。但是，"情绪反刍"并非简单地反思、反省，而是个体的一种心理活动习惯，是一种通过自我剖析而体验自我的思维定式，甚至是一种主体进行创造性活动的手段和方式。对情绪的反刍可以使一个人变得心平气和、性情陶然。

（二）善于调控自己的情绪

"情绪化"是大学生中普遍存在的现象。情绪化是指对自己的情绪缺乏控制与调节的能力，不能很好地克制、转移不良情绪，也不能根据环境表达适当的情绪。情绪化实际上是心理素质差的标志，是不成熟的表现，也是一个人走向成功的巨大障碍。怎样才能防止情绪化？重要的一点就是要有意识地培养和提高情绪的自我调控能力。情绪的自我调控是在情绪的自我意识的基础上，以一定的情绪价值观为指导而实现的。有人认为，愤怒时发泄一下内心的不满就会觉得舒服些。当然，在某些情况下，直截了当地向惹你生气的人发泄一番可达到出气的目的。但是，研究人员发现，发泄也会使人更加怒火中烧，因为勃然大怒通常会使情绪中枢兴奋，让人欲罢不能，反而延续了不愉快的心情。比较有效的情绪调控方法是"重新评判"，即自觉地从积极的角度重新看待一件事。大学生在日常生活中，可能会遇到这种情况：同学事先未打招呼就无礼地关掉正在播放的音响，正在欣赏音乐的你肯定会感到不快。此时，对这种独断无礼的行为，你可以有多种不同的反应——勃然大怒痛斥对方，或若无其事压抑自我，或默不作声将音响重新打开等。而如果采用"重新评判"的方式，比如非但不指责对方，反而以一种诚恳的语气认同和称赞对方，则会收到意想不到的效果，因为我们并不想与他人弄得关系紧张。

情绪调控的另一种方法是转移情绪。在现实生活中，一个人无论多么开朗乐观，也难免会有心情郁闷苦恼的时候。此时，个体就应当学会调节和转移情绪。大学生在日常学习生活中，往往会碰到一些令人不快的琐事，这些琐事往往使人困扰，使人无法静心学习。这时就不必强制自己坐在书桌前，可以去参加户外运动，如散散步、踢球等；也可以去找能够推心置腹的老师、朋友谈一谈。这对于减轻精神上的压力非常有效。情绪调控还有一种方法，即用理性抑制冲动，这是一种基本的心理技能，几乎所有情绪控制都以此为基础。

（三）学会自我激励

人的积极行为往往是由于受到激励而产生的。不断自我激励，能激发出人的热情，坚定人的信心，使人获得内在的动力，不懈地为既定目标奋斗，最终取得成功。进行自我激励，首先要有适当的目标。"适当"就是要贴近自己的生活，符合自己的实际情况，因为只有那些看得见的、通过努力能实现的目标更易让人树立信心。同时，在实现目标的过程中，必须紧盯目标，不断地向既定目标迈进，不因挫折半途而废。其次，要有自信心，相信自己的能力，坚定地认为自己能行，把"我能行"的观念深深地植入心中，这种积极的心理暗示会使一个人情绪饱满、精力充沛地投入工作与学习中去，从而把许多"不可能"变为现实。而消极的心理暗示则可能使人情绪低落，无精打采，从而妨碍一个人正常能力的发挥。许多研究表明，经常处于积极乐观的情绪状态中的人比经常处于消极悲观的情绪状态的人更易获得成功。所以大学生应当学会自信，学会用积极乐观的态度来对待学习，对待工作，对待人生。

（四）提高移情能力

移情又称感情移入，有两层含义。其一是同情，又称同情心，指能主观地体验到别人内心的感情。别人痛苦，自己也感到痛苦；别人快乐，自己也感到快乐。其二是同理或理解，又称同理心，即设身处地为他人着想，以他人的眼睛看世界，理解他人的情感、想法和感受。同情重在"感人之所感"，以情为主；同理则重在"知人之所感"，除情之外还有认知的成分。同情心与同理心，构成一个人的移情能力。研究表明，移情能力高的人，更善于调控自己与他人的情绪，更懂得人际交往的艺术，人缘更好；而那些不能识别他人的情绪、缺乏移情能力的人，不仅不能维系良好的人际关系，而且对个人未来的发展也将产生不利的影响。

大学生应在生活实践中学会识别各种情绪信号，学会辨认他人情绪，学会"设身处地""将心比心""己所不欲，勿施于人"，不断提高自己移情能力，进而提高自己的情商。

情商对我们职业发展有着正面的推动作用和决定性的意义，一个高情商的人可以在职场中处于主动的地位。因此，我们要重视情商的培养和提高，让自己在今后的生活和工作中更加轻松。

拓展学习：

提高情商的技巧

情商是一种能力，情商是一种创造，情商又是一种技巧。既然是技巧，情商就有规律可循，就能掌握，就能熟能生巧。只要我们多点勇气，多点机智，多点磨炼，多点感情投资，我们也会像"情商高手"一样，营造一个有利于自己生存的宽松环境，建立一个属于自己的交往圈，创造一个更好发挥自己才能的空间。

①不抱怨不批评。高情商的人一般不批评别人，不指责别人，不抱怨，不埋怨。其实，这些抱怨和指责都是不良情绪，它们会传染。高情商的人只会做有意义的事情，而不做没有意义的事情。

②热情和激情。高情商的人对生活工作或是感情保持热情，有激情。他们知道调动自己的积极情绪，让好的情绪伴随每天的生活工作。不让那些不良的情绪影响到生活或工作。

③包容和宽容。高情商的人宽容，心胸宽广，心有多大，眼界有多大，舞台就有多大。高情商的人不斤斤计较，有一颗包容和宽容的心。

④沟通与交流。高情商的人善于沟通，善于交流，并且以坦诚的心态来对待，真诚又有礼貌。沟通与交流是一种技巧，需要学习，在实践中不断地总结摸索。

⑤多赞美别人。高情商的人善于赞美别人，这种赞美是发自内心的真诚的。看到别人优点的人，才会进步得更快，总是挑拣别人缺点的人会故步自封反而退步。

⑥保持好心情。高情商的人每天保持好的心情，每天早上起来，送给自己一个微笑，并且鼓励自己，告诉自己是最棒的，告诉自己是最好的，并且周围的朋友们都很喜欢自己。

⑦聆听好习惯。高情商的人善于聆听，聆听别人的说话，仔细听别人说什么，多听多看。聆听是尊重他人的表现，聆听是更好沟通的前提，聆听是人与人之间最好的一种沟通。

⑧有责任心。高情商的人敢做敢承担，不推卸责任，遇到问题，分析问题，解决问题。他们是正视自己的优点或是不足，敢于担当的人。

⑨每天进步一点点。高情商的人每天进步一点点，说到做到，立刻就开始行动。行动力是成功的保证。每天进步一点点，朋友们也更加愿意帮助这样的人。

⑩记住别人的名字。高情商的人善于记住别人的名字，用心去做，就能记住。记住了别人的名字，别人也会更加愿意亲近你，和你做朋友，你会有越来越多的朋友，有好的朋友圈子。

第六节　培养合作能力

合作是一个永恒的主题，从刚刚懂事起，我们就已经作为社会的人开始了与人相处，与人合作。当我们步入职场，便开始了更大范围的交往与合作。现代社会，社会分工越来越细，没有一个单一的公司或个人能够拥有他所需要的全部资源并完成所有的事情，合作能力成为促进社会发展与个人进步的重要能力之一。对社会来讲，社会成员之间精诚合作，同舟共济，有助于实现又好又快发展；对个人来说，与他人的合作可以为个人发展创造必要条件和更大的空间。增强合作能力的方法如下。

一、加强性格修炼

性格有先天因素，修养则靠后天养成。增强合作能力，既要不断发现和纠正自身性格中不利于与他人合作的地方，也要不断提高修养，养成正确的为人处世态度。应勤于自省，正确认识自己性格方面的不足，增强改造性格缺陷的自觉性。

一是努力提高文化素养。勤读书、读好书，以知识拓宽视野、开阔心胸、陶冶情操。二是积极进行自我矫正。发现有"不合群"的倾向，就要注意多与外界接触，多与同事交流，积极参加集体活动；发现有自高自大的毛病，就要注意多发现别人身上的优点和长处，学会谦虚谨慎、尊重别人；发现有说过分话的习惯，就要多一些设身处地地换位思考，注意把握言谈举止的分寸。在不断砥砺性格、提高修养的过程中增强合作能力。

二、强化合作意识

善于合作，既是一种可贵品质，也是一种实际能力。同级之间、上下级之间都要强调合作。上下级之间的合作，既体现在上级对下级的关心与尊重，也体现在下级对上级的配合与负责。作为领导，既要充满自信，又不可狂妄自大，应主动了解和理解下级，学会欣赏他们的聪明才智，帮助他们克服缺点和不足，努力增强自己的亲和力，调动下属的工作积极性；作为下级，要在工作中发挥主动性，既对上负责也对下负责，而不能事不关己、高高挂起，更不能相互推诿、敷衍塞责。现代社会正处于知识经济时代，团队精神在竞争中越来越重要。

三、学会包容他人

团队工作需要成员在一起不断地讨论，如果一个人固执己见，无法听取他人的意见，或无法和他人达成一致，团队的工作就无法进行下去。团队的效率在于配合的默契，如果达不成这种默契，团队合作就不可能成功。因此，对待团队中其他成员时一定要抱着宽容的心态，讨论问题的时候对事不对人，即使他人犯了错误，也要本着大家共同进步的目的去帮对方改正，而不是一味斥责。同时也要经常检查自己的缺点，如果意识到了自己的缺点，不妨将它坦诚地讲出来，承认自己的缺点，让大家共同帮助你改进，这是最有效的方法。

四、保持谦虚谨慎的态度

任何人都不喜欢骄傲自大的人，这种人在团队合作中也不会被大家认可。可能你在某个方面比其他人强，但你更应该将自己的注意力放在他人的强项上，只有这样，才能看到自己的肤浅和无知。因为团队中的任何一位成员，都有自己的专长，所以必须保持足够谦虚的态度。在团队之中，要勇于承认他人的贡献。如果借助了别人的智慧和成果，就应该声明；如果得到了他人的帮助，就应该表示感谢。这也是团队精神的基本体现。

五、培养全局观念

团队精神不反对个性张扬，但个性必须与团队的行动一致，要有整体意识、全局观念，考虑团队的需要。它要求团队成员互相帮助，互相照顾，互相配合，为集体的目标而共同努力。要建设一个优秀部门，每个人就不能借口自己有这样那样的事情而不参与集体组织的活动，否则将会像一盘散沙，优秀集体难以形成，自己也很难从中受益。

第七节　提升抗压能力

在这个竞争激烈的社会，每一个人都会面临来自各方面的压力：学习中遇到的挑战和瓶颈，工作中遇到的困难和竞争，生活中难以处理的烦心琐事，等等。压力无处不在，而每个人面对压力的反应也有所不同。有的人善于自我调节，将压力化为动力，积极寻找解决问题的办法；有的人面对压力则会感觉喘不过气来，身心疲惫，只能选择逃避。当一个人压力过重时，心理上会出现紧张、焦虑、急躁、易怒、消极等情绪；生理上也会出现失眠、食欲不振等症状。久之则会影响到健康，造成身心疾病。

能力不好不一定会失败，但是情绪管理不好一定不会成功。当我们把情绪毫无保留发泄在我们周围的人身上，那种和谐关系就极有可能被破坏，所以一定要恰当处理自己的情绪。

结合国外有关应激心理学、健康心理学和积极心理学的研究成果，抗压可从以下 6 种能力的培训来加以提高。

一、培养主观幸福感

训练主观幸福感能力旨在培养个人体验快乐、欢欣、知足、自豪、欣喜、感激等愉悦情绪的能力。虽然这些情感体验大多是人们与生俱来的生理反应，但通过幸福感训练，人们可以强化对这些情感体验的强度和持久度。心理学家指出："感觉好"可使人们变得更好，更具有乐观精神和压弹能力，更与他人合得来。人们可通过发现应激中的有意义的事情来提高个人的愉悦情绪体验。此外，幸福感训练还可降低对诸如内疚、耻辱、悲伤、气氛、嫉妒等不愉悦情绪体验的感受强度，以减少生活的应激状况。

二、培养乐观人格

训练乐观态度能力旨在培养个人自信乐观、自主行动、人际温暖与洞察、表达自如、坚忍力等的人格特质。心理学界早就在 20 世纪 70 年代将乐观作为一个重要的人格特质来加以研究，并强调经验学习对培养乐观态度的重要性。美国著名心理学家 Seligman 提出了怎样通过个人努力来提高自身的乐观态度和应激能力。美国著名人格心理学家 Costa 和 McCrae 也主张，主观幸福感的决定因素是人格因素。外向性格的人容易产生正面的情绪；而焦虑性格的人容易产生负面情绪。所以，培养乐观人格是提高压弹的最有效手段。

三、改变认知思维习惯

心理学中有一个概念，叫"认知扭曲"，指的是我们执着于一些并不存在或者完全错误的认知，这些认知会导致负面的思考、情绪和行为，让我们难以从困境中走出。因此，我们要改变一些认知的习惯思维，包括以下几个方面。

（1）非此即彼。指在评价事物的时候不是黑的就是白的，不是好人就是坏人，惯于使用极端的方式，因此也称"两极化"思维。这种思维很容易让人们的想法变得狭隘、消极。尤其在评价自身时，容易形成完美主义，因而害怕自己做出任何错误的行为。

（2）以偏概全。以偏概全会武断地认为，一件发生在自己身上的事（通常是坏事），将来还会无数次地发生在自己身上。这种思维方式会延长消极事件对自己的影响的时间，使人消沉、丧失信心。

（3）否定正面思考。指拒绝正面的思考方式或体验，拥有这种思维的人会固执地坚持消极信念，以各种各样的理由拒绝接受正面的现实。这种思考方式只承认坏的而否定所有好的事实，不论是中性还是正面的体验都会变成负面。

（4）绝对化要求。总是对自己说"我应该这样""我必须那样的"的句子，这种强迫思维容易让人对自己感到沮丧，对他人感到愤怒。

四、培养幽默化解能力

训练幽默化解能力旨在培养一个人幽默、诙谐调整心态的能力。幽默可以化解烦恼，释放情绪，并使人不断体验愉悦心情。

哲学家一向把幽默视为"浪漫的滑稽"；医学家则认为幽默是人的一种健康机制，是美容心理的良方；而社会学家和心理学家把幽默看成是有助于一个人适应社会的工具。幽默的作用可以概括为以下几方面。

（1）幽默是一种易于让人接受的批评方式，它可以用于解嘲，避免难堪局面。

（2）幽默可以减轻人际矛盾和冲突，是协调人际关系的润滑剂。

（3）幽默可以使人们很好地释放和宣泄紧张情绪。

（4）幽默有助于健康，还有助于智力的发挥。

总之，幽默是生活的调味品，它可以使人在欢声笑语中忘却烦恼，化忧愁为欢乐，变尴尬为从容，最终使沉痛的心情变得开朗、豁达和轻松。

五、降低期望值，减少自责

很多时候，对自身过高的期望往往会给自己增添额外的压力，这种情况常常发生在优秀的学生身上。如果对一件事情的期望过高，且没有达到自己心中的期望，心中就会产生极大的落差，进而产生一种自责感。内疚和自责会降低我们的自尊，让我们觉得自己懒惰、一事无成，因而更容易放纵自己。在学习工作中，我们不要一味地盯着自己没有做好、不完美的地方，而是要时常告诉自己：我尽力了、我很优秀。要关注自己生活中的进步，增强自己的信心。

六、合理利用时间，拒绝拖延

有时候，压力来源于拖延。本来一件不是很难的事情，但拖延到最后期限而手忙脚乱，突然感到焦虑。因此，在日常生活中规划好自己的学习工作任务，养成良好的习惯，拒绝拖延，做到忙而不乱，可以有效地提高抗压能力。

【本章思考题】

（1）对照职业道德基本规范，目前的你做得怎样？存在哪些不足？准备怎样改进？

（2）请列举一下目前在社会上存在哪些职业道德缺失问题。这些问题给社会带来了哪些危害及不可挽回的后果？

（3）对照积极心态特征，你具备几项？如何逐步建立起那些还没有的积极心态？对照消极心态，你有吗？如果有也没问题，思考如何从现在开始培养自己的积极心态。

（4）如何提高自己的学习能力？

（5）有效沟通的基本方法有哪些？

（6）应该从哪些方面入手提高自己的情商？

（7）培养合作能力应该从哪些方面做起？

（8）如何提升自己的抗压能力？

【实训项目】

反省自己是否有这样的不良倾听习惯。

（1）打断别人的说话（写下自己的经历）：_____

_____

_____

（2）经常改变话题（写下自己的经历）：_____

_____

_____

（3）只注意听事实，不注意讲话人的情感（写下自己的经历）：_____

_____

_____

（4）使用的言辞急于下结论（写下自己的经历）：_____

_____

_____

第九章　大学生职业生涯心理调适

【内容框架】

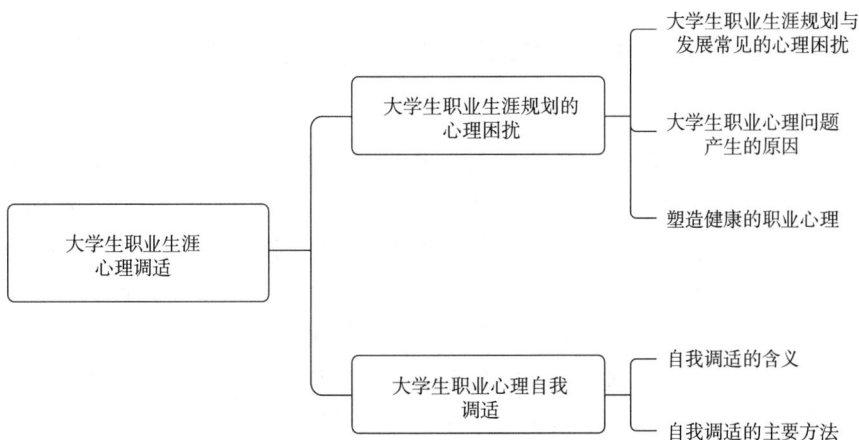

【学习目标】

（1）了解大学生职业生涯规划与发展中常见的心理困扰

（2）掌握职业心理自我调适的方法

【本章导读】

研究发现，当代大学生自杀率约为 1.6/10 万，还有更大比例具有自杀意念、自杀计划或自杀未遂历史的高自杀风险人群。此外，大学生因情感障碍、学业压力、就业压力、适应不良、心理障碍、家庭压力等原因而产生的问题行为也常常见诸报端，据调查，有 53% 的学生感觉生活迷茫。在信息充分联通的当前社会，现实和理想之间巨大的偏离正不断带给大学生迷茫的生命体验，由此也带来了严重的社会问题。

问题剖析：

缺乏目标过渡的确定性机制使大学生难以走出"校园思维"。英国学者沃维拉格曾说过，无目标的努力，犹如在黑暗中远征。以社会的眼光来看，大学生当然是应该有目标的，只不过不再是为学而学的学业目标，而是为了实现自己未来的职业目标而努力自我提升。在改革开放初期，即使大学生缺乏信息渠道和人生阅历，但"包分配"几乎将职业与学业画上了等号，有力地支撑了这一过渡环节。此后，人力资源市场上的"大学生"光环以及后来的"名校"光环一定程度上取代了"包分配"的作用，但它们的支持力度却显著减弱了。而随着

"大学生"光环在当今社会的破碎，大多数学生缺失了从"学业目标"向"职业目标"过渡的外在制度支持，只能转而依靠自身。虽然对当代大学生而言，他们有近二十年的人生阅历、互联网上无数关于各种职业的参考信息、家族事业传承的惯性、对己身天赋能力的认识……几乎有无数的因素能够帮助大学生实现这一人生目标的接续。但与此同时，这些因素中却没有任何一个能够为大学生完成人生目标的接续负责。于是，大学生培养系统中始终存在的关于"目标接续"的系统风险开始向世间露出了它的獠牙。

资料来源：李雪梅，孙烨超. 以代偿教育弥合学业目标与职业目标之鸿沟——对当代大学生人生问题的几点思考 [J]. 贵州师范大学学报（社会科学版），2021（1）：66-73.

第一节　大学生职业生涯规划的心理困扰

大学生不但要具备良好的文化素质、专业素质、身体素质和思想道德素质，还要具备良好的职业心理素质。个人能力和职业能力是大学生就业、步入职场、胜任工作岗位的必备条件。很多用人单位在看重一个人的个人能力和职业能力的同时，对大学生的心理素质也很重视。甚至有些用人单位选择人才时，把良好的心理素质作为首要的考虑因素。良好的职业心理素质对个体的职业发展具有重要意义，是人们迈向事业成功的基础。

不少大学生在职业生涯规划与发展中会产生心理障碍或心理误区。大学生的心理问题如果得不到有效处理，就会对职业生涯规划与发展造成阻碍。大学生在职业生涯规划与发展中应学会进行自我调适，消除心理困扰，维持心理平衡，并寻找较好的解决途径来实现自己的目标。

一、大学生职业生涯规划与发展常见的心理困扰

人的心理需要一种微妙的平衡，太自卑或自信、太浮躁或优柔寡断都是不健康的。有的大学生在职业生涯规划与发展中，面对各种压力，可能会产生各种心理问题。

（一）自卑心理

自卑心理在大学生就业过程中非常常见。自卑属于性格上的一个缺陷，表现为对自己的能力和品质做出过低的评价。强烈的自卑会使毕业生丧失对前途、事业、生活的信心，不能适应时代发展的要求。有的大学生因为性格内向、自身素质低、自我控制能力差等原因产生自卑心理；有的大学生因为非名牌大学、冷门专业毕业等原因产生自卑心理。有的大学生四年顺利地走过来了，也具备了一定的实力和优势，面对激烈的竞争，却觉得自己这也不行，那也不如别人，自卑心理使他们缺乏竞争勇气，缺乏自信心，走进就业市场就心里发怵，参加招聘面试，心里忐忑不安。一旦中途受到挫折，更缺乏心理上的承受能力，更觉得自己确实不行。在激烈的就业竞争中，这种心理障碍是走向成功的大敌，必须认真加以克服。

（二）焦虑心理

焦虑指一种缺乏明显客观原因的内心不安或无根据的恐惧。心理学研究表明，适度的焦虑可以增强积极向上、主动竞争的能力，还可以唤醒人们的警觉，集中注意力；但是过度的焦虑则会干扰人的正常活动，使人不能平静自如地应对挑战，在困难面前惊慌失措。引起毕

业生焦虑的主要问题是顾虑太多；过度在意自己的理想能否实现，能否找到一个适合自己特长、环境又优越的单位，用人单位能否选中自己，被用人单位拒之门外怎么办，自己看中的单位而父母不赞同怎么办，选择单位失误造成"千古恨"怎么办，到单位不能胜任工作怎么办等。过度焦虑如不能在一定时间内化解，会严重影响大学生主观能动性的发挥，给求职造成不必要的阻碍。

（三）功利心理

部分大学生在就业时的心理预期不现实，被称为"三高"和"六点"，即"起点高、薪水高、职位高""单位名声好一点，牌子响一点，收入高一点，工作闲一点，离家近一点，要求松一点"。他们过分看重地位和实惠，一心只想进大城市、大机关，去沿海发达地区，到挣钱多、待遇好的单位，甚至为了暂时的功利宁可抛弃所学的专业等。这种心理可能会得到一些眼前的利益和满足，但从长远发展看并非明智的选择。

（四）攀比心理

很多大学生择业时不能立足自我实际，找准自身定位，选择适合自己的工作，而是过多地关注他人的就业取向，盲目地借鉴他人的择业标准，一厢情愿地与他人比福利待遇、薪酬岗位。别人进了大城市，进了高层次部门，找到知名度高、经济效益好的单位，自己也必须找一份与之相当或更理想的工作，否则就觉得低人一等，心理不平衡。受这种虚荣攀比心理影响的大学生，往往会过高地设定自己的择业目标，即使遇到某些非常适合自身发展的机会，但因某个方面比身边同学的就业单位稍逊一筹，就轻易放弃，最终与适合自己的职业失之交臂。

（五）从众心理

从众心理是指在社会或群体的压力下，个人放弃自己的意见而采取顺从行为的心理倾向。部分自主独立性较差的大学生，择业时缺乏主见，极易受社会舆论的左右和他人的干扰。由于没有自我长远的职业规划，没有自我明确的就业目标和职业定位，他们择业时不考虑自己的兴趣爱好，随波逐流，盲目跟风，追逐热门，盲目签约。这种不考虑自身条件、职业特点和社会需求等主客观条件的盲从心理，既不利于自身个性、特长的发挥，又不利于顺利择业，很可能出现悔约和离职的现象。

（六）依赖心理

依赖心理往往产生于独立性较差的大学生身上。因为从小学到大学，父母包办了许多事，自己习惯于温室里生活，不愿意去面对社会竞争，更依赖于父母、亲属营造出来的保护伞下生活，希望通过他们给自己找到一份稳定的工作，这也是一种不健康的心态。

但父母及任何人都不可能跟着自己一辈子。人的一生，有一半以上的时间需要自己单独度过。一个没有主见的人，是不会有幸福的人生的，因为他的人生永远在别人的规划中，自己只是在实现别人的理想。

（七）倦怠心理

择业是一个双向选择的过程，随时都有可能被应聘单位拒绝，但机会总是有的。只要勇于主动竞争，善于果断把握，就一定会找到一份适合自己的职业。然而，有的大学生在多次求职未果之后，求职的主动性和积极性锐减，丧失了屡败屡战的斗志和勇气，畏难情绪和倦怠心理开始滋长。他们不去主动了解就业信息，争取就业机会，而是选择了逃避现实，得过且过，在浑浑噩噩中虚度光阴，最终不可避免地沦为校园"不就业族"。

（八）孤傲心理

有些大学生自身条件好，有不少单位有意签约等原因，容易自信过头，产生骄傲心理，在求职路上如同猴子掰玉米，总希望挑到更大的，结果错失良机，让别人捷足先登。

可见，自负在就业中不可取。自负只会令自己好高骛远、目空一切，从而失去眼前的机会。

二、大学生职业心理问题产生的原因

大学生就业是一个复杂的过程，不仅受到社会、学校、家庭等诸多因素的限制，也受大学生自身能力、学识、心理等因素的影响。归纳起来，导致大学生面对职业生涯规划与发展中产生心理压力的原因有客观和主观两个方面。

（一）客观因素

1. 社会

随着社会的发展和自主选择职业观念的增强，人们对社会职业的评价、社会职业地位、社会角色模式等认识有了不同程度的变化。社会中弥漫着的金钱至上、追求实惠的社会风气使大学生在传统价值观念上受到冲击，功利主义倾向也日趋严重。许多学生在择业时越来越多地考虑眼前的、现实的利益，而非从长远的发展考虑。一部分毕业生忽视职业的深层价值，在求职过程中以个人利益为重，盲目追求环境、经济收入、福利待遇，放弃自身的职业目标、发展方向以及自己的兴趣爱好。长久下去，这些需求得不到满足，就会使大学生的自信心受到打击，从而产生自卑心理，逃避现实，丧失斗志。

2. 学校

不同的教育因素如专业、院校和教育理念等，会使大学生在对待自己、社会、职业上有不同的态度。因此，学校设置的主修专业、实行的培养方式、教育引导的方向及水平、学生对教师的认同，以及同学、朋友的影响等都会对大学生职业生涯规划与发展产生直接影响。目前，许多高校的专业设置和师资无法应对社会经济发展形势的变化，培养出来的毕业生不能适应社会和用人单位的需要，在就业市场上缺乏竞争力，从而使大学生难以找到合适的工作。另外，目前我国高校的大学生职业生涯规划和就业指导工作还缺乏科学性、系统性和持续性，致使大学生没有规划自己未来的意识和能力，对工作的认识不真实，不能敏锐地抓住求职机会，也难以融入工作集体。另外，高校对学生的教育普遍侧重于工作技能的培养、知识的传授，却忽视了对学生思想品德方面的教育与引导。高校对大学生求职能力的培养训练、健康心理的指导教育等方面所做的工作也远远不能满足大学生的就业需要。大多数毕业生缺乏求职的实际能力，不会恰当地自我推荐，不敢积极地参与竞争，不能准确地把握机遇，因此也难以做出正确的抉择，由此出现种种职业心理困扰。

3. 家庭

"望子成龙""望女成凤"的传统思想，对中国家长的影响不容小觑。家境好的家长希望孩子读大学后能够找到一份社会地位高、薪水高的工作，家境差的家长希望能够通过孩子读大学而改变整个家庭的境遇。父母是孩子的第一任老师，在孩子踏进学校的大门之前，父母对孩子的影响尤为深刻。这些父母会按照自己对孩子的期望和职业定位来教育、培养孩子。

在这种长期的潜移默化过程中，孩子会形成特定的价值观与行为模式，这种价值观和行为模式必然影响到孩子的职业选择。此外，父母的期待和要求，无形中也会带给大学生很大的压力。特别是父母为之读书付出极大代价的大学生，更是急于回报父母，将父母的期望作为求职的主要条件，认为找不到期待中的职业就"无颜面对江东父老"，限制了视野。当求职不顺利时，焦虑、恐惧等不良情绪便随之产生。

（二）主观因素

造成大学生职业生涯规划与发展心理问题，除了产业结构的不合理、高等教育本身的缺陷和家庭的压力等客观原因外，大学生自身的原因也不容回避。大学生自身的原因被讨论得很多，这里只谈两条经常被大学生忽略的原因，希望能够引起关注。我们认为，职业生涯规划与发展过程中出现的自卑心理、焦虑心理、从众心理、倦怠心理，都与大学生缺乏选择的能力、缺乏应对挫折的能力有关。

1. 缺乏选择的能力

选择是指个体自主地在多样的事物或状态中做出决定。人生处处充满了选择，回顾一下自己的生活，我们会发现选择无处不在。起床还是继续睡觉？上自习还是逛街？参加班上组织的活动还是独自旅行？这些日常生活中不断出现的选择问题，可能比较容易作决定。但是，在人生的道路上有些选择却可能会对我们产生深远的影响，如高考专业的选择、婚姻的选择。当然，选择还包括毕业时工作的选择；继续考研还是马上就业？先就业再择业还是先择业再就业？择业还是创业？照顾父母（朋友）还是离乡与朋友一起（打拼）发展？是以自己为主还是以他（她）的意向为主？去大城市还是小城市？进企业还是准备参加各类考试？

当代大学生处于一个价值多元化和选择多元化的时代，社会对个人的价值取向和人生选择更加具有宽容度，这大大增加了大学生自我发展的空间和自主权。同样，自主择业的就业制度，也给了大学生选择职业的巨大空间。选择自由度的拓展固然给个体提供了更大的发展机遇，但与此同时也倍增了个体的困惑。正如著名心理学家弗洛姆指出的：这是一种使人焦虑痛苦、剥夺人的安全感的自由，一种促使人无所适从、想要逃避的自由。因为你必须选择，而且无人能代替你选择，并且必须由你自己承担选择的后果。

应试教育的单一性、家长过度的呵护，使大学生在成长的过程中很少有机会由自己做主去决定某件事情，甚至从来没有机会由自己做主去决定某件事情。而在大学生毕业时，发现没有人再为自己作选择，他们却不知道怎样作决定，也不敢做决定。人与人之所以有不同的道路、不同的人生，是因为在人生的重要关头，做出了不同的选择。

正是因为缺乏选择的能力，不少毕业生在择业过程中心里充满迷茫和恐惧，长期处于难以选择的心理冲突下，极易导致各种心理问题。

既然认识到人生处处充满选择，现代人就必须具备选择的能力。无论过去有无选择的经验，大学生都应勇敢地在选择职业这个问题上承担起自己的责任，培养自己选择的能力，以"我选择、我负责"的态度，在认真分析判断的基础上果敢地做出抉择。

在抉择前"重重"思考，在抉择后"轻轻"放下。通过这次人生的重大选择的历练，自己变得更加成熟和充满智慧。

2. 缺乏应对挫折的能力

挫折是指个人在从事有目的的活动中，遇到干扰和障碍，致使动机不可能实现的情绪状态。在人的一生中会遇到无数大大小小的挫折，求职过程也不例外。当大学生们经过艰难的抉择选定了职业方向，满怀激情地就职于自己想要的职位时，可能遇到意想不到的困难和阻力。

当代大学生没有经历过父辈们那种艰辛生活的磨炼，学习和生活环境相对优越。而且，由于父辈们饱受了生活的苦难，不想让儿女再受累吃苦，经常有意无意地保护孩子免受困难和挫折。这在为子女提供较好成长环境的同时，又在客观上减少了他们面对挫折与承受挫折的机会。一些大学生没经历过挫折教育，意志力相对薄弱，对挫折的容忍能力差，对于什么是苦难、什么是来之不易，除了字面上的感知外，没有更深的体验和感觉。他们一旦遇到困难，无论困难是大是小，都会在心理上造成极大的负担和阴影。

同时，大学生缺乏社会实践经验，对社会了解不多，因而在观察问题、分析问题、处理问题时，大多凭借着书本的条条框框去生搬硬套，缺乏理性的思考。所以毕业生在职业生涯规划与发展的过程中，一旦个人的目标受到阻碍，不能顺利实现时，便容易产生挫折感。

挫折具有利弊两重性：一方面会使人产生心理上的痛苦；另一方面可以使人从失败中吸取经验教训，使认识发生飞跃。同时，还可以磨炼人的意志，增强克服困难、适应环境、解决问题的能力。俗话说"吃一堑，长一智""失败是成功之母"，讲的就是这个道理。大学生在求职过程中遇到挫折是正常的，不要消极退缩，要认真分析失败的原因（如是主观努力不够，还是客观要求太高；是主观条件不具备，还是客观条件太苛刻），只有经过认真分析，才能心中有数。有的大学生一次落聘就灰心丧气，一蹶不振。落聘虽失去一次选择职业的机会，但并不等于择业无望，事业无成。通向成功的道路不会是平坦的，只有坚强不屈，顽强拼搏，才能达到光辉的顶点。而那些一遇挫折就偃旗息鼓的人，只能半途而废，永远不可能成功。对待挫折不应被动适应，要放弃等待机遇、怨天尤人、牢骚满腹的态度；而是要藐视困难，增强信心，修订目标，客观分析，积极进取，创造新生活。

三、塑造健康的职业心理

心态决定人生成败。心态好与坏决定了一个人适应社会环境能力。大学毕业生跨出校门融入社会，是其人生极为关键的一步。这个过程是对每个大学生身心素质的全面体验。随着社会竞争日趋激烈，大学生们必须要具备良好的心理素质、健全的自我意识，提高人际交往与承受挫折的能力。塑造健康的职业心理，是使自己能在职场中获得成功的重要因素。

（一）学校的职业心理指导

首先，大学要开展有关的教育和引导，引导大学生进行积极的人生探索。通过讨论人生意义，讨论真善美，帮助学生了解职业的内涵及其在人生中的意义，懂得现在的学习与未来所要从事的职业之间的关系，使学生树立正确的职业理想和职业期望，学会根据社会的需要以及自己的身心特点合理地选择专业或职业。

其次，学校应多给学生提供就业指导的平台，如邀请知名企业做宣讲并提供投递简历的机会，让学生与企业互动，使学生更加了解职场需求，选择合适自己的职业岗位。

再次，学校可以给学生提供职业培训，指导学生掌握求职择业的技巧，帮助大学生掌握资料，学会推销自己以及掌握文明礼貌语言交谈的方法，提高就业竞争能力。

最后，学校应向学生提供一些职业心理方面的指导或建议，如通过心理测评及时发现学生有关职业心理的问题并及时帮助其纠正。实施导师制，各个专业的老师都来解答学生关于职业方面的问题，并且要多多了解国家的政策变动以及人才需求变动，也可以向大学生输入职业发展的观念，鼓励大学生到基层，到农村或者西部等国家需要的地方去成就自己的一番事业。

（二）大学生自我塑造

首先，要树立科学的世界观、人生观、价值观。一般来说，只有具有科学世界观的人，才能树立起远大的理想，才能有坚定的信念。坚定的信念是意志自觉性、顽强性和自制性的基础。实践证明，凡有远大理想和抱负者，大多具备良好的意志品质，能在人生的征途上不畏艰险、不怕困难、勇往直前。

其次，在平常学习和生活中培养不屈不挠、顽强拼搏的精神。例如，坚持每天跑步半小时、坚持冬泳等。这些看上去微不足道的事情要真正做到持之以恒并不容易。平时，还可以多读有益于身心健康的书籍来陶冶情操。

再次，要树立自信心，克服自卑、焦虑、怯懦的心理。要正确评价自己，不要妄自菲薄；多找自己的长处，即使微不足道也不要忽略，一定要相信"天生我材必有用"。还要经常对自己进行积极的心理暗示，相信自己的能力，充分调用在书本上学到的知识。要相信自己、肯定自己，以永不言败的自信心去面对挫折，迎接挑战。失败乃是成功之母，失败并不表示你不如别人，失败更不表示你一事无成。充满自信心是成功的前提，大学生在求职和初涉职场时必须要有自信、有斗志，以饱满的精神面貌去迎接每一个挑战。

最后，培养艰苦奋斗的精神。一方面，要从思想上认识到能吃苦是一个人最基本的能力。能从基层做起，从不怕苦做起，才能成功。司马迁在《报任安书》中写道："盖文王拘而演《周易》；仲尼厄而作《春秋》；屈原放逐，乃赋《离骚》；左丘失明，厥有《国语》；孙子膑脚，兵法修列；不韦迁蜀，世传《吕览》；韩非囚秦，《说难》、《孤愤》；《诗》三百篇，大底贤圣发愤之所为作也。此人皆意有所郁结，不得通其道，故述往事，思来者。乃如左丘无目，孙子断足，终不可用。退而论书策，以舒其愤，思垂空文以自见。"可见，历史上的成功者并未因为受苦受辱而放弃自己的信念，而是把它当作一种磨炼，最终成就其英名。其实，越高的职位责任越大，工作越辛苦；企业管理也越严格，要求也越高。据了解，全球四大会计师事务所每年都吸引很多会计系的同学去应聘，但其工作时间至少有半年是从早上8点到晚上12点，而且整天加班及出差，不堪重负的人就只有离开。另一方面，应认识到，最艰苦的环境最锻炼人，也最容易使人成功。西部大开发时有一批人过去想赚第一桶金，但是因为实在是太艰苦回来的大有人在，而有些人经受住了考验，施展自己的才华，为国家的建设做出了贡献，他们的工作也得到了肯定，用青春写下了不一样的人生。总之，大学生要多参加社会实践，了解社会，磨炼自己，不断提高吃苦耐劳的精神。

拓展阅读：

乐观面对生活，生活就会充满阳光

王旭军是个性格开朗，嘴角随时带着微笑的大男孩。因为乐观、外向的性格，他在校期间结交了很多朋友。现在，刚进公司才两个月，他就和公司两个同事的关系处得特别好，不仅如此，他还赢得全公司上上下下的好感。经常有人问王旭军有何秘诀，他总是笑着说："保持乐观"。乐观的人心中总是充满了希望，而且能保持积极的态度去做事。无论在什么情况下，王旭军都把自己视为公司的一员，从不把自己置身事外。在工作中，他总是积极主动、善于合作、虚心请教、热心助人。这样的人，相信没有哪个老板和员工会不喜欢。

王旭军所在的公司虽然算不上大，但"麻雀虽小，五脏俱全"。公司不仅制度健全，而且每一个项目的开展都有严格的流程。王旭军首先用一个月的时间来熟悉公司的所有流程，接下来又用一个月的时间来了解不同项目的开发手续和流程。正是这种积极乐观和认真严谨的工作态度，赢得了公司领导的信赖。现在，公司决定将一个新项目的策划交由他来独立完成，这对于刚进入行业没多久的他来说，相比那些虽然进了大公司只能打下手的同学，他觉得自己很幸运了，工作中更加干劲十足。

王旭军很庆幸自己当时的择业方向，没有一味地要求大公司、高待遇，而是选择了更适合自己的公司和职位。

本案例中，王旭军是个乐观的人，他始终坚持用阳光、乐观的心态去面对生活和工作，生活和工作也一样回报给他以阳光。

资料来源：刘周，郭斌，张坤．大学生职业生涯规划与就业指导：微课版 [M]．北京：人民邮电出版社，2021.

第二节　大学生职业心理自我调适

一、自我调适的含义

人的心理活动总是处于"平衡–不平衡"的螺旋式发展过程中，大学生的心理活动也是如此。大学生在职业生涯规划与发展中，不可避免地会遇到困难、挫折和冲突。当产生各种心理冲突时，大学生应当正确对待，不要慌张，也不要被动消极，可采用多种方法进行自我调节。

自我调适是指个体运用一定的原理和方法，主要是心理学的原理和方法，促使自己的心理和行为获得积极改变的过程。从大学生自身来说，要学会一些自我调适的方法，根据自身发展及环境的需要对自己的心理进行控制和调节，从而最大限度地发挥个人的潜力，维护心理平衡，消除心理问题。

自我调适的作用，就在于帮助大学生在遇到挫折和冲突时，能够客观地分析自我与现实，有效地排除心理障碍，从而使自己保持一种稳定而积极的心态，使之能够适应新环境，解决新问题。

二、自我调适的主要方法

（一）自我反省

自我反省，就是面对各种矛盾和冲突，首先能冷静地、理智地思考自我，认识自我，评价自我，找到自我的确切位置。面对择业，大学生除了要客观地分析就业环境外，最主要的是要正确地认识自我和评价自我，应当明确自己的专业发展方向是什么，自己的爱好特点是什么，自己的性格气质是什么，自己最适合干什么工作，自己的优势和劣势是什么等。只有通过理智、冷静的自我思考，才能对自己有一个客观的评价，使自己在择业过程中处于积极主动的位置。

每个人面对生活压力、就业压力、情感压力时，所表达的方法不一样，想法也不太一样。就如同有的大学生面对就业压力时，一味地埋怨社会给大学生的压力过重，不去思考为什么自己会有如此大的压力，而有的人却没有什么压力。因此，遇到困难时，应当冷静思考，重新为自己定位、规划未来。去思考自己失败的原因，正确面对自己的优势与劣势。不要怨天尤人，埋怨自己没背景，专业没前途等。三百六十行，行行出状元，这是大家都明白的道理。

（二）培养自信

自信心是前进的动力，是成功的保障。在职业生涯规划与发展中屡遭失败，是大学生自信心减弱、自卑感增强的主要原因之一。因此，产生怯懦、逃避、冷漠等消极想法的大学生也不在少数。在心理调适中，培养自己的自信心也是极其重要的方面。

有一个小故事，从前有两个人在沙漠中迷路了。这两个人，其中一个已经结了婚，并且有子女。他觉得，自己不能放弃，不能死在这里，否则妻子和孩子都失去了依靠。他坚信，自己一定能够走出沙漠，与自己的家人团聚。于是他一路上做好了计划，节约饮水，并且想出各种各样的办法辨明方向，最后真的靠自己的努力走出了沙漠，和亲人团聚。而另一个人，是刚步入社会的年轻人。他从小受到父母的呵护，没吃过什么苦，受过什么累。没有了父母做依靠，他很彷徨，不知道自己怎么样才能走出这片沙漠。他走了没多久，便失去了全部的信心。他觉得父母没办法来救他了，他肯定会干死在沙漠中。于是他喝完水后就坐在那里不动了。后来，当他的父母和营救人员找到他时，发现他离沙漠边缘不过 3 000 米不到的距离。因为他自己放弃了寻找出路，所以注定失去了活下去的机会。

大学生就业时，就好像沙漠中的两个人。有些人因为知道自己身上有责任，所以即便条件恶劣，也选择坚持下来。他们相信未来一定会有出头之日，而不畏惧现在的困难和心理问题。而有些人从来只知道依靠别人，等到自己遇到困难的时候，所能做的就是等待别人的帮助，而不是自己给自己打气，给自己信心，让自己坚持下来。大学生应该更多地向前者学习，多用身上肩负的责任来鞭策自己，多给自己一点信心，相信自己一定可以。

（三）正视挫折

对于乐观的人来说，挫折是生命的礼物，是人生的一种挑战和考验，是激起斗志的基石，是鞭策前进的动力。所有成功的人士，无不是一路伴随着挫折走来。正视挫折和教训可以使我们成长，使我们变得更成熟。

大学生在职业生涯中也会遭遇各种各样的挫折，但这仅仅是人生的一个小小打击，后面的路还很长，如果眼前的小挫折都解决不了，以后很难面对人生的大风大浪。在面对挫折惊慌失措、怯懦抑郁时，更要想办法去调整心态。要把挫折视为正常现象，以积极进取心态认真总结，不断继续努力，最终实现职业生涯目标。

（四）保持乐观

爱因斯坦曾经说过："真正的快乐是对生活的乐观，对工作的愉快，对事业的兴奋。"不管是为人处世，还是工作学习，大学生都应该时刻保持一种乐观的心态，相信事情一定会往好的方向发展下去。

在生活中，大学生可以多参加一些娱乐活动，多结交一些朋友，既能陶冶情操，又能转移就业压力，一举多得。此外，大学生还应该积极参加各种公益活动，在帮助他人的同时还会从中得到认可与快乐。总之，大学生的人生才刚刚开始，拥有乐观的心态是最重要的，一定要笑对人生。

（五）学会转移注意力

转移注意力是进行自我心理调适最重要的方法之一。有时，不良情绪是不易控制的，这时可以采取迂回的办法，把自己的情感和精力转移到其他活动中，可以通过换个环境、参加娱乐活动等方式转移注意力。例如，可以去爬山、旅游等，不仅可以放松身心，开阔眼界，还能在亲近大自然的过程中受到大自然的启发；可以通过听音乐的方式来转移注意力，放松心情；心情抑郁时，可以听些旋律流畅优美、节奏明快的乐曲；心情焦虑时，可以听节奏舒缓、风格典雅的乐曲。

【本章思考题】

（1）大学生职业生涯规划与发展中常见的心理困扰有哪些？

（2）如何对职业生涯中的心理问题进行自我调适？

【实训项目】

采用焦虑自评量表进行自测，看看自己焦虑症状的程度如何。

自评量表（Self-Rating Anxiety Scale，SAS）适用于具有焦虑心理症状的成年人。SAS可用于反映测试者焦虑的主观感受（表9.1）。

表9.1　自评量表

序号	题目	1. 没有或很少时间有	2. 有时有	3. 大部分时间有	4. 绝大部分或全部时间都有	评分
1	我觉得比平常容易紧张和着急（焦虑）					
2	我无缘无故地感到害怕（害怕）					
3	我容易心里烦乱或觉得惊恐（惊恐）					
4	我觉得我可能将要发疯（发疯感）					
5	我觉得一切都很好，也不会发生什么不幸（不幸预感）*					
6	我手脚发抖打颤（手足颤抖）					
7	我因为头痛，颈痛和背痛而苦恼（躯体疼痛）					
8	我感觉容易衰弱和疲乏（乏力）					
9	我觉得心平气和，并且容易安静坐着（静坐不能）*					

续表

序号	题目	1. 没有或很少时间有	2. 有时有	3. 大部分时间有	4. 绝大部分或全部时间都有	评分
10	我觉得心跳很快（心慌）					
11	我因为一阵阵头晕而苦恼（头昏）					
12	我有晕倒发作或觉得要晕倒似的（晕厥感）					
13	我呼气吸气都感到很容易（呼吸困难）*					
14	我手脚麻木和刺痛（手足刺痛）					
15	我因为胃痛和消化不良而苦恼（胃痛或消化不良）					
16	我常常要小便（尿意频数）					
17	我的手常常是干燥温暖的（多汗）*					
18	我脸红发热（面部潮红）					
19	我容易入睡并且一夜睡得很好（睡眠障碍）*					
20	我做噩梦					

注　SAS 采用 4 级评分，主要评定症状出现的频度，其标准为："1"表示没有或很少时间有；"2"表示有时有；"3"表示大部分时间有；"4"表示绝大部分或全部时间都有。20 个条目中有 15 项是用负性词陈述的，按上述 1~4 顺序评分。其余 5 项（第 5，9，13，17，19）注 * 号者，是用正性词陈述的，按 4~1 顺序反向计分。

SAS 的主要统计指标为总分。将 20 个项目的各个得分相加，即得粗分；用粗分乘以 1.25 以后取整数部分，就得到标准分。

按照国内常规结果，SAS 标准分的分界值为 50 分，其中 50~59 分为轻度焦虑，60~69 分为中度焦虑，70 分以上为重度焦虑。

第十章　学有样板

本章内容选自学校的优秀学生事迹。案例内容真实，有说服力，使学生有了看得见、摸得着的学习榜样，具有很强的引领性。希望同学们通过这些生动案例，科学思考并设计自己的成长之路，让大学生活充实而丰富，为未来的人生打下坚实的基础。

第十章　学有样板

参考文献

［1］ 苏文平．职业生涯规划与就业指导［M］．北京：中国人民大学出版社，2020．

［2］ 王科．大学生职业生涯规划［M］．北京：清华大学出版社，2021．

［3］ 王宇恒．大学新生入学适应性与生涯规划教育研究［J］．产业与科技论坛，2020，19（6）．

［4］ 王莹．大学生职业生涯规划［M］．北京：清华大学出版社，2021．

［5］ 石洪发．大学生职业生涯规划［M］．北京：北京理工大学出版社，2020．

［6］ 李开复．做最好的自己［M］．北京：人民出版社，2006．

［7］ 陈飞．新时代大学生职业生涯规划［M］．厦门：厦门大学出版，2021．

［8］ 周文霞．职业生涯管理教程［M］．北京：中国人民大学出版社，2021．

［9］ 宋丹．大学生职业生涯规划的学思行［M］．苏州：苏州大学出版社，2021．

［10］ 雷育胜．大学生学习与职业生涯规划［M］．北京：清华大学出版社，2020．

［11］ 李学东．大学生职业生涯规划［M］．长沙：湖南科学技术出版社，2019．

［12］ 李金亮．大学生职业生涯规划［M］．长沙：湖南教育出版社，2019．

［13］ 王丽．职业生涯规划训练手册［M］．北京：北京理工大学出版社，2017．

［14］ 王清春，孙景福，王国辉．大学生职业生涯与发展规划［M］．天津：南开大学出版社，2019．

［15］ 刘兆国．大学生职业生涯发展规划［M］．西安：电子科技大学出版社，2022．

［16］ 邹渝，张雪松．大学生职业生涯规划与就业创业指导［M］．北京：中国经济出版社，2020．

［17］ 任飞．我国青年职业变迁新趋势与规划新理念［J］．中国青年研究，2019（5）：7．

［18］ 蒋德勤，俞浩，施培智．大学生职业生涯发展规划［M］．合肥：安徽大学出版社，2022．

［19］ 江芹．大学生职业生涯规划现状调查研究［J］．公关世界，2023（1）．

［20］ 李功华，邱瑶，刘欣．"新工科"大学生职业生涯规划现状及对策研究——基于山东大学"新工科"大学生调查［J］．中国大学生就业，2020（4）．

［21］ 众告．专业与职业［J］．开放教育研究，2019，25（6）：1．

［22］ 史言．专业与职业的动态链接［J］．中国大学生就业，2018（18）：2．

［23］ 言念．专业与职业的碰撞，大学与社会的接轨［J］．中国大学生就业，2018（17）：12-14．

［24］ 金芯茹．创新创业视角下的大学生职业核心能力培养路径研究［J］．中国集体经济，2019（1）：3．

［25］ 朱雅芸．职业生涯规划视角下大学生创新创业能力培养策略［J］．科技视界，2021

（13）：2.

[26] 夏瑾．以"四年规划"为依托的大学生成长成才教育探析［J］．才智，2019（7）：1.

[27] 金德禄．大学生职业生涯规划与就业指导［M］．南京：东南大学出版社，2020.

[28] 吴志卿．大学生职业生涯规划与就业指导［M］．西安：西安电子科技大学出版社，2021.

[29] 梁嘉欣．基于生涯发展理论的大学生学业规划研究［D］．南昌：江西师范大学，2020.

[30] 宋长琨，陈璐颖，欧进锋．新商科背景下的大学生职业锚倾向研究［J］．岭南师范学院学报，2021，42（5）.

[31] 李雪梅，孙烨超．以代偿教育弥合学业目标与职业目标之鸿沟——对当代大学生人生问题的几点思考［J］．贵州师范大学学报（社会科学版），2021（1）：8.

[32] 孔庆金，朱林鹏，冯贝．"西迁精神"融入大学生职业价值观教育的路径探究［J］．陕西教育（高教），2021（7）.

[33] 罗德明．大学生职业目标定位的 BSD 法［J］．浙江工商大学学报，2016（6）：5.

[34] 郝江岭．大学生职业生涯规划（慕课版 第3版）［M］．北京：人民邮电出版社，2023.

[35] 李凯，周建立．职业生涯发展与规划［M］．广州：华南理工大学出版社，2020.

[36] 吴才智，江光荣，段文婷．我国大学生自杀现状与对策研究［J］．黑龙江高教研究，2018，36（5）.

[37] 黄波．职业生涯与发展规划［M］．长沙：湖南教育出版社，2018.

[38] 常栩雨．大学生职业生涯规划与就业指导［M］．北京：北京师范大学出版社，2021.

[39] 何慧刚．大学生职业生涯规划与就业创业指导［M］．北京：中国财政经济出版社，2021.

[40] 吴兴惠，许芳，白军福．大学生职业生涯规划与就业创业指导［M］．北京：人民邮电出版社，2021.

[41] 邓山．大学生职业发展与就业创业指导［M］．北京：科学出版社，2022.

[42] 郑红．大学生职业发展与就业创业指导［M］．北京：中国农业出版社，2022.

[43] 高阳，金欣，郑朝文．大学生职业生涯规划与就业指导［M］．成都：电子科技大学出版社，2020.

[44] 张雪霞，李亚利．大学生职业生涯规划实训指导［M］．北京：北京理工大学出版社，2020.

[45] 刘雪梅．大学生职业生涯规划与职业能力训练［M］．辽宁：大连理工大学出版社，2022.

[46] 李金亮，杨芳，周欣．大学生职业生涯规划学生练习手册［M］．长沙：湖南教育出版社，2019.

[47] 李纯青，田敏，刘伟．职业素养开发与训练［M］．北京：清华大学出版社，2020.

［48］胡泽民．工程师职业素养［M］．2 版．西安：西安电子科技大学出版社，2022.

［49］谢涛．高情商沟通的法则［M］．北京：中国纺织出版社，2020.

［50］李献．现代教育与大学生情商培养［M］．长春：吉林人民出版社，2019.

［51］于洋，鲍娜吉．高情商沟通［M］．北京：中华工商联合出版社，2022.

［52］王新庆．职业素养教程［M］．北京：清华大学出版社，2019.

［53］刘周．大学生职业生涯规划与就业指导：微课版［M］．北京：人民邮电出版社，2021.

附　　录

附录 1　职业兴趣测评

兴趣可以为我们的学习带来愉悦感，本部分旨在协助你发现自己的兴趣领域。

以下题目描述了一些学校课程和校园活动，请仔细阅读并判断你是否喜欢。答题时，只要单纯地根据你的喜欢程度，勾选相应的程度选项（附表 1）。

附表 1　职业兴趣测评表

序号	项目	很不喜欢	不喜欢	普通	喜欢	很喜欢
1	修读汽车维修类课程					
2	撰写科技小论文					
3	修读音乐或美术赏析课					
4	到敬老院参加志愿活动					
5	参加演讲比赛、辩论赛					
6	修读审计实务课程					
7	修读机械类基础课程					
8	编程做脚本					
9	听有关校园的音乐、戏剧					
10	关注职场社交节目					
11	锻炼人际能力					
12	策划社团活动					
13	修读会计学课程					
14	阅读机械或电子方面的科普杂志					
15	开发软件					
16	修习绘画课程					
17	修读教育原理课程					
18	修读保险和精算课程					
19	修读电子技术类课程					
20	阅读学术论文					
21	修读美学类课程					

续表

序号	项目	很不喜欢	不喜欢	普通	喜欢	很喜欢
22	修读社会工作课程					
23	修读政治经济学课程					
24	修读秘书实务课程					
25	修读自动化控制类课程					
26	学习钻研技术知识					
27	修习音乐与舞蹈课程					
28	修读发展心理学课程					
29	参加大学生创新、创业大赛					
30	收集、整理、开发与利用文档、档案信息					
31	参加汽车设计类竞赛					
32	参加数学建模与编程竞赛					
33	修习戏剧课程					
34	为帮助听障人士而修读手语课程					
35	为校园活动寻求赞助					
36	修读信息安全与数据库管理课程					
37	参加工程实训活动					
38	探索与验证新理论					
39	拍摄校园舞台情景剧					
40	给留守儿童作辅导					
41	参加营销类社会实践					
42	对互联网信息进行事实核查					
43	精准操作实验装置					
44	寻求数理问题的新解法					
45	参加诗词小说等文学比赛					
46	工作时跟人面对面有温度的交流					
47	竞选学生会或社团负责人					
48	编制社团年度预算或校园活动预算					
49	装配调试计算机					
50	阅读科普读物、研究人体构造					
51	编撰影视剧本					
52	参加陪伴照顾孤寡老人等社会工作					
53	研读企业成功策略					
54	编制信息资料的分类目录					

序号	项目	很不喜欢	不喜欢	普通	喜欢	很喜欢
55	装配修理电器					
56	做血液试验，以协助鉴定疾病					
57	参加艺术摄影工作，以累积个展作品					
58	担任志愿者，协助疏导城市交通					
59	关注与分析消费行为与趋势					
60	对国际新闻进行事实核查					
61	操作工程机械					
62	辨认岩石、物种或星系					
63	从事作曲与编曲工作					
64	看护与陪伴儿童					
65	进行商业合约的洽谈					
66	进行资料文字录入与排版					
67	修理汽车					
68	改善医疗方法或程序					
69	在专业乐团中演奏、歌唱、指挥等					
70	为外来务工者提供求职服务					
71	发现商机自行创业					
72	估算成本					
73	安装或检修宽带网络					
74	解析出特质的化学成分					
75	在专业剧团中表演戏剧、话剧、小品、相声等					
76	组织助残与救灾等社会公益活动					
77	负责筹办分公司					
78	从事图书采购与编写工作					
79	进行机械工程制图					
80	研究降低水污染的方法					
81	撰写书评、剧评、影评					
82	帮助残疾人士提高日常生活能力					
83	参加某公众职位的竞选					
84	财务预算分析					
85	检测编修手机或电脑					
86	确定新型疾病的感染源					
87	导演专业记录版					

序号	项目	很不喜欢	不喜欢	普通	喜欢	很喜欢
88	从事特殊教育工作、协助身心障碍儿童发展					
89	带领团队完成挑战性任务					
90	编制年度会计报告					
91	设计电子系统					
92	研发一种新药					
93	筹划摄影、绘画、书法、雕塑等个人艺术作品展					
94	在社区从事服务居民的工作					
95	制订新型营销战略					
96	为新保险产品进行精算					

附录 2　大五人格测试

指导语：请阅读以下句子，选择你对这些句子的同意程度（附表 2）。

附表 2　大五人格测试表

序号	项目	非常不符合	比较不符合	中立	比较符合	非常符合
1	我的想象力很厘定，思维很活跃					
2	我对艺术和其他学科有着非常广泛的兴趣					
3	我很喜欢深度新的想法或事物					
4	我的性格比较内向，在社交场合比较沉默和安静					
5	我的性格很外向，很健谈和善于交际					
6	我很喜欢与人效，喜欢热闹的场合					
7	我是个和蔼可亲，有亲和力的人					
8	我平时讲话尽量不得罪别人					
9	我是一个对别人很周到体贴的人					
10	我是个做事尽心尽力、很勤奋的人					
11	我经常不能按时完成自己的计划					
12	我总是高效率地完成我的工作					
13	我很容易感到紧张					
14	我的心情一起很放松，很善于排解压力					
15	我很容易感到忧虑					

附录 3　职业价值观测评

职业价值观是指当一个人面临职业选择的时候，无论如何都不会放弃的职业中至关重要的东西。研究表明职业价值观是内心深处对自己的看法，它是自己的才干、价值观、动机经过自省后形成的，职业价值观可以指导、约束或稳定个人的职业生涯。

每个人都有自己坚持的不能放弃的东西，有可能是自我成就，有可能是良好的工作条件……

个体在职业生涯中看重什么，或者希望通过职业达到怎样的目标，这便是职业价值观。澄清自身的价值观，可以使我们的行为更有意义感。因此，了解职业价值观，是职业选择及发展的核心任务之一。

以下是一系列关于职业价值观的题目，请判断在工作中你认为相关项目的重要程度，答题时，根据你认为该项目重要性的程度，勾选相应的程度选项（附表 3）。

附表 3　职业价值观测评表

序号	项目	很不重要	比较不重要	一般重要	比较重要	非常重要
1	工作中能发挥自己的才能					
2	工作中允许实践自己的想法					
3	工作比较稳定，不用担心失业					
4	工作能带来成就感					
5	能够独立工作					
6	能够服务及协助他人					
7	工作中同事容易相处					
8	得到领导的大力支持					
9	工作能提供晋升机会					
10	能够因为自己所做的工作获得认同					
11	得到主管的良好培训					
12	有良好的工作环境					
13	工作中可以自主决策					
14	有和他人相比不错的收入					
15	计划工作时不会受到来自上层的影响					

附录 4　专业认同度测试

不喜欢现在的专业？总觉得有哪里不够满意？上课的时候总是提不起劲？缺乏热情，浑浑噩噩却又不知该何去何从，来测测你的专业认同度吧，或许它能帮你厘清你迷茫困惑的现状，为你的下一步选择点一盏明灯。

指导语：请阅读以下句子，选择你对这些句子的同意程度（附表4）。

附表 4　专业认同度测试表

序号	项目	非常不同意	比较不同意	中立	比较同意	非常同意
1	我喜欢我的专业					
2	如果有机会，我会转换专业					
3	我对我专业课的内容非常感兴趣					
4	我会从事与本专业有关的工作					
5	如果可以重新选择的话，我肯定不会选择我现在的专业					